广东省哲学社会科学规划 2022 年度常规项目（编号 GD22YTQ01）

"传播新视野"丛书

社交媒体与香港新移民社会融合

基于三类香港内地移民的实证研究

唐嘉仪 著

中国传媒大学出版社

·北京·

序

社会融合问题一直是社会学、政治学和传播学研究关注的问题,该问题蕴含着人们对社会发展和人群关系的一种美好的期望,即无论社会如何地呈现一种“流动”或者“漂浮”的状态,我们都希望社会多元主体能和谐共处,外来人群能较好地适应新的环境并有稳定的生活方式。但是全球化和国际化的浪潮推动社会动态发展已是一种趋势,部分人群也选择了“飘”的生活方式,在传播学领域里,如何看待并分析这个问题?

社交媒体是一个极合适的研究观察点和分析突破口。社交媒体的赋权作用,让面临社会融合挑战的人群获得了自己在社会关系、自我认同和政策层面的效能感、自信心、知晓权和参与机会;社交媒体的社会整合作用则体现在提升这些人群融入社会文化、接近社会主流的机会上。唐嘉仪博士以香港新移民这一群体为分析对象,采用规范的社会科学研究手法,通过一手资料的收集和分析,很好地回应了上述问题,为以往社会融合问题的研究增添了“社交媒体”的新视角和新发现。

唐嘉仪博士在本科毕业论文和博士生阶段都选择我作为指导老师,她一直是一个勤奋、努力、认真的学生,在学术上有扎实的理论基础和快速的学习能力,对新闻传播学和其他社会科学的前沿知识有较强的敏感性和领悟能力。她选择社交媒体与香港新移民的社会融合为博士生论文的选题,并为此付出了大量的时间和精力用于一手资料的收集、研究问题的提炼和研究设计的精细化，最终让这篇论文顺利通过多层次评审并获得好评。

很高兴能看到这篇优秀的博士论文出版，为当下受关注的社会融合问题和社交媒体的社会作用问题提供新的研究所得和启示，也预祝唐嘉仪博士的学术道路一路顺遂，所有为学术的付出皆是一种漫长的种植和培育，愿从今以后从容不迫，静待花开。

中山大学新闻传播学院教授、博士生导师　张宁

2023年4月29日

前　言

现代社会的一个突出特征是高度的“流动性”——流动的社会，流动的人，流动的身份。随着移民时代的到来，关于移民的研究议题吸引了来自不同学科的学者们的关注。香港是一座典型的移民城市，身处其中的来自不同国家和地区的移民群体面临着各自不同的生存境遇和融合现状。而香港的生活故事却少有人问津。在传统的香港媒体话语和文化观念中，香港新移民似乎天然地被赋予了懒惰、贫穷、低俗等负面标签。过去二十年，内地和香港在经济、政治、文化等方面的往来愈见频繁，然而，随着香港与内地的关系愈加紧密，香港本地社会对香港新移民的接受程度却并未提升；相反，近年来，我们可以从媒体和影视作品中发现不少关于香港居民和香港新移民的冲突和矛盾问题。香港新移民，在某种程度上已经沦为了香港的一类“边缘人”。

在当前的现实社会语境下，香港新移民作为移民的一群，要探讨他们在跨文化环境下的生存境遇和生活故事，离不开将新媒体作为一个重要变量引入分析中，本书重点探讨的，就是社交媒体与香港新移民赋权和社会融合的问题。

根据古铁雷斯等人提出的赋权理论，赋权可以被分为个人、关系和政治三个层面。本书以“家庭团聚型”“投资商业型”“知识优才型”这三类香港新移民为研究对象，结合针对三类香港新移民的深度访谈、三类香港新移民的问卷调查、香港新移民社交媒体使用的社会网络分析、香港新移民社交媒体追踪式内容分析等实证研究方法,围绕"社交媒体""移民""赋权""社会融合"等主题词,重点探寻社交媒体在多大程度上能够作为一种赋权的工具,帮助香港新移民群体在香港实现更高水平的社会融合。

围绕"社交媒体",本书通过实证研究的方法,挖掘不同类型的香港新移民在接触和使用社交媒体的表现方面存在哪些差异,并试图剖析导致这些差异的原因,从教育和文化背景、经济和权力资本、文化身份构建等方面着眼,分析社交媒体对三类香港新移民在移民的生活历程中所发挥的作用。

围绕"赋权",本书重点关注在社交媒体的接触和使用过程中,三类香港新移民分别如何提高自己在个人层面、关系层面和政治层面的赋权能力和表现。个人层面包含个人形象建构、自我认同、自我效能感获取三方面;关系层面包括社会关系建构和社会支持获取两方面;政治层面包含政治参与意愿、政治参与能力、政治效能感和政治参与方式四个方面。

围绕"社会融合",本书结合量化的数据和质化的材料,探讨社交媒体是否能够通过提升香港新移民群体的赋权能力,来提高他们在结构性社会融合和文化性社会融合两方面的水平。"不适应—适应—融合"是移民群体普遍需要经历的心路历程,本书希望重点了解社交媒体对推动这一进程的意义和作用。

香港的故事,一直不容易说。以"社交媒体"作为一个突破口,让我们了解一下,香港新移民在香港生活期间关于"媒介与融合"的故事。

目 录
contents

绪 论 / 1

一、研究缘起 / 1

二、问题意识:社交媒体在多大程度上作为一种赋权工具,影响香港新移民的社会融合? / 10

三、香港新移民的研究现状 / 13

四、社会融合:媒介、移民与社会融合的研究 / 20

五、赋权理论:媒介与赋权研究 / 24

六、理论框架:赋权与移民的社会融合 / 31

七、研究方法与样本说明 / 33

第一章 香港新移民的社会融合现状:结构性融合与文化性融合 / 44

一、结构性融合:社会融合的基础支撑与外部框架 / 45

二、文化性融合:社会融合的意义建构与情感内涵 / 59

三、三类香港新移民的横向对比:社会融合的差异表现与原因阐释 / 73

四、本章小结 / 77

第二章　社交媒体与个人赋权：香港新移民的移民形象和身份调适　/ 81
一、“家庭团聚型”香港新移民：“别问我是谁”　/ 82
二、“投资商业型”香港新移民：“来了就是香港人”　/ 95
三、“知识优才型”香港新移民：“内地—香港”双重身份的混合与切换　/ 106
四、三类香港新移民社交媒体与个人赋权的差异表现与原因阐释　/ 117
五、本章小结　/ 121

第三章　社交媒体与关系赋权：香港新移民群际互动和社会网络　/ 125
一、“家庭团聚型”香港新移民：既坚固又脆弱的本地网络　/ 126
二、“投资商业型”香港新移民：“本地—工具”网络赋权需求突出　/ 134
三、“知识优才型”香港新移民：“本地—工具”和“内地—情感”网络初步形成　/ 142
四、三类香港新移民社交媒体与关系赋权的差异表现与原因阐释　/ 148
五、本章小结　/ 152

第四章　社交媒体与政治赋权：香港新移民政治权利和公共参与　/ 155
一、“家庭团聚型”香港新移民：“失权”“缺权”“弃权”问题固化　/ 156
二、“投资商业型”香港新移民：不匹配的客观赋权能力与主观增权意愿　/ 169
三、“知识优才型”香港新移民：赋权意识引发政治身份焦虑　/ 179
四、三类香港新移民社交媒体政治赋权的差异表现与原因阐释　/ 193
五、本章小结　/ 198

第五章 香港新移民的社会融合策略探讨:从社交媒体的角度 / 202

一、香港新移民的社交媒体使用、赋权与社会融合:新变量的引入 / 202

二、解释差异:影响香港新移民社交媒体赋权和社会融合表现的深层因素 / 206

三、香港新移民的社会融合策略探讨:从社交媒体与赋权的视角 / 210

附录 A 关于三类香港新移民的深度访谈提纲 / 219

附录 B 三类香港新移民社交媒体接触和使用、赋权与社会融合情况调查 / 222

参考文献 / 236

绪 论

一、研究缘起

(一)移动的生活:移民已成为现代生活的一种流动性常态

吉登斯曾预测,真正的移民时代已经到来。现代性正以一种前所未见的方式,改变着我们的日常生活方式和社会轨迹,形塑出一种不同于传统社会的生活形态。在当前这个流动的社会里,移民已经成为一个常见而又特殊的社会群体。随着全球化进程的不断加快,区域合作、区域发展等社会格局的基本形成,加之现代交通运输技术的不断发展,流动的人口构成了现代生活中一道常见的“景观”(Spectacle)。全球化在某种程度上意味着在我们的日常生活中,将会出现越来越多被我们称为“他者”甚至“异类”的人群。

现代性的特征之一是流动,而人的流动又是其中的重要一种。在当前的社会现实语境下,人的流动成为一种常态,在这种流动的生活状态下,这些“流动的人”也在不断地经历跨文化的互动情境。在这些流动现象里,“移民”又日益成为一种常态化的社会现象。一如鲍曼所言,在以“流动”为特征的时代里,“流动的生活既意味着充满机遇的希望,同时也意味着充满变数的恐惧……流动、混杂、多元、互动被视为当代移民文化的基本状态”①。

丁未认为,“流动与变化产生的日新月异带来了人对自我意义的思考……正是因为流动和变化所带来的不稳定感和不安全感,加深了人们的自我焦虑与自我的探寻”②。与传统时代的移民大多一次性、永久性迁移到新地方生活不同,在新的移民时代,移民呈现出“多向”和“反复”流动的特征:一方面,人们可以在全球各大城市之间自由迁移,尤其是以资本和留学为主要方式的“高级移民”成为常见现象;另一方面,人们可以根据自己的生活和发展规划,在迁入地和迁出地之间多次往返,原本的“家乡”也有可能成为自己生活流动的方向。在这种现代流动性生活的背景下,移民群体面临的身份焦虑愈加明显和突出。这种不断流动的过程正逐渐加大他们融入社会的困难程度。

自移民成为社会现实问题以来,西方学界对移民与社会的相关问题进行了包括学理性和实践性方面的讨论。移民之所以引发学者们的研究兴趣,一个关键的驱动因素就是在当前的社会话语中,移民常常作为一个“社会问题”话语出现,尤其是在媒体的报道中,移民常常作为引发经济、政治、安全等社会问题的隐患因素出现。但实际上,所谓的这些“移民问题”虽然客观存在,但更多是被社会和媒体所共同“建构”出来的——社会和媒体通过将移民群体塑造成社会问题的“替罪羊”和“原罪者”,在弱化社会问题复杂性的同时,实际上也对移民群体造成了“污名化”和“标签化”的影响。

香港是一座典型的移民城市。2019 年 8 月,香港统计处公布了人口数字,数据显示,截至 2019 年年中,香港人口突破 752 万,其中约有 90%增长人口来自移民。③ 从移民的组成情况来看,来自中国内地的移民一直都是香港近代以来最重要的移民组成和来源——自 1997 年以来,大约有 100 万内地

---

① 田欢.当代移民社会的文化流动——以深圳为主线的考察[J].学术研究,2017(11):74-78.

② 丁未.流动的家园:“攸县的哥村”社区传播与身份共同体研究[M].北京:社会科学文献出版社,2014:306.

③ 香港人口增至 748 万人! 单程证来港 4.23 万人[EB/OL].(2019-02-20)[2019-11-30].http://www.sohu.com/a/295857571_120051716.

人移民到香港。① 怀着对香港这个现代、浪漫的国际化大都市的憧憬与向往,他们来到香港落地生根,积极融入香港社会,成为港人中的一分子,经过数代人的艰辛努力,创造了东方之珠的奇迹。然而,同为移民,来自内地的香港新移民群体与其他来自西方国家甚至东南亚国家的在港务工移民群体相比,却面临着极其不同的社会融合境遇。在一定程度上,就香港这座移民城市而言,“漂”的心态在来自内地的香港新移民中表现得尤为突出,而在一些欧美、东南亚国家和地区的来港移民中,这种心态则并不多见。在这个人口密度高、住房拥挤且房价贵的城市,外来移民很容易与本地人发生摩擦,无论是在生活习惯还是文化观念方面,对于香港新移民群体来说,都可能产生融合困境。在香港新移民群体内部,受到经济收入水平、职业结构、文化和教育背景、来港途径、家乡所在地、婚姻状况等多重因素的影响,同类香港新移民也出现了社会融合的阶层差异。关于香港移民的问题,常见的话语总是倾向于以一种简单化的思维方式加以处理,对一些常见而重要的问题视而不见。在流动性越来越强的现代生活状态下,随着香港新移民人数的不断增多,关于这一群体的故事值得我们深入讨论。

(二)“移民潮”下的“身份认同”:谁是“香港人”?

随着香港新移民人数的不断增多以及移民类型的日渐丰富,香港人对香港新移民的印象和理解并没有因此而扭转和改变。作为移民城市的香港,从 1841 年开埠到现在,已经经历了多次“移民潮”,且移民类型越来越多样化,这几次“移民潮”不仅影响了香港人口数量,而且影响了香港社会的发展。在多次“移民潮”中,来自内地的移民始终是香港迁入人口的重要组成部分;有人把 20 世纪 70 年代以后的香港移民都称为“新移民”。在某种程度上,这个“新”并不单纯指称香港新移民来港的时间,更是指代这些群体“未能适应或融入香港生活”,甚至被认为是“为香港带来诸多社会问题”的负面别称。有学者指出,在我们所熟悉的香港故事中,“似乎但凡谈及香港

① 刘向南.香港新移民 20 年:梦想与奋斗的故事[EB/OL].(2017-08-23)[2019-10-30].http://www.sohu.com/a/166748180_115280.

新移民,就会想当然地和这样一堆关键词联系起来,例如综援贫困、家庭暴力、老夫少妻、孕妇来港产子等等"①。

回顾过去几十年香港新移民的生活史可以发现,香港社会关于香港新移民群体的刻板印象始于20世纪70年代末的经济结构调整。随着香港与内地特别是珠江三角洲区域经济一体化的发展,两地之间的跨境联络和通讯大幅增加。与此同时,香港主流媒体对内地和内地人的报道偏向和口吻普遍相对消极。同样作为中国重要的移民城市,香港与深圳在对待外来移民上表现出了明显的差别,其中最重要的区别在于,香港社会和香港人普遍具有极其强烈的"本土意识",以及将"内地人"视作"他者"的社会概念。这种差异从近年来两地的流行话语可见一斑:比如在香港,诸如"香港人,忍够了!"之类的话语随处可见;而深圳的口号却是"来了就是深圳人"。自20世纪70年代香港被誉为当代"经济奇观"以来,把内地民众视为"落后他者"的心态便在香港盛行。然而在过去十年,随着内地的经济腾飞以及人均经济收入水平的大幅增加,大量到香港务工的内地人令香港人觉得自身的工作和生活受到了全面威胁。群体互动理论认为,社会地位是相对的,"要感觉自己有地位,就需要有人不如我们"②。在这样的背景下,越来越多的经济、文化交流和社会互动,不仅没有增进香港社会对内地人和事的包容和理解,反而加剧了香港民众的本土焦虑,引发了更深的社会矛盾。

但事实上,首先积极鼓励内地人到香港移居的是香港特区政府。2003年,香港特区政府发表了《人口政策报告书》,报告指出,香港生育率过低是香港人口问题中的一个潜在问题和长远挑战,人口政策的首要目标是"让香港人口有能力维持香港的长远经济和社会发展";2007年,时任香港特首的曾荫权提出"香港人口要突破1000万"的目标,认为香港人口老龄化问题严重,在呼吁香港人多生育的同时提出了的放宽人口政策,随后包括"投资移民"计划、内地学生到港就读计划、引进"优才"计划等都得到了大规模推广和实施。

---

① 严飞.我要的香港[M].杭州:浙江大学出版社,2012:153.

② 迈尔斯.社会心理学[M].侯玉波,乐国安,张志勇,等译.北京:人民邮电出版社,2016:235.

有统计指出，自2000年前后香港开放内地学生赴港的学生签证以来，在当前香港高校中，15%—18%的大学生来自内地①；除此之外，算上2003年以后的投资移民和“优才”计划，以及一直以来人口增量最多的通过“探亲受养”计划来港的内地新移民，香港新移民已经成为香港社会一个在数量和社会影响力方面都极为重要的移民群体。根据可查阅得到的官方资料，在过去十年时间里（入境事务处官方网站未公布2009年以前的数据），各类获批来港的香港新移民人数如下：

表0-1 各类香港新移民获批个案人数(2010-2019年)

年份	香港新移民类别			
	家庭团聚型（受养计划[a]）	投资商业型（投资移民[bc]）	知识优才型	
			就业计划[d]	人才计划[e]
2010	74582	9931(2003—2010)	46084(2000—2010)	8651
2011	63689	3945	24410	12913
2012	73791	2899	15336	16401
2013	64495	3961	17793	27927
2014	64525	4462	20524	19606
2015	57394	246	20241	18528
2016	75808	2400	20425	18887
2017	46917	4156	16800	21545
2018	49311	N/A	17780	19057
2019	45293	N/A	19981	20590

a.受养计划包括获批来港单程证及受养人签证人数。
b.投资移民计划于2015年1月暂停，其后的获批个案为2015年前申请但尚未审批通过的。
c.根据入境事务处提供的统计数据，内地居民占投资移民计划申请人数的90.1%。
d.就业计划包括：“输入内地人才计划”、“海外中国专业人才”、“优秀人才入境计划”以及“非本地毕业生回港/留港就业安排”四类。
e.人才计划指获批来港就读的内地学生人数。

（资料整理自香港特区政府入境事务处官方网站）

① 刘向南.香港新移民20年：梦想与奋斗的故事[EB/OL].(2017-08-23)[2019-10-30].http://www.sohu.com/a/166748180_115280.

由香港新移民的组成和来港要求来看，香港新移民并不等同于在经济上处于贫困阶层或在政治上处于无权状态的弱势群体，但是近几年，透过互联网及媒体，香港泛起了一股新的、声势颇大的、反中国内地的、无差别的集体情绪。一方面，作为一个民族，“中国人通常被视为同质群体”①。近年来，由于香港社会问题泛政治化的情况日趋严重，香港社会对大量与内地相关的人和事产生了强烈的反抗情绪；另一方面，移民或少数群体往往成为国家未能推动当地经济以及未能解决日益严重的社会和政治问题的“替罪羊”。过去十年，困扰香港已久的民生问题不仅没有得到妥善解决，反而呈现恶化的趋势，尤其是房屋、医疗、教育资源等问题不断凸显，香港新移民被不少社会舆论指责为社会负担和社会问题的根源。有学者发现，近年来，香港居民对在香港出现的诸多与中国内地相关的人或事（包括内地游客、香港新移民、内地产品等），“往往没有分析和做出起码的识别，就展开想象串联，列成等项（equivalent term）”②。即使是受过良好教育、被社会称为“精英”“优才”的内地在港学生，在香港也面临着社会排斥、社会歧视和经济剥削等生活障碍。

从社会现实来看，香港不断发展的“身份认同”情绪加剧了香港新移民群体的社会融合困境。社会心理学指出，“当我们属于一个较小的群体，被一个较大的群体包围时，我们会更容易意识到我们的群体成员属性”③。据香港新家园协会 2015 年的调查数据显示，“只有 25%的香港新移民受访者认为自己‘较为融入香港社会’；自 2012 年，内地与香港矛盾愈见加剧，香港社会泛政治化严重，对内地的包容度大幅降低”④。“既是同舟/在狮子山下且共济/抛弃区分求共对”（罗文，《狮子山下》歌词），理解、尊重和包容不同社会群体之间的差异，本是香港人一直宣扬和吟唱的文化，然而到了今天，

① LEE K M.The Experience of recent mainland Chinese immigrant women in Hong Kong：an examination of paid and unpaid work[J].Asian journal of women's studies，2002，8(4)：27-57.

② 叶荫聪，易汶健.本土右翼与经济右翼：由一宗网络争议说起[M]//张少强，梁启智，陈嘉铭.香港・社会・角力.香港：汇智出版有限公司，2017：80.

③ 迈尔斯.社会心理学[M].侯玉波，乐国安，张志勇，等译.北京：人民邮电出版社，2016：325.

④ 参见香港新家园协会年度报告：http://www.nha.org.hk/uploadfile/2017121911313030220file_file_ub0/NHA_AnnualReport2015-16_preview_small.pdf

我们却发现“差异”被进一步放大,成为香港社会不得不面对的现实。从实际情况来看,香港新移民(尤其是低收入人群)越来越懂得回避与香港人接触,在香港的生活仿佛处处都有他们的足迹,却又无处可寻。香港的故事,一直不容易讲,在“反内地情绪”高涨的社会背景下,香港新移民的故事,我们应该如何阐述?

(三)媒介化社会下的移民研究:媒介对移民生活体验的介入与影响

詹姆斯·凯瑞认为,媒介构成了我们的环境,并维持着这种环境的存在。[①] 梅洛维茨也提出,媒介是一种“导管”,也是一种“环境”——“媒介一旦被发明和使用,它就会通过塑造我们与这些媒介发生交往的风格来影响我们”[②]。波兹曼则相信,“媒介是一种隐喻”,通过一种隐蔽但是强有力的方式,媒介定义了现实世界,并且影响和改变了我们看待事物的方式,但媒介的这种介入过程并不容易为人所注意。从现实情况来看,媒介创造了不同社会群体之间的“共享感”和“归属感”,但与此同时也创造出“排斥感”和“疏离感”,在媒介的介入和作用下,不同社会群体之间关于“他们”和“我们”的感觉既被弱化和消除,又被强化和凸显。

从媒介研究的角度来看,社会现实是媒介和传播构建出来的。通过建构特定的符号形态,人们得以创造社会现实,并使这些“现实”成为社会存在。李良荣教授认为,大众媒介带来的革命性成就,也就是媒介对人类传播的意义在于“它完全地冲破了传播领域内的垄断局面,废除了传播活动中长期存在的等级制度,使得大众能在毫无限制的条件下自由地享用大众媒介”[③]。

在移民研究中,媒介的作用一直是备受学者们关注的焦点之一。有学者指出,在现今的媒介环境下,媒介消费(media consumption)应该被视为一

① 凯瑞.作为文化的传播[M].丁未,译.北京:华夏出版社,2005:12-13.

② 梅洛维茨.消失的地域:电子媒介对社会行为的影响[M].肖志军,译.北京:清华大学出版社,2002:320.

③ 李良荣.新闻学导论[M].北京:高等教育出版社,1999:235.

种素养,是"一种自治的传播方式"①。卡斯特在《传播力》中提出了一个核心的观点:"权力是多维的,围绕着人类活动的每个领域内的网络而构建,这些网络根据被赋予权力的行为者的利益和价值来编制。权力网络通过大众媒体中的多媒体网络影响人类思维,以此作为行使权力的主要方式。"②也就是说,传播网络不仅是制造社会权力的基本网络,也可以反映社会的权力分布情况。同时,媒介被认为是移民在移民地生存、适应与融合的重要工具,可以改变移民群体的生活,媒介接触和消费的过程是"移民跨文化身份建构中不可忽视的重要环节"③。

数字新媒体的出现、应用和流行给移民群体的生活带来了翻天覆地的变化和影响。玛达雅·玛丽普戈达认为:"万维网给移民群体提供了一个空间,这个空间与传统媒介空间不一样,在这里,移民能感觉自己像是在家里。"④网络使得许多人可以通过技术与远方亲人保持一种亲密联系。有学者研究指出,"社交媒体、电子邮件、即时通信工具等数字化新媒体的传递速度与互联网的普及和覆盖范围似乎将世界'黏在'我们的指尖"⑤。离散在世界各地的移民都可以通过新媒体技术与自己的家乡保持密切的联系。

信息传播技术的发展和社会变迁是相互影响和相互促发的,媒介技术作为信息传播技术的一种,其与社会变迁的关系自然也不例外。媒介社会化加强了人与人之间的联系。一方面,几乎没有个体可以完全独立于由媒介构建出来的社会环境以及脱离其中的社会关系,媒介对人们现实生活的方方面面产生了"渗透式"的影响;另一方面,人们可以创造出多元化、差异化、个性化的意见,媒介发展带来的是传播权力的结构变化,以及由此产生的社会变迁。正如有赋权研究学者指出,"尽管技术的发展并非意味着绝对意义上的权力结构的改变和调整,但是传播技术的普及化的的确确为处于

---

① 哈特利.数字时代的文化[M].李士林,黄晓波,译.杭州:浙江大学出版社,2014:12.

② 卡斯特.传播力(新版)[M].汤景泰,星辰,译.北京:社会科学文献出版社,2018:335.

③ 刘燕.媒介与移民文化身份认同的建构——以澳门香港新移民为个案[M].北京:中国传媒大学出版社,2016:4.

④⑤ 格罗斯伯格,等.媒介建构:流行文化中的大众媒介[M].祈林,译.南京:南京大学出版社,2014:480.

传播权力结构不同位置的群体和个体都提供了参与的可能”[①]。隆比也认为,媒介化研究的重点是“关注当媒介介入社会互动中时,社会和传播形式如何变化发展”[②]。

媒介技术的发展在一定程度上帮助作为跨文化群体的移民更好、更快、更顺利地融入了新的社会环境。但是,值得注意的是,也有学者指出,尽管社会和媒介网络具有“在被连接的任何人中扩散和传播信息、知识和权力”的特征,但是它们也具有“集中信息、知识和力量的固有特性——它们把资源移动到更加强大的参与者那里”[③],这就是传播技术与权力的“马太效应”。显然,相同的媒介和传播技术对于不同人群来说,其所具有的对生活的影响和意义可能是截然不同的。

媒介技术的发展和变迁实际上是一种对社会需求的回应。互联网先驱尼古拉斯·尼葛洛庞帝曾预言:“数字化生存天然具有赋权的本质,这一特质将引发积极的社会变迁。”[④]数字媒介的进步和发展或多或少会对社会关系和社会结构产生某种影响。赋权与媒介研究关注无权或失权者如何使用媒介,以及在使用媒介的过程中如何产生权力结构的变化。对香港新移民而言,在香港生活期间,他们所处的现实环境除了由家庭、学校、同伴/同事、朋友群体等构成外,还有一重看不见的“拟态环境”,即由媒介所搭建的环境——媒介是人们日常生活不可或缺的组成部分,借助媒介,人类认识自己、认识社会、认识历史。从赋权和社会融合的角度出发,媒介是帮助香港新移民群体在香港改变生活现实的重要工具。本书重点关注的是社交媒体在多大程度上作为一种赋权的工具,帮助不同类型的香港新移民群体在香港实现更好的社会融合。

---

① 师曾志,金锦萍.新媒介赋权:国家与社会的协同演进[M].北京:社会科学文献出版社,2013:184.

② 夏瓦.文化与社会的媒介化[M].刘君,李鑫,漆俊邑,译.上海:复旦大学出版社,2018:14.

③ 迪克.网络社会——新媒体的社会层面[M].蔡静,译.北京:清华大学出版社,2014:198.

④ 尼葛洛庞帝.数字化生存[M].胡泳,范海燕,译.海口:海南出版社,1997:8.

二、问题意识：社交媒体在多大程度上作为一种赋权工具，影响香港新移民的社会融合？

为什么香港新移民需要被赋权？

首先，香港新移民群体的"弱势"和"失权"地位体现在流动生活状态下所带来的生活适应问题。有学者指出，"社会结构的变迁和社会关系的失调，或由于一部分社会成员自身原因无法适应现实社会的发展时"①，处于该社会中的部分社会成员很容易成为"弱势群体"。许多移民或许会有这样的经历：到一个新的生活环境后会容易感觉到紧张、不适甚至焦虑。显然，香港新移民不一定代表着经济和物质生活水平的低下和弱势，但是来自内地的他们在面对不同的社会制度、发展阶段、文化和语言环境时，生活适应和融入成为这一群体不得不面对的一个现实问题。从这个层面上来看，香港新移民作为移民的一类，在香港处于一定的弱势地位。

其次，社会层面对香港新移民群体的排斥，造成这一群体需要面临更大的困难和障碍。近年来有不少案例显示，香港新移民群体在香港需要面临来自工作、日常生活、政策、言论、社会关系建构、公共生活参与等各方面的社会排斥甚至社会歧视，而且这种排斥甚至歧视的状况并不一定会随着他们在香港获得"永久居民"的身份而发生根本性改变。因而，从第二个层面来看，香港新移民作为移民群体的一种，在某种程度上属于香港人口中的弱势和边缘群体，关注他们的赋权状况，帮助他们缓解和减小在香港的生活压力与融合困境，是当前香港人口政策问题中不得不认真考虑的一道难题。

为了帮助香港新移民解决生活问题，减小融合压力，香港特区政府也相应地推出了一些政策层面上的措施。例如：为了减轻部分香港新移民的经济生活压力，2013 年"孔允明诉社会福利署署长"案后，香港特区政府取消了香港新移民需要住满 7 年才可以申请"综援"的政策限制，使一些低收入的新来港人士也可以申领经济援助补贴；在香港，所有移民到公立医院就诊看

① 刘祖云.香港社会的弱势群体及其社会支持[M].北京：北京大学出版社，2009：156.

病,待遇和香港本地居民是一样的,所需费用较低,对于一些低收入家庭的长期病患来说,这在某种程度上减轻了他们的经济压力。从这个角度来看,香港特区政府和一些非政府组织为了帮助香港新移民解决生活压力问题,在被动赋权方面做出了一定的努力。在信息化时代,除了制度、政策等被动赋权的条件因素外,以社交媒体为代表的新媒体已经成为边缘、弱势群体可以仰仗的重要赋权工具和途径。根据古铁雷斯等人提出的赋权理论,赋权分为三个层次,分别是个人、关系和政治层面的赋权。① 传播权力是社会结构和社会动力的核心要素之一,从这个角度来看,为香港新移民赋权离不开对传播权力的思考和讨论。随着媒介传播技术的成熟和发展,新媒介的赋权功能被不同学科的学者所关注,而移民的赋权问题则是新媒介赋权研究领域中的一个新方向,也是媒介社会化的现实语境下必须探讨的重要议题之一。

英尼斯和麦克卢汉都认为,一个时代所使用的媒介就是这个时代的标志。丹尼尔·勒纳认为,在社会发展的各项动力中,"第一要素是能动的、接受社会变革的人,第二要素就是扩散关于社会能动性及变革观点和态度的大众传播媒介"②。麦克卢汉也坚信,"任何技术都具备逐渐创造出一种全新的环境的潜力"③。传播被看作一种"赋权的催化剂"④。在本书中,社交媒体作为研究的焦点之一,其意义并不在于将媒介视作社会最重要的发展元素,也不等同于媒介中心主义,而是以一种独特的视角,就社交媒体对香港新移民赋权的影响进行分析,并结合社会融合的现状,对社交媒体赋权下的香港新移民如何更好地在香港实现不同层面和维度的社会融合展开探讨。恰如麦克卢汉所指出的,"任何媒介对个人和社会的任何影响,都是由于新的尺度产生的;我们的任何一种延伸,都要在我们的事务中引进一种新的尺

---

① RREZ L M, DELOIS K A, GLENMAYE L. Understanding empowerment practice: building on practitioner-based knowledge[J]. The journal of contemporary social services, 1995, 76(9): 534-542.

② 谢进川.媒介政治社会学分析[M].北京:中国传媒大学出版社,2017:132.

③ 麦克卢汉,秦格龙.麦克卢汉精粹[M].何道宽,译.南京:南京大学出版社,2000:25.

④ 陈楚洁.公民媒体的构建与使用:传播赋权与公民行动——以台湾PeoPo公民新闻平台为例[J].公共管理学报,2010(4):111-121.

度"①。本书的立足点和关键就在于探究社交媒体对香港新移民这类移民群体而言,究竟引入了何种"新的尺度",并从赋权和社会融合的视角切入,聚焦跨政治文化语境下的新媒体与移民生活问题。

基于研究所处的背景以及社会现实,结合本书所依据的理论基础,本书的议题主要包括:

研究问题一:从结构性融合与文化性融合两个维度来看,不同的香港新移民群体在香港的社会融合现状如何?

围绕研究问题一,笔者基于三类香港新移民的社会融合现状,分析香港新移民内部不同群体间的差异特征以及形成原因,探究社交媒体对其社会融合表现的整体影响。具体讨论:在结构性社会融合的不同维度里,不同类型的香港新移民有何社会融合表现?在文化性社会融合的不同维度里,不同类型的香港新移民有何社会融合表现?从横向对比的角度来看,三类香港新移民的社会融合表现有何差异?如何理解和阐释这种融合差异背后的形成原因?

研究问题二:从个人、关系、政治三个赋权层面来看,不同类型的香港新移民如何通过社交媒体实现赋权?

在了解香港新移民整体的个人赋权、关系赋权与政治赋权水平的基础上,结合深度访谈的质化材料,结合其他实证研究材料,对三类香港新移民群体利用社交媒体实现不同层面赋权能力的问题展开讨论。三个赋权层面包括:个人生活(个人形象建构、自我认同、自我效能感)、关系建构(社会关系网络、社会支持的获取)以及公共政治(政治参与意愿、政治参与能力、政治参与方式)。在现象描述的基础上,笔者尝试结合实证研究材料,对造成这些现象背后的原因进行阐释,以探究不同类型香港新移民利用社交媒体获取赋权能力的表现差异。

研究问题三:在当前社交媒体的作用下,三类香港新移民分别如何提高自己在个人、关系以及政治层面上的赋权能力,以实现更高水平的社会融合?

结合本书获得的实证素材,了解三类香港新移民如何通过接触和使用

① 麦克卢汉.理解媒介——论人的延伸[M].何道宽,译.南京:译林出版社,2011:18.

社交媒体，提升自己的赋权能力，以实现更高水平的社会融合。在具体分析的过程中，本书以横向比较的方式，在三类香港新移民中进行对比，探讨不同类型的香港新移民如何利用社交媒体提高赋权能力以改变社会融合现状的表现差异，为后续从实践层面上提出策略提供理论支撑。

三、香港新移民的研究现状

根据香港特别行政区入境事务处的统计资料，内地居民前往香港工作或生活的主要合法途径有四种：一是“受养”/“探亲”计划，即由香港永久居民提出申请和保证的居留权签证，符合资格的受养人包括受养配偶、18 岁以下未婚受养子女以及 60 岁及 60 岁以上受养父母，审批通过的内地居民可获由中国公安部有关部门派发的“中华人民共和国前往港澳通行证”（俗称“单程证”），在本书中，此类移民被称为“家庭团聚型”香港新移民。二是“资本投资”计划，即通过房地产或指定金融项目投资计划①获得香港居留身份，符合条件的申请人在申请获批后半年内可以拿到香港临时身份证，一人申请即可全家移民（一个家庭包括一对夫妻以及他们 19 岁以下的子女）。尽管资本投资入境计划从 2015 年 1 月 15 日起关闭，但自该政策（2003 年 10 月）实施以来，通过这一计划成功获得香港居留身份的内地籍人士已经超过 3 万人，给香港社会经济带来了巨大的效益和影响，本书把这一类香港新移民称为“投资商业型”。三是“就业”计划，包括通过补充劳工计划输入的劳工以及通过非本地毕业生留港/回港计划来港就业的人士（于 2003—2008 年间逐步开放），这一计划主要针对香港本地人才短缺的问题，目标是吸纳优秀人才以填补香港本地劳动力的不足。四是“人才”计划，主要针对的是申请来港就读的内地年轻人（于 1999/2000 学年开放申请）。由于第三和第四类计划的性质类似，均为吸引知识、技术等方面的人才，本书合并将其称为“知识优才型”香港新移民。无论是哪一类型的香港新移民，根据香港特别行政

① 投资者需要在向入境处递交申请书前的六个月内，或在申请入境获批准后的六个月内，在香港进行不少于规定数额的投资（如购买股票、房产、存款等）。2010 年 10 月前，投资门槛为 650 万港元，2010 年 10 月后，投资门槛增至 1000 万港元。

区入境事务处的相关规定,在获得香港居民身份证后满7年均可申请香港永久居民身份(获香港籍)。

有学者针对近年来一些移民城市和国家进行研究,发现一些高度依赖人才移民的国家和地区,如新加坡和中国香港,出现了越来越多的反移民抗议活动①。已有不少香港本地学者研究发现,“来自中国内地的移民感受到自己在日常生活中会受到香港本地居民的歧视”②。有移民研究学者指出,“指定的群体通常被认为是同质的,群体内存在的异质性被忽略”③。尽管从经济地位或公民身份的合法性来看,并不是所有香港新移民都是传统意义上的“失权”、“弱势”或“边缘”群体,然而正如有学者所提出的观点,“无权不仅仅是显在的经济、政治与社会地位,同时也包含着一种主观感受”④,由于香港政治、文化和意识形态的特殊性,对传统意义上或许不被视作弱势群体的“知识优才型”和“投资商业型”香港新移民来说,要想完全融入和适应香港的生活和文化绝非易事,社会融合的困境和障碍几乎是所有香港新移民都不可避免的现实问题。

为了更好地了解国内外学者对香港新移民群体的研究现状和相关成果,笔者在中国知网(内地)、华艺在线图书馆(中国台湾)和EBSCO(外文)三大平台上,采用不同组合的关键词进行了“主题”检索,相关文献数量如表0-1所示。围绕“媒介”、“移民”、“赋权”和“社会融合”的研究,目前国外学者的成果相对丰富,但是与本书探讨的话题有一定区别,且研究对象并非香港新移民这一具有特殊地位和结构性特征的群体;而就目前的研究成果来看,从社会融合的角度出发,针对香港新移民的研究数量较少,其中引入媒

---

① YEOH B S A, LIN W.Chinese migration to Singapore:discourses and discontents in a globalizing nation-state[J].Asian and pacific migration journal,2013(22):31-54.

② LAI L M.Cultural identity and language attitudes—into the second decade of postcolonial Hong Kong[J].Journal of multilingual and multicultural development,2011,32(3):249-264.
GU M M.“I am not qualified to be a Honkongese because of my accented cantonese”:mainland Chinese immigrant students in Hong Kong[J].Journal of multilingual and multicultural development,2011,32(6):515-529.

③ AMPORN J.乡愁的中间人:泰国清迈掸族移民的公共领域[M]//CAROLINE P,CHAN K.生活的交融:亚洲移民身份认同.胡婧,等译.上海:华东师范大学出版社,2018:211.

④ 武晓伟,张橦.新媒体对社会边缘群体的组织化与赋权研究——以“女友组”为例[J].中国青年研究,2014(3):21-25.

介作为变量的研究更少，可见本书所选取的视角具有一定的开拓价值。

表 0-2　不同学术平台相关研究成果检索结果(截至 2019 年 12 月)

检索关键词	中国知网	华艺在线图书馆	EBSCO
媒介、移民、赋权	3(篇)	3(篇)	26(篇)
香港、香港新移民、媒介	3(篇)	0(篇)	3(篇)
媒介、赋权、社会融合	14(篇)	0(篇)	20(篇)
赋权、移民、社会融合	8(篇)	0(篇)	11(篇)
香港、香港新移民、社会融合	7(篇)	0(篇)	3(篇)

经文献梳理和归纳，笔者总结出目前境内外学者关于香港新移民研究的三种主要视角：

(一)行为视角

行为视角多从社会学角度出发，如结合“社会适应”(Social Adaptation)、“社会融合”(Integration)等概念，对香港新移民如何适应在港新生活进行探讨。学者在这方面的研究呈现了两种观点：一方面，随着香港新移民的人口向高技术、高学历、高经济地位的结构性转移，香港新移民的社会适应和融入能力都有所提高。如叶仲茵和赵永佳通过历时性的分析和对比研究，探讨了香港新移民组成结构的转变对其移居香港后“经济融合”的影响，认为在 2001—2011 年间，随着香港新移民组成结构中高学历和投资型商人比例的增加，这些“新香港人”已基本达至在香港的“经济融合”。[①] 罗小锋聚焦香港—内地跨境家庭，分析了常见的陆港跨境家庭策略，认为多数家庭都会经历“两地分隔”—“双重身份”—“合法团聚”三阶段，每一阶段的递进都是香港新移民融入香港社会的一个进阶式体现。[②] 另一方面，也有研究认为，尽管目前知识型、人才型的香港新移民表面增量有所提高，但他们仍然没有摆脱文化和社会难适应的困境。如果说，经济和社会排斥是他们面对的主

① 叶仲茵，赵永佳. 青年“新香港人”的经济融合[J]. 港澳研究，2016(1)：73-83，96-97.

② 罗小锋. 家庭策略视角下的香港—内地跨境家庭维系——基于香港新移民的实证研究[J]. 南方人口，2008(4)：23-31.

要障碍[①]，那么文化和身份认同对知识型、就业型香港新移民的挑战则更为突出[②]。徐盈艳和黄晓星发现，对于在香港的内地优才来说，地缘性的社会网络主要是情感性的，而本地网络则主要为工具性的，网络和阶层区隔又共同组成了内地优才在香港的社会融合[③]。汪琳岚的研究发现，除了金融业等少数优势行业外，内地人才在香港就业的专业分布与香港的产业分布存在结构性的不匹配，对于"优才"类移民来说，要在香港实现经济融合绝非易事[④]。

(二)认知视角

认知视角多从文化人类学角度出发，从"涵化"(Acculturation)、"身份认同"(Identity)等概念入手，分析移民群体进入新的文化和社会环境后所面临的生活模式改变。现有研究主要从这些香港新移民"是否主动、积极转换文化身份"展开争论，如 Hue 以香港新移民来港中学生为对象开展访谈，发现大多数来港就读的中学生会发展出一种精英化的文化身份阐释路径，尽管他们更认可自己的内地身份，但是跨文化的学习体验以及由此产生的"精英"文化身份使他们能够改善或克服在新的文化和社会环境中所面临的文化适应问题[⑤]。更多的研究认为这种文化身份的感知和获取会受到一些其他因素(尤其是语言)的影响和阻碍。例如，有学者以内地来港就读的中学生为研究对象，发现由于普通话在香港教育体系以及整个社会处于相对边缘化的地位，课堂内外香港本地居民极少使用普通话，"能否说好粤语""是否有口音"成为他们身份建构的重要影响因素。Yu 和 Zhang 的研究同样支

---

① LAW K,LEE K.Citizenship,Economy and social exclusion of mainland Chinese immigrants in Hong Kong[J].Journal of contemporary Asia,2006,36(2):217-242.

② PENG Y N.Student migration and polymedia:mainland Chinese students' communication media use in Hong Kong[J].Journal of ethnic and migration studies,2016,42(14):1-18.

③ 徐盈艳,黄晓星.网络与阶层的双重区隔——内地优才在港融入网络的差异[J].南方人口,2016(5):14-23.

④ 汪琳岚.职业匹配与社会适应:内地知识型移民在香港的社会融入[J].青年研究,2016(2):86-93.

⑤ HUE M T.Cross-cultural experiences of immigrant students from mainland China in Hong Kong secondary schools[J].Ethnography and education,2008,3(3):229-242.

持了这种说法,并发现对于这些内地来港学生来说,语言适应、社交网络、政治认同和歧视所带来的文化压力甚至会让他们觉得,从内地到香港甚至比去美国、英国、德国等其他国家更能产生一种“异质性”的文化体验①;而这些文化体验和身份认知并没有随着年龄的增长而改变,类似现象在内地来港的学生中同样存在。② 为了抵制这种在学校以及其他社会环境中被边缘化的影响,香港新移民可能利用他们的文化和语言资源来建立和维护一个讲普通话的社交网络,在广泛的社会背景下,想象一个精通多种语言的身份;一旦他们对这种来自外群体和社会的不友好态度达到一定程度,他们中长期的留港意愿必然也会受到影响。

(三)政策视角

政策视角指从公共政策、阶层融合的角度出发,围绕“社会吸纳”(Social Inclusion)、“社会协商”(Social Negotiation)等概念,在政策层面探讨如何通过制定更好的政策来改善香港新移民对新社会的融入和适应情况。这方面的研究主要涵盖了两类议题。一是关注香港特区政府应该采用何种策略以更好地吸纳和管理来港的香港新移民,也有研究结合“赋权理论”开展研究,但主要聚焦于赋权团体、社会工作等方面,尤其是关于经济、公民身份和福利保障三方面的讨论比较多。从已有的研究来看,政府对香港新移民的社会吸纳政策作用有限。如 Alan Smart 和殷鹏的分析指出,根据香港的房屋管理政策,来港少于 7 年的新移民没有申请公营房屋的权利,而香港的私人楼宇又是全世界最贵的,无疑香港新移民的住房管理问题成为香港特区政府处理来港内地新移民的重要议题。③ 对于一些从事特殊职业的香港新移民来说,政府的管理政策对他们的生活和生存有着更为深刻的影响。二是关注香港新移民在社会服务方面的问题,这被认为是相比经济、制度和保障等

① YU B,ZHANG K.“It’s more foreign than a foreign country”:adaptation and experience of mainland Chinese students in Hong Kong[J].Tertiary education and management,2016,2(4):1-16.

② GAO X S.Mainland Chinese undergraduates’ academic socialisation in Hong Kong[J].Journal of further and higher education,2016(1):1-15.

③ SMART A,殷鹏.香港对新移民的管理和安置[J].广西民族大学学报(哲学社会科学版),2008,30(2):27-34.

更困难的移民管理政策议题。何雪松认为,对香港新移民的服务支持至少应围绕就业、家庭、社交、社会活动参与等方面进行,从而利用社会服务提高香港新移民的社会认同,并帮助他们建立更完善的社会网络①。在众多类型的社会服务和社会支持政策中,学者们普遍认为,建立健康和卫生(尤其是心理健康)的服务体系尤为重要。

梳理目前学者们针对香港新移民与媒介问题所进行的研究成果,我们可以发现,相关研究呈现出比较明显的"局部取向"特征:

(一)研究议题选择

从研究议题选择来看,大量研究聚焦于了解香港新移民的"他者"形象上,即通过香港大众媒体、影视、小说等文本塑造的香港新移民形象②,分析香港人的身份认同以及这些媒介内容对移民群体本身的身份感知影响。但是随着社交媒体的流行和普及,移民群体的身份塑造不再完全由媒介所掌握的话语权力决定,自我可以借助于社交媒体等个人化的传播平台进行身份和形象的塑造,在新媒体的介入下,移民有机会成为个人形象的主动塑造者和移民故事的主要讲述者,掌握了更多形象建构和传播的主导权③。从研究焦点议题来看,目前无论是内地还是香港本地的学者,均很少聚焦于香港新移民的媒介使用与沟通传播能力之间的关系,尤其是针对香港新移民的媒介使用行为与社会融合现实问题的探讨,在学术上仍处于空白状态。

(二)研究对象选择

从研究对象的选择来看,目前香港新移民可以大致分为三个类型,包括

---

① 何雪松.社会支持的动态变化:关于香港新移民妇女的研究[J].南方人口,2007(1):37-44.

② 徐佳.香港报纸中内地群体形象研究——以《文汇报》1995—2012 年内地新闻报道为例[D].武汉:华中科技大学,2013.
赵欣."九七"后香港电影中内地人形象的转变[D].大连:东北师范大学,2012.

③ 张焕萍.让移民形象"复位":对媒体塑造移民形象的思考[J].现代传播(中国传媒大学学报),2015(6):169-170.

“家庭团聚型”、“知识优才型”和“投资商业型”。结合实际情况来看,过去十年在中国迁出类移民群体中,富裕阶层和知识精英正在成为移民群体的主力军。不同类型的香港新移民在生存和融合方面存在差异,但是现有的研究多关注“家庭团聚型”香港新移民,对其他类型的香港新移民的讨论数量都极少。也就是说关于香港新移民整体形象的呈现、这一群体内部存在何种差异等问题的研究并不完整。此外,在香港本地对香港新移民的研究中,有学者将香港新移民归纳为香港本地人作为研究对象①,然而从实际情况来看,哪怕是已经获得永久居民身份的香港新移民群体,他们在实际生活中也难以被完全等同于香港本地人。因此笔者认为,对香港新移民进行观察和研究时,仍然有必要将其与香港本地人进行区分,将之视作移民群体进行更为适合。彼得·布劳认为,“人们在社会的角色和地位的分化,相应产生出社会的异质性和不平等”②,由此对社会整合产生影响,影响人们社会角色的因素包括性别、职业、住所、教育水平、声望、年龄、财富、权力,等等。处于权力结构不同位置的社会群体在利用相同的媒介工具为自身实现赋权时所能达到的效果以及媒介所能发挥的意义也是迥异的,正如有学者研究所指出的一样,“媒介技术就这样被嵌入原有的权力结构中,成为原有的权力格局在新领域的逻辑延伸,甚至在某种程度上强化了原有的权力结构”③。以香港新移民为例,研究应更具体、更细致地对群体中不同类型成员分别如何利用社交媒体实现赋权以及社会融合展开讨论。

1997 年香港回归祖国,此后香港新移民所面临的社会融合环境与 1997 年以前存在着明显的差异。部分针对香港新移民的研究在界定“新移民”的标准时就采用了排除 1997 年前赴港的香港新移民群体的办法。基于此,本书中所选取的香港新移民范围如下:1997 年后,从内地到香港学习、工作或定居 1 年以上,出生在内地的“新香港人”,包括取得香港永久居民身份的香港籍居民和未取得永久居民身份的群体、仍持有内地户籍的香港居民,并从

---

① 李立峰.再看世代差异和香港青年人的后物质主义[M]//张少强,梁启智,陈嘉铭.香港·社会·角力[M].香港:汇智出版有限公司,2017.

② 翟学伟.中国人行动的逻辑[M].北京:生活·读书·新知三联书店,2017:275-276.

③ 陈静静,曹云雯,张云霄.赋权,还是去权?——一个藏族村庄中的传播、权力与社会身份[J].新闻与传播研究,2014(8):70-92.

内部划分为“家庭团聚型”、“投资商业型”和“知识优才型”三类,以进行横向比较研究。

四、社会融合:媒介、移民与社会融合的研究

根据1984年版《英国大百科全书》的定义,“移民”指的是“居住地发生了经常性变更的个人或群体”,其中关于“经常性”的定义,不同的学者在各自的研究中做出了不同的说明和解释。1990年版的《中国大百科全书·地理学》对“移民”的定义则为:“一定时期内人口在地区之间发生了永久或半永久的居住地的变动。”[①]《中国移民史(第一卷)》将“移民”定义为:“具有一定数量、一定距离,在迁入地居住了一定时间的迁移人口”[②]。总的来说,“移民”表现为人口的流动和居住地的迁移,而这种流动和迁移的生活状态可能是永久性的,也可能是暂时性的。同时,一个国家或地区的移民包括人口移出和人口移入两类,在本书中,笔者关注的香港新移民群体属于香港移民中的移入群体。

移民研究经历了“同化论”、“多元文化论”和“社会融合论”几个主要发展阶段。相比同化论过于强调移民群体单方面在移入地的适应,以及多元文化论过分乐观、忽略除文化以外的由移民所带来的社会差异和社会冲突问题,社会融合论更强调的是移入地和移民群体之间的相互适应、相互融合的动态互动过程。社会融合的概念起源于欧洲学者对社会排斥的研究。与融入(Assimilation)忽略了移民和移入地居民这两个能动主体的主体间性不同,融合(Integration)主张的是移民群体在接受移入地主流文化、建构新的身份认同的同时,保持原有的传统、惯习和文化身份。

1921年,帕克和伯格斯对“社会融合”概念进行了界定,社会融合指“不同群体间相互渗透和融合的过程,在这个过程中,某个群体逐渐形成对其他群体的记忆、情感和态度,通过共享经历和历史,各个群体最终融汇到共同

---

① 中国大百科全书[M].北京:中国大百科全书出版社,1990:358-367.

② 葛剑雄.中国移民史(第一卷)[M].福州:福建人民出版社,1997:10.

的文化生活中"[1]。任远、邬民乐是国内学者中较早对"社会融合"做出界定的学者,根据他们给出的定义,社会融合指的是"个体和个体之间、不同群体之间或不同文化之间相互配合、互相适应的过程,并以构筑良性和谐社会为目标"[2]。任远和乔楠对"社会融合"的概念进一步具体化,将其定义为"一个逐步同化和减少排斥的过程,是对城市未来的主观期望和城市的客观接纳相统一的过程,是本地人口和外来人口相互作用和构建相互关系的过程"[3]。总的来说,"不适应—适应—融合"是大多数移民在移入地生活期间必经的三个阶段,几乎所有移民进入社会融合阶段之后,都会表现出在生活习性、文化观念、社会网络、思维方式等方面的调整和改变,从而更好地与移入地的社会结构和文化相融合,同时以一种独特的身份出现在移入地社会中。

在对社会融合做进一步的理论层次划分后我们可以发现,不同学者对社会融合的操作化定义有大同小异的解释。Entzinger 和 Biezeveld 提出,社会经济、文化、居民态度、法律政治可以作为测量移民社会融合情况的四个主要维度。[4] Vigdor 以美国移民为例,提出社会融合应分为经济融合、文化习得、身份融合三个维度,并可以通过具体的指标进行测量,包括教育、就业、收入、职业、住房、族群通婚、婚姻状况、子女数量以及入籍等。[5] 姜飞和孙彦然提出,社会融合的程度可以从结构性融合和文化性融合两方面进行考察。结构性融合指的是移民在经济、社会等涉及结构性问题领域中的参与程度和表现情况;文化性融合则是指移入地对移民群体在文化方面的表现的接受和认可程度。[6] 嘎日达和黄匡时从三个层面解释了社会融合:从宏

---

① PARK R E,BURGESS E W.Introduction to the science of sociology[M].Chicago:The University of Chicago Press,1969:735.

② 任远,邬民乐.城市流动人口的社会融合:文献述评[J].人口研究,2006(3):87-94.

③ 任远,乔楠.城市流动人口社会融合的过程、测量及影响因素[J].人口研究,2010(2):11-20.

④ ENTZINGER H,BIEZEVELD R.Benchmarking in Immigrant Integration[M].Rotterdam:Erasmus University Rotterdam,2003.

⑤ VIGDOR J L.Measuring immigrant assimilation in the United States[EB/OL].(2008-01-01)[2020-08-30].https://files.eric.ed.gov/fulltext/ED501689.pdf.

⑥ 姜飞,孙彦然."跨文化协商":广州非洲裔移民身份建构研究[J].新疆师范大学学报(哲学社会科学版),2017(1):115-130.

观层面来看,社会融合包含移民群体生活各方面的宏大叙事表现;从中观层面来看,社会融合关注的是移民群体的群族模式;从微观层面来看,社会融合则关注移民群体的心理建构和社会认同等问题[①]。从上述举例的国内外学者对社会融合的操作化指标设计可以看出,总的来说,社会融合的概念主要围绕着经济、文化、结构和心理这几方面来建构。

长期以来,大众媒介一直被视为建立和促进移入地和移民关系的重要渠道。从现有的研究可以看出,媒介是影响移民群体进入一个新的生活环境和社会之后能否实现较高水平社会融合的重要因素。早期的芝加哥学派对移民进行研究发现,作为大众媒介的一种,接触和阅读报纸有利于移民群体更好地实现与移入地主流文化之间的融合和同化。[②] 而随着移民成为一种全球化进程中越来越普遍和重要的现象,关于媒介与移民的研究也更加丰富。近年来,随着新媒体的发展,学者对媒介与移民的研究开始重点关注新媒体这一领域,并积累了不少研究成果。例如:

管成云发现,移民在社会流动中从一个熟悉的环境进入一个充满陌生人的异乡社会,涉及旧环境的脱离与新环境的嵌入,新媒体技术能够帮助这些移民在新的生活环境中构建新的社会网络,从而“降低对陌生环境的焦虑和不确定感”[③]。

刘燕以澳门地区的香港新移民为例进行研究,发现在网络媒体的影响下,这些香港新移民通过社交媒体巩固并强化了原有的社交网络对自己的作用,减少了与本地居民接触和磨合的机会,在一定程度上避免了因文化观念等冲突造成的摩擦,社交媒体帮助他们“维持原有的文化身份”;在传播技术的作用下,他们的身份在不同的社交平台上游移和转换,“同时拥有许多身份”[④]。

---

① 嘎日达,黄匡时.西方社会融合概念探析及其启发[J].理论视野,2008(1):47-49.

② BULMER M.The Chicago school of sociology: institutionalization, diversity, and the rise of sociological research[M].Chicago: The University of Chicago Press, 1984.

③ 管成云.网吧里的农民工——新媒体时代新生代农民工城市融入中的新贫困问题研究[J].新闻记者,2017(5):4-16.

④ 刘燕.媒介与移民文化身份认同的建构——以澳门香港新移民为个案[M].北京:中国传媒大学出版社,2016:132-133.

陈亚丽对瑞士华人女性移民群体的微信使用情况进行了研究,发现微信对这一群体来说,既帮助了她们能够与故国的亲友保持密切的联系,同时也帮助她们在当地获得了更多的就业信息与更好的就业机会,以微信群为单位的社交媒体社区更是帮助这些女性华人移民群体在海外形成了一个具有情感归属作用的生活空间。①

刘康杰和夏春平则以移民媒体作为研究对象,分析了 31 个国家和地区的华文报纸生存状况,发现新媒体对传统移民媒体——报纸的生存状况有着显著的影响,以互联网和手机等移动终端为代表的新媒体极大地挤压了移民报纸的生存空间,尽管在短时间内,新媒体无法完全取代报纸对海外移民群体的作用,但是新媒体对海外移民的生活影响应该被重视。②

彭伟步同样以海外华文新媒体为对象展开了研究,发现随着海外华文新媒体的发展和普及,这些新媒体具有"强化华人身份认同、确定华人与其他族群边界"的作用,而华文新媒体与当地社会其他主流媒体之间最大的区别是在内容上兼具了本土化和国际化两种特征。③ 早有研究表明,社交媒体的使用方式、使用频率和依赖程度可以用于实时评估移民流动的程度以及移民和移入地的融合程度④,其中最主要的原因是通过社交媒体,移民可以和移入地有更多生活上的联系,并且结交新的社会关系。⑤ 总的来说,在国外研究中,大多数关注新媒体与移民的研究都探讨的是新媒体技术与人际关系的维持。具体来看,研究聚焦于移民如何利用新媒体来维持与原居住国的家人、朋友之间的联系⑥,而这些聚焦于新媒体与移民人际关系的研究从数量上看相当丰富。具体来说,相关研究议题主要集中在以下几个方面:

---

① 陈亚丽.社交媒体与海外华人的身份构建:基于对瑞士华人女性移民的微信使用的研究[J].新闻春秋,2017(1):54-60.

② 刘康杰,夏春平.新媒体淘汰报纸?——五大洲 31 国 59 家海外华文报纸调查[J].新闻大学,2015(1):22-31.

③ 彭伟步.少数族群媒体视域下海外华文新媒体的发展态势[J].新闻爱好者,2017(2):64-67.

④ RIGHI A. Assessing migration through social media: a review[J]. Mathematical Population Studies, 2019,26(2):80-91.

⑤ DEKKER R,ENGBERSEN G.How social media transform migrant networks and facilitate migration[D]. University of Oxford International Migration Institute Working Papers,2012.

⑥ MADIANOU M.Smartphones as polymedia[J].Journal of computer-mediated communication,2014,19(3):667-680.

移民使用新媒体进行跨国联系,构建自己在移入地的人际关系网络,同时维护自身在移出地的人际关系网络,在此基础上,探讨移民构建跨文化语境下的混合身份的意义①;在不同的社会语境下,探讨移民使用不同媒体的情况,以及不同媒体与移民社交关系的影响力分析②;新媒体使用与移民群体的情感和情绪关系研究③,关注新媒体如何通过影响移民群体的人际关系构建来对他们的情感体验产生作用④;新媒体对移民群体的流动生活影响的研究,新媒体在影响移民人际关系网络构建的基础上,左右移民的行为决定⑤等。

梳理关于社会融合的学术发展和研究现状可以发现,目前,针对新媒体使用与移民群体赋权和社会融合表现方面的研究相对欠缺。为了弥补这一空白,本书以三类香港新移民作为研究对象,重点关注社交媒体作为一种赋权工具,在多大程度上能够为香港新移民这一群体在香港生活期间的社会融合表现带来积极作用。

五、赋权理论:媒介与赋权研究

赋权(Empowerment)又被称为"增权""充权"。美国学者巴巴拉·所罗

① DREBY J. Honor and virtue: Mexican parenting in the transnational context[J]. Gender and society, 2006, 20(1): 32-59. KANG T. Homeland re-territorialized: revisiting the role of geographical places in the formation of diasporic identity in the digital age[J]. Information, communication & society, 2009, 12(3): 326-343.

② MADIANOU M, MILLER D. Migration and new media: transnational families and polymedia[M]. New York: Routledge, 2012. MADIANOU M. Ambient co-presence: transnational family practices in polymedia environments[J]. Global Networks, 2016, 16(2): 183-201.

③ COLLINS F L. Connecting "Home" with "here": personal homepages in everyday transnational lives[J]. Journal of ethnic and migration studies, 2009, 35(6): 839-859.
MADIANOU M, MILLER D. Polymedia: towards a new theory of digital media in interpersonal communication[J]. International journal of cultural studies, 2013, 16(2): 169-187.

④ NEHLS K, SMITH B D. The role of Facebook in fostering transfer student integration[J]. Journal of student affairs research and practice, 2014, 51(4): 392-406.

⑤ DIMINESCU D. The connected migrant: an epistemological manifesto[J]. Social science information, 2008, 47(4): 565-579. ZIJLSTRA J, VAN LIEMPT I. Smart (Phone) Travelling: understanding the use and impact of mobile technology on irregular migration journeys[J]. International journal of migration and border studies, 2017, 3(2/3): 174-191.

门基于对种族歧视问题的研究,首次提出了赋权理念[①],将其定义为一种专业的社会活动,对象是那些失权的个人和群体,目的是协助受社会歧视的弱势群体对抗不公平待遇,增加其权利和能力。与"授权"相对,"赋权"是人们逐渐获取控制与自己相关的事务、议题的能力的过程,强调的是一种主动而积极的权力获取方式,是一种权力获取的动态过程。古铁雷斯等人认为,赋权是一种以满足人类需求的方式在个人和政治上实现所需社会变革的手段[②]。在赋权范式中,了解一个人的生活状况与社会权力结构的关系以及为改变这种结构所采取的行动是相互联系的。

发展传播学作为传播学社会责任论的一个发展思路,它"会在一个国家及其大多数国民从贫穷迈向经济高速增长的状态中被运用,它会使得社会可能更加公平并最大限度地激发人类的潜能"[③]。由发展传播学形成的"参与发展"(Participatory Development)研究指出,发展研究的中心问题是"权力的不平等"[④],而发展研究视野下的赋权研究则关注如何改变这种权力结构的失衡问题。赋权在不同层面上的具体意指有所区别。在个人或个体层面上,赋权主要指个人获得或提升必要资源,掌握参与活动的能力,从而实现个人目标的过程。[⑤⑥] 而在群体、阶级或社区层面上,赋权概念的重点是实现集体赋权的战略、条件、群体结构的类型等。[⑦] 赋权包括主动赋权和外力赋权两种主要模式[⑧],本次研究主要讨论第一种赋权,即挖掘人们获取权力的

---

① SOLOMON B B.Black empowerment:social work in oppressed communities[M].New York:Columbia University Press,1976.

② RREZ L M,DELOIS K A,Glenmaye L.Understanding empowerment practice:building on practitioner based knowledge[J].Families in society:the journal of contemporary human services,1995,76(9):534-542.

③ 格罗斯伯格,等.媒介建构:流行文化中的大众媒介[M].祈林,译.南京:南京大学出版社,2014:434.

④ MELKOTE S R,STEEVES H L.Communication for development in the third world[M]//Theory and practice for empowerment.London:Sage,2001,36-37.

⑤ BANDURA A.Human agency in social cognitive theory[J].American psychologist,1989,4(9):1175-1194.

⑥ HUR M H.Empowerment[M].New York:Springer,2013.

⑦ BOEHM A,STAPLES L H.The functions of the social worker in empowering:the voices of consumers and professionals[J].Social work,2002,47(4):449-460.

⑧ 陈树强.增权:社会工作理论与实践的新视野[J].社会学研究,2003(5):77-81.

主观能动性,重点关注新媒体作为一种赋权工具,是否能够为香港新移民群体实现权力的增加和获取,即香港新移民权力“从无到有”“从有到多”的增量过程。

有学者指出,赋权不是一个简单的、线性的过程,在赋权的过程中,赋权效果会“受社会结构、权力关系、文化规范、身份认同等因素影响,并呈现高度情境化的特征”①,也就是说,针对不同群体的赋权问题,我们需要将赋权置于特定的情境进行具体讨论和分析。那么,谁需要被赋权?有学者认为,赋权主要针对那些“在社会关系、社会资源获取等方面存在某种缺权或失权状态的个人或群体”②。美国著名传播学者罗杰斯等人在《赋权与传播:来自社会变革的组织经验》中明确地将赋权视为“一种传播过程,这一过程往往来自小群体成员之间的交流”,并认为传播过程促进了赋权③。由此可见,我们将社交媒体、传播与赋权进行勾连,具有一定的理论基础。

有研究指出,媒体为人们提供了一个巨大的机会,“人们可以通过聚集、交流信息、学习、教授、创造、表达和重新创造媒体来增强自己的权力,从而实现赋权”④。随着媒介技术的进步与发展,越来越多的研究聚焦于新媒介如何为弱势群体实现赋权的问题。相比传统媒介,新媒介具有更强的开放性和扁平性,从根本上来讲,新媒介能够为其用户实现赋权的可能性要比传统媒介高,因为传统媒介从本质上讲是封闭的。数字媒体不仅是权力的工具,也是赋权的工具。关于新媒介赋权问题,国内学者师曾志曾有过不少论述和研究成果:师曾志、杨睿在阿伦特、福柯等思想家的权力概念框架基础上提出了“新媒介赋权”的概念,认为新媒介赋权“是传播与权力博弈的过程,强调多元主体在传播中产生、实现或消解、丧失其统治与支配的能力”⑤。

---

① 陈静静,曹云雯,张云霄.赋权,还是去权?——一个藏族村庄中的传播、权力与社会身份[J].新闻与传播研究,2014(8):70-92.

② 陈树强.增权:社会工作理论与实践的新视野[J].社会学研究,2003(5):77-81.

③ ROGERS E M,SINGHAL A. Empowerment and communication:lessons learned from organizing for social change[J].Annals of the International communication association,2003,27(1):67-85.

④ LEOPOLDINA F. Media between power and empowerment:can we resolve this dilemma? [J].The information society,2014(30):3,169-183.

⑤ 师曾志,杨睿.新媒介赋权下的情感话语实践与互联网治理——以“马航失联事件”引发的恐惧奇观为例[J].探索与争鸣,2015(1):41-44.

同时,在师曾志和金锦萍编撰的关于新媒介赋权的案例集中我们也可以发现,新媒介作为一种技术赋权的手段,在政府选择和社会选择两个方面的社会动态发展过程中不断介入,最终实现社会赋权的功能。① 师曾志和胡泳也提出,具备新媒介赋权的网络成为一种"意义互联网",网络空间与现实社会之间的关系呈现出"互嵌"的特点。② 师曾志等人在《新媒介赋权及意义互联网的兴起》中还提到,权力在社会关系以及社会结构中树立和转移,传播作为人类关系的本质,使得媒介在承载信息的同时,通过影响传播的过程、内容、方向和结构,不断重构着人类的关系特质,并且在这一过程中参与到社会转型和社会发展的方方面面——经济、政治、文化的发展都受到媒介和传播的影响。③

针对新媒介赋权效应的研究,目前,学者们主要发展出两种思路和观点:

一部分研究对新媒介的赋权作用给予了积极的展望,认为:新媒介技术可以为使用者在身份建构、打破社会与阶层区隔、促进公共服务获取等方面发挥赋权作用④;从具体的赋权机制来看,社交媒体通过帮助弱势群体表达诉求,使他们能够参与到具体的公共行动中,从而改变现实中不均衡的资源分配问题。⑤ 有学者从数字行动主义(Digital Activism)的角度对社交媒体的赋权效应展开研究,认为社交媒体使弱势群体获取了表达个人不满的机会和渠道,在这个过程中,社交媒体扮演了"激化集体行动的催化剂"的角色⑥。

---

① 师曾志,金锦萍.新媒介赋权:国家与社会的协同演进[M].北京:社会科学文献出版社,2013.

② 师曾志,胡泳,等.新媒介赋权及意义互联网的兴起[M].北京:社会科学文献出版社,2014:144.

③ 师曾志,胡泳,等.新媒介赋权及意义互联网的兴起[M].北京:社会科学文献出版社,2014:28.

④ KAGAN C,SIDDIQUEE A.The Internet,empowerment and identity[J].Journal of community & applied social psychology,2006(16):189-206.SINGLETON G,ROLARUBZEN M F,MUIR K,et al. Youth empowerment and information and communication technologies:a case study of a remote Australian aboriginal community[J].Geojournal,2009,74(5):403-413.

⑤ LEONG C,PAN SL,BAHRI S,FAUZI A. Social media empowerment in social movements:power activation and power accrual in digital activism[J].European journal of information systems,2018,28(3):173-204.

⑥ CARDOSO A,BOUDREAU M C,CARVALHO J. Think individually,act collectively:studying the dynamics of a technologically enabled civic movement.in international conference on information systems[A]. ICIS 2013.

在社交媒体与赋权的相关研究中,学者们主要聚焦社交媒体在一些公共政治运动中的表现。[①] 公民越来越多地转向社交媒体平台获取权力,因为这些平台在理论上允许任何人以较低的技术和财务成本发布信息,使得他们可以通过干预社区和共同行动实现变革[②]。有学者甚至提出,社交媒体通过允许任何人成为影响者来转移权力[③]。在这些学者看来,社交媒体通过各种各样的方式为其用户实现赋权,例如点赞、转发、评论、发表内容(文字、视频、音频、图片等)、创建页面和话题等,都是公民在社交媒体上参与的形式,而这些形式最终都可能为他们实现赋权[④]。总而言之,当一个人有能力影响塑造人们对社区问题的看法,或使他人也变得更有能力时,那么这个人就可以被视作实现了一定程度的赋权[⑤],而作为一种新媒体,社交媒体具有帮助人们实现赋权的潜能,让其用户通过采取行动来追求变革。

另一方面,也有研究认为,新媒体能否为无权者或失权者赋权还受到其他因素的影响,如媒介技术管理、用户的媒介素养等[⑥]。也就是说,新媒体未必一定能够为其使用者实现赋权。由此可见,在分析新媒体的赋权问题时采用简单的技术决定论是不合适的,新的媒介技术并非天然地服务于这些无权者或失权者。正如罗杰斯所说,一种技术在社会结构中的潜入,不仅受到技术本身特性的影响,技术采纳者的特征和能力也是影响这种技术能否成为推动社会变化动力的重要因素。早在 20 世纪 90 年代末就有学者指出,

---

① YUCE S T, AGARWAL N, WIGAND R T, et al. Bridging women rights networks: analyzing interconnected online collective actions[J].Journal of global information management, 2014, 22(4): 1-20.

② CASTELLS M. Communication, power and counterpower in the network society[J].International journal of communication, 2007, 1(1): 238-266.

③ LEONG C, PAN S L, BAHRI S, FAUZI A. Social media empowerment in social movements: power activation and power accrual in digital activism[J].European journal of information systems, 2018, 28(3): 173-204.

④ GABY S, CAREN N.Occupy online: how cute old men and Malcolm X recruited 400,000 US users to ows on Facebook[J].Journal of social, cultural and political protest, 2012, 11(3/4): 1-8.

⑤ CHRISTENS B D. Toward relational empowerment[J].American journal of community psychology, 2012, 50(1/2), 114-128.

⑥ RAHMAN M M, BEGUM A. The strategy of empowering poor for wetland resources conservation in Bangladesh[J].Journal of human ecology, 2010, 31(2): 87-92.

URETA S. There is one in every home[J].International journal of cultural studies, 2008, 11(4): 477-497.

互联网的各种用途都有可能加剧由财富提供的优势积累而导致的不平等现象,也就是说,新的媒介技术不仅可能无法为弱势群体赋权,还可能“使那些已经处于有利位置的人受益,并拒绝向弱势群体提供更好的资源”①。媒介和信息技术的占有和使用,不仅可以提升使用者的经济水平和生活技能,在某些情况下,甚至可以使使用者获得确认和凸显自身优势地位的机会,也就是说,“接触媒介和使用信息技术的传播权力已经被收编到整个权力结构之中”②。

以移民群体为研究对象,新媒体的赋权作用已被学者们所关注。丁未等人针对深圳“的哥”利用新媒体实现赋权的研究较早开启了国内在媒介与移民赋权方面的探讨。丁未从社会空间和社会关系建构的层面着眼,沿着“媒介使用—社交圈子—人际关系—社会资源”的路径和脉络进行分析,围绕新媒体为农民工群体实现“关系”层面的赋权做出了比较深入的研究和阐述。③ 类似围绕新媒体使用与农民工赋权的研究数量较多,从就业信息获取、社会融入程度、自我认同建构等各个方面分析了赋权对农民工群体的实质性效用。④

目前,关注新媒体与移民赋权问题的研究成果还包括但不限于:

庄曦的研究关注流动人口的媒介使用与社会融合问题⑤,虽然没有直接以“赋权”作为关键词,但实际上,这一研究从主体身份建构和社会融合能力与程度着眼,分析了媒介在形塑流动儿童自我效能感方面的作用,同时也关

---

① HARGITTAI E,WALEJKO G. The participation divide:content creation and sharing in the digital age[J].Information communication and society,2008(2):239-256.

② 陈静静,曹云雯,张云霄.赋权,还是去权?——一个藏族村庄中的传播、权力与社会身份[J].新闻与传播研究,2014(8):70-92.

③ 丁未.新媒体与赋权:一种实践性的社会研究[J].国际新闻界,2009(10):76-81.
丁未.新媒体赋权:理论建构与个案分析——以中国稀有血型群体网络自组织为例[J].开放时代,2011(1):126-147.
丁未,田阡.流动的家园:新媒介技术与农民工社会关系个案研究[J].新闻与传播研究,2009(1):61-70.

④ 管成云.网吧里的农民工——新媒体时代新生代农民工城市融入中的新贫困问题研究[J].新闻记者,2017(5):4-16.
郑欣,王悦.新媒体赋权:新生代农民工就业信息获取研究[J].当代传播,2014(2):57-58.

⑤ 庄曦.流动儿童与媒介:移民融合中的传播与社会化问题[M].北京:社会科学文献出版社,2016.

注互联网对移民群体社会关系网络的影响,该研究与古铁雷斯赋权理论中的“个人”和“关系”层面所关注的内容是一致的。庄曦的研究指出,移民群体的发展依赖于他们所掌握的社会资本,而社会资本的获取与其自身的社会关系网络构建息息相关,互联网的出现打破了移民群体原有的社会关系结构,建构了全新的人际交往秩序。

刘燕的研究同样关注媒介使用与移民个体自我认同方面的影响,以及媒介如何影响移民适应与融入主流社会。研究者以在澳门的香港新移民作为研究对象,以一种媒介社会学的视角关注媒介使用与内地在澳移民的社会适应问题,发现随着社交媒体的兴起和不断普及,移民原有的对身份的地域性依赖感正在受到冲击。①

胡叶楠以新生代农民工为研究对象,探讨了新媒体的使用与这些国内移民群体求职经历之间的关系。研究发现,新生代农民工利用新媒体求职就业时,既可能进一步实现赋权,具体表现为借助新媒体获得招聘信息、建立人际关系网络、进行维权活动;同时,新媒体对他们来说,也可能是一种“去权”的工具,因为新生代农民工难以甄别新媒体上的虚假信息,而且新媒体上海量的信息对新生代农民工来说存在较大的处理难度,更为重要的是,一旦他们沉迷于新媒体娱乐,则很可能引发新生代农民工过度欲求的问题。②

Bishop 以美国无证移民群体为研究对象,探讨了数字媒体对移民群体来说在赋权方面的意义和限制。研究指出,对于无证移民群体来说,数字媒体的使用在一定程度上能够帮助他们争取自己的合法权利,并且通过线上的交往,使他们能够减少孤立无援的感觉,同时也激发了他们的线上表达,减少了本地居民对他们的排斥,最终能够促进自由劳动力的发展③。

---

① 刘燕.媒介与移民文化身份认同的建构——以澳门香港新移民为个案[M].北京:中国传媒大学出版社,2016.

② 胡叶楠.赋权与去权之间:以新媒体与新生代农民工求职就业经历为例[D].上海:复旦大学,2014.

③ 转引自:STRANDBERG T,SIVÉN D,HALL L,JOHANSSON P,Parnamets P.False beliefs and confabulation can lead to lasting changes in political attitudes[J].Journal of experimental psychology general,2018,147(9),1382-1399.

Elias 和 Lemish 则提出，对于移民群体来说，新媒体的赋权意义还表现在能够使移民群体在网络虚拟空间中找到群体归属感，而且在这个过程中，为他们增强自我认同感创造有利的条件。更重要的是，对于处于经济、社会弱势地位的人来说，新媒体甚至可能会缩小他们与其他人之间的差距，帮助其实现全方位的赋权。①

基于文献梳理，笔者认为，新媒体提供了很多赋权的机会，但谈及这种赋权的意义以及对不同人群的赋权作用如何，则需要具体问题具体分析。本书将聚焦于目前香港新移民利用社交媒体进行赋权的问题。一方面，随着内地和香港关系的互联互通和深入发展，两地人群之间的交往也越来越密切，香港新移民已经成为香港移民的重要组成部分；另一方面，相比其他已经被广泛关注和深入探讨的移民群体（如农民工等），香港新移民群体的内部差异性更大，而且与移入地（即香港）之间存在着经济、政治以外的其他方面的现实融合冲突，社交媒体就这一群体所能实现的赋权效果值得我们开展全新的研究工作。

六、理论框架：赋权与移民的社会融合

根据古铁雷斯等人在 1995 年提出的观点，“赋权”可以被进一步划分为三个层面：个人层面、关系层面和政治层面。② 具体来看不同层面的赋权内涵：（1）个人层面的赋权是一种能力赋权，强调通过赋权发展和提升个人所拥有和具备的权力感和自我效能感；（2）关系赋权被认为是互联网时代的一种权力新范式，从小范围来看，关系赋权可能会解构及重构家庭、班级、学校中的关系网络，从大范围来看，可能对某些群体的社会地位甚至整个社会的关系网络产生影响；（3）政治赋权是参与式文化被形塑的一种体现，强调在参与的过程中实现社会行动和社会改变的目标。在政治赋权的作用下，个

---

① ELIAS N，LEMISH D.Spinning the web of identity：the roles of the internet in the lives of immigrant adolescents[J].New media & society，2009，1(4)：533-551

② 转引自：ZIMMERMAN M A.Psychological empowerment：issues and illustrations[J].American journal of community psychology，1995，23(5)：581-599.

体积极参与到政治和公共活动中,为自身的权益和诉求做出争取甚至抗争性的举动。

传播能力是关乎谁在传播、谁有能力传播、谁可以对谁传播的问题,对传播能力的讨论实际上是围绕"传播"和"权力"结构性问题的探讨。传播权已经成为一种常见而重要的权力形式。早在20世纪70年代就有学者提出,媒介技术的扩散和使用可能会导致社会知识和信息资源分配的不均衡,而社会结构、资源分配的不公平则是导致这一现象的重要原因。显然,在香港新移民内部,不同类型的香港新移民在社会阶层、社会地位、资源获取能力等方面存在着显著的差异,并有可能由此引发出传播能力的获取差异。

围绕上述理论,本书重点探讨社交媒体作为一种有效的赋权工具,在多大程度上能够为三类香港新移民在香港的社会融合提供帮助,以及不同类型的香港新移民在使用社交媒体实现赋权的过程中的表现差异及其背后成因。整体理论框架如图0-1所示:

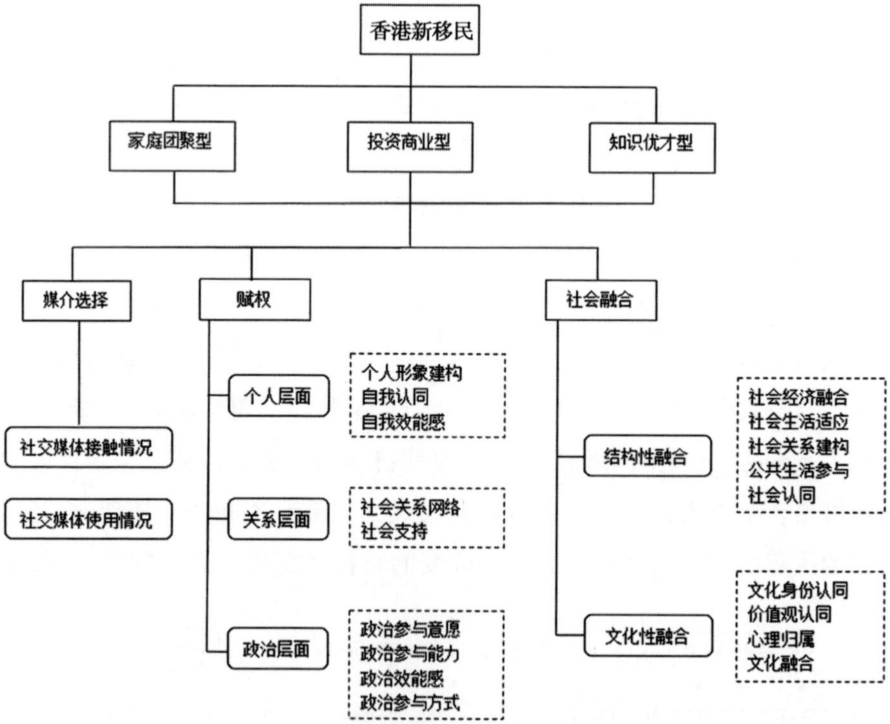

图0-1 研究整体理论框架与关键概念

七、研究方法与样本说明

混合研究方法的理念大致源于1959年,当时的研究者已开始认识到,任何资料收集方法和分析方法都有一定的局限性,坎贝尔和费斯克鼓励人们采用多种资料收集方式来进行资料和研究结果的相互改进、补充、验证。此后,一种将定性法与定量法相结合的综合性研究方法,即"资料来源三角法"①开始推广。本研究遵循实证研究的范式,以质化的深度访谈为主,辅助以综合研究方法(包括问卷调查、社会网络分析和内容分析),对前文提出的研究问题进行解答,通过大量丰富的一手实证材料对研究问题进行解读和阐释。

(一)概念操作化

在本研究中,深度访谈、问卷调查、社会网络分析以及社交媒体内容分析都是围绕着核心问题"社交媒体作为一种赋权工具,在多大程度上可以影响香港新移民的社会融合"来进行的,其中,社交媒体、赋权以及社会融合是本研究中需要进行重点分析探讨的核心概念。对"社交媒体"的研究主要考察的是三类香港新移民的社交媒体接触和使用情况,具体的可操作化指标如表0-3所示:

表0-3 香港新移民群体"社交媒体接触与使用"研究指标及操作化变量

维度	指标	操作化变量
社交媒体接触情况	社交媒体的接触时长	接触社交媒体(Facebook、WhatsApp、微信、Instagram等)的时间有多久
	社交媒体接触的目的与诉求	在接触社交媒体(Facebook、WhatsApp、微信、Instagram等)的过程中,有何种目的和诉求
	社交媒体使用频率	使用社交媒体(Facebook、WhatsApp、微信、Instagram等)的频率如何

① 王毅杰,高燕.流动儿童与城市社会融合[M].北京:社会科学文献出版社,2010:31.

续表

维度	指标	操作化变量
社交媒体使用情况	社交媒体依赖程度	对社交媒体(Facebook、WhatsApp、微信、Instagram 等)的依赖程度如何
	社交媒体使用的影响	使用社交媒体(Facebook、WhatsApp、微信、Instagram 等)对你产生多大程度的影响

由于赋权在不同的背景下具有不同的含义,在一个环境中表示赋权的行为在另一个环境中则可能有完全不同的含义和意义,即使在一个特定的环境中,随着时间的推移和社会规范的变化,赋权的表现方式也可能发生改变。因此,尽管本书的主要理论基础和框架选择是古铁雷斯等人提出的三层赋权理论,但是在具体的指标操作化方面,笔者综合考虑了香港新移民群体在香港实际的生活情境和融合现状进行了调整和修改(见表 0–4):

表 0–4　香港新移民群体"赋权"情况研究指标及操作化变量①

维度	一级指标	二级指标	操作化变量
个人赋权	个人形象建构	角色塑造	在社交媒体上,使用的头像、信息栏设定 在社交媒体上,发布信息的地域性特征(更多香港本地还是内地的生活内容和信息) 在社交媒体上,发布信息的生活内容特征(关于什么生活内容的信息)
		角色传播	在社交媒体上,你更倾向于使用粤语、普通话还是外语发表内容 在使用社交媒体与人交往的过程中,你更倾向于使用粤语还是普通话
	自我认同	自我角色认同	你在多大程度上认为自己是"香港人" 你在多大程度上认为自己是"内地人" 如何理解自己在香港的身份和角色
		自我价值认同	你所认可的价值观在多大程度上被香港社会以及香港人认可

① 本书关于"赋权"概念的操作化指标在参考 LORRAINE G,RUTH J. Preface[M]//Empowerment in social work practice:a sourcebook (1st Edition). Beverly:Wadsworth Publishing Company,1997)提出的赋权指标以及相关测量指标的基础上,结合本书研究问题指定而成。

续表

维度	一级指标	二级指标	操作化变量
个人赋权	自我效能感	生活知觉与信念	在香港处理各类生活问题的能力和情况 在香港实现自己的目标和理想的难易程度 在香港解决各类生活问题的难易程度
		生活动机与行为	在香港面对生活困难时,可以寻求的解决办法 面对他人阻挠和社会障碍时,愿意努力解决问题的积极程度
关系赋权	社会关系网络	内地—家乡网络	在香港,你和来自内地的朋友的交往频率有多高 在你的社会关系圈子里,内地朋友的重要性如何
		香港—本地网络	在香港,你和香港本地的朋友的交往频率有多高 在你的社会关系圈子里,香港朋友的重要性如何
	社会支持	工具性支持	在香港,经常为你提供协助/引导/认可/解决问题的行动的朋友类型
		资讯性支持	在香港,经常为你提供求职/生活/教育等信息和资讯的朋友类型
		情感性支持	在香港,让你产生受尊重/被支持/被理解等情感体验的朋友类型
政治赋权	政治参与意愿	参与积极性	你参与各类政治活动的积极性分别有多大
		参与动机	你参与各类政治活动的主要目的分别是什么
	政治参与能力		参与各类政治活动的能力大小程度 参与各类政治活动的机会大小程度
	政治效能感		自己的政治参与行动能对政治产生影响力的程度
	政治参与方式		参与社交媒体各类政治活动(关注政治问题、表达政治意愿、影响政治决策)的频率

“社会融合”概念的研究是在文献综述的基础上,综合国内几位学者的观点,①从结构性社会融合和文化性社会融合两个维度展开。其中,结构性

① 本书关于“社会融合”概念的操作化指标是在参考庄曦《流动儿童与媒介:移民融合中的传播与社会化问题》(社会科学文献出版社 2016 年版)、陆自荣《社会融合理论的层次性与融合测量指标的层次性》(《社会科学战线》2014 年第 11 期)、周皓《流动人口社会融合的测量及理论思考》(《人口研究》2012 年第 3 期)等研究的基础上,结合本书研究问题和理论框架综合设计而成的。

社会融合又被进一步划分为社会经济融合、社会生活适应、社会关系建构、公共生活参与和社会认同五个维度；文化性社会融合被划分为文化身份认同、价值观认同、心理归属和文化融合四个维度。关于“社会融合”概念的具体操作化情况如表 0-5 所示：

表 0-5　香港新移民群体“社会融合”概念研究的操作化

	维度	指标	操作化变量
结构性融合	社会经济融合	月收入水平	你的月收入水平有多高
		收入与消费水平	从经济收入和消费支出的情况来看，你的经济水平在多大程度上与香港本地经济发展水平相一致
	社会生活适应	生活方式适应情况	在多大程度上适应了香港本地的生活
	社会关系建构	交友方式	认识新朋友的难易程度 认识新朋友的方式 平时通过不同方式与朋友交往的程度
		交友圈子	你有几个好朋友 你的朋友圈子组成(以香港人还是内地人为主)
	公共生活参与	政治生活参与	参与投票、辩论等政治活动的频率
		文化生活参与	参与公共文化活动的频率
		对城市的信任度	在多大程度上对香港城市的生活感到信任
	社会认同	对城市的生活的喜爱程度	在多大程度上对香港城市的生活感到喜爱和幸福
		对城市的满足程度	在多大程度上对香港城市的生活感到满足
文化性融合	文化身份认同	身份定位	你认为自己是香港人还是内地人
	价值观认同	与流入地主流价值观的匹配程度	你认为你所认可的价值观与香港主流价值观在多大程度上是一致的
	心理归属	对流入地的态度	请用三到五个词语来形容香港 请用三到五个词语来形容香港人
	文化融合	居住时长	来香港生活/读书/工作的时间
		生活环境	在香港，和谁一起居住

总的来说,本研究从香港新移民类型出发,到社交媒体的接触和使用,再到个人、关系、政治赋权和结构性社会融合、文化性社会融合,具体涵盖的指标包括23个(如图0-2所示):

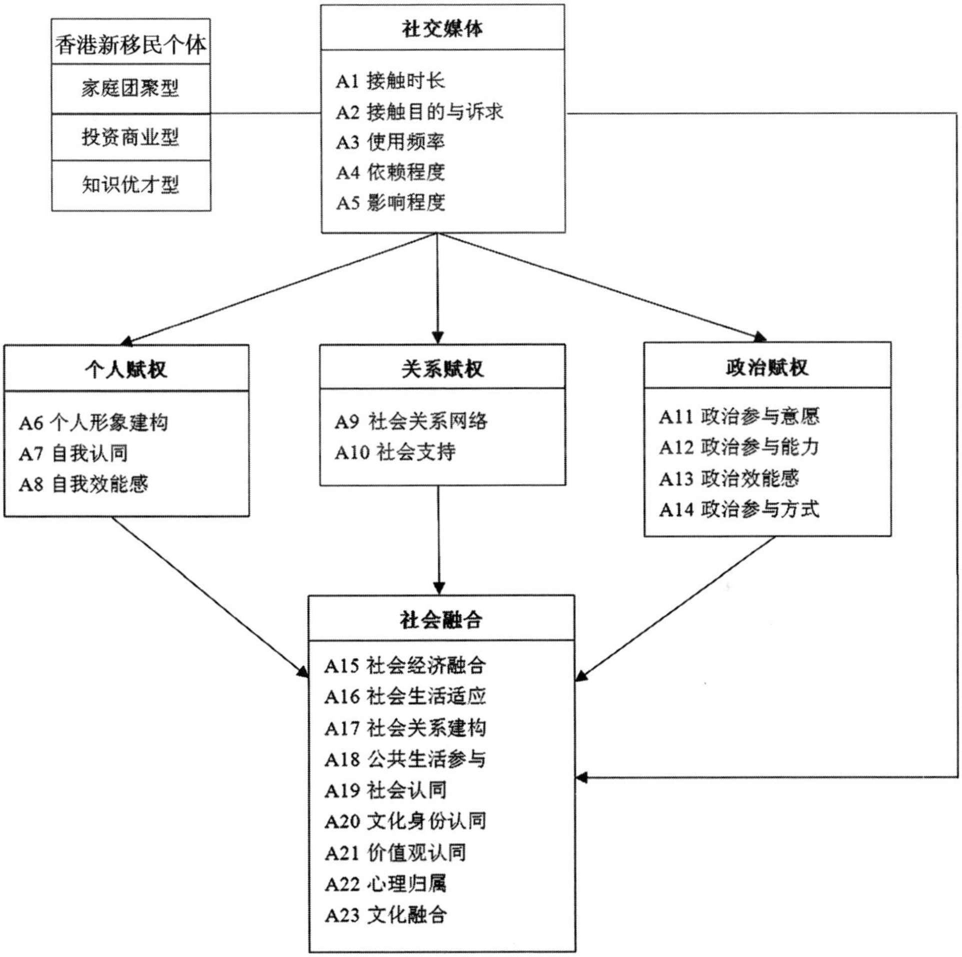

图0-2　本研究中所包含的研究指标

(二)深度访谈

围绕相关研究议题,本研究采纳了梅赫拉等人提出的情境式研究取向,即近距离观察研究对象的媒介使用、日常生活和媒介需求①,对香港新移民群体的社交媒体使用情况进行研究。借鉴现有的移民与赋权研究中的常用方法,本研究以半结构式访谈和参与式观察展开案例分析,了解香港新移民的日常信息环境(Information Ecologies)中由人、实践、技术、价值观组成的关系系统(System of Relations),重点讨论社交媒体在多大程度上帮助三类香港新移民进行个人、关系与政治层面的赋权以及由此实现的社会融合问题。深度访谈是质性研究中最常用的一种收集数据的有效方式,通过"与一个已经有相关经验的人进行一个个深度访谈会对一个具体问题产生深入的研究"②。深度访谈中的指向性对话,有助于激发访谈对象(即香港新移民)的阐述欲望,从而使研究素材更加丰富,也使得研究对象更加丰满和立体。

深度访谈的所有样本通过判断抽样、方便抽样和"滚雪球"的办法获得。样本包括三种不同类型的香港新移民,共 32 人,其中"家庭团聚型"10 人、"投资商业型"10 人以及"知识优才型"12 人,访谈对象尽可能涵盖不同年龄、来港时间、语言背景、性别、职业领域等不同圈层的香港新移民人群,以期为后续深入挖掘和剖析影响香港新移民不同的社交媒体使用行为以及在此基础上形成的赋权和社会融合表现提供丰富的素材。访谈对象基本信息汇总如下:

表 0-6 研究访谈对象信息汇总

昵称	性别	年龄	香港新移民类型	来港时间	职业	访谈语言
张先生	男	51 岁	家庭团聚型	11 年	厨师	粤语
吴先生	男	50 岁	家庭团聚型	11 年	出租车司机	粤语

① 丁未.流动的家园:"攸县的哥村"社区传播与身份共同体研究[M].北京:社会科学文献出版社,2014.
BHARAT M,MERKEL C,BISHOP A P.The Internet for empowerment of minority and marginalized users[J].New media & society,2004,6(6):781-802.

② 卡麦兹.建构扎根理论:质性研究实践指南[M].边国英,译.重庆:重庆大学出版社,2009:148.

续表

昵称	性别	年龄	香港新移民类型	来港时间	职业	访谈语言
关太太	女	46 岁	家庭团聚型	8 年	家庭主妇	普通话
方太太	女	46 岁	家庭团聚型	13 年	美容师	粤语
徐太太	女	47 岁	家庭团聚型	9 年	零售营业员	粤语
李小姐	女	15 岁	家庭团聚型	2 年	学生	普通话
刘太太	女	38 岁	家庭团聚型	6 年	家庭主妇	普通话
秦小姐	女	31 岁	家庭团聚型	7 年	保险销售	粤语
张太太	女	39 岁	家庭团聚型	7 年	家庭主妇	普通话
宋小姐	女	20 岁	家庭团聚型	4 年	自由职业者	粤语
伍太太	女	46 岁	投资商业型	9 年	家庭主妇	粤语
朱太太	女	51 岁	投资商业型	11 年	家庭主妇	粤语
肖先生	男	50 岁	投资商业型	8 年	商人	普通话
梁先生	男	49 岁	投资商业型	4 年	商人	普通话
刘先生	男	54 岁	投资商业型	8 年	商人	粤语
Lilly	女	17 岁	投资商业型	4 年	学生	粤语
Vivian	女	21 岁	投资商业型	7 年	学生	粤语
袁小姐	女	25 岁	投资商业型	8 年	自由职业者	粤语
Jimmy	男	28 岁	投资商业型	10 年	银行职员	粤语
Sam	男	21 岁	投资商业型	9 年	学生	粤语
Matthew	男	29 岁	知识优才型	6 年	银行职员	粤语
Natalie	女	29 岁	知识优才型	10 年	银行职员	粤语
曹小姐	女	28 岁	知识优才型	6 年	广告策划	普通话
梁小姐	女	29 岁	知识优才型	6 年	程序员	粤语
冯小姐	女	27 岁	知识优才型	8 年	非政府组织成员	粤语
包小姐	女	27 岁	知识优才型	4 年	企业员工	粤语
Sarah	女	33 岁	知识优才型	7 年	会计师	普通话
白小姐	女	26 岁	知识优才型	1 年	会计师	普通话
赵先生	男	30 岁	知识优才型	2 年	建筑师	粤语
Jane	女	20 岁	知识优才型	1 年	学生	普通话
Jacky	男	24 岁	知识优才型	1 年	学生	普通话
Gibbon	男	25 岁	知识优才型	2 年	学生	普通话

访谈开展时间为2019年4月到2020年1月,以在线访谈为主,通过微信、WhatsApp和电子邮件等方式与访谈对象进行交流。除此之外,由于访谈对象的获取经由了"滚雪球"的方式,部分访谈对象之间为线下相互熟识的朋友,因此笔者也构建了几个微信群,在微信群中参与了访谈对象的日常对话,通过参与式的观察获得了一些研究素材,以更好地就研究问题展开论述。

本次访谈中"家庭团聚型"香港新移民受访者的男女比例为1∶4,均为通过父母或配偶申请、经审批获得"单程证"来港的香港新移民;"投资商业型"香港新移民则包括投资商人或跟随父母通过投资移民机会来港的年轻子女,比例为1∶1。"知识优才型"香港新移民的样本人数最多,包括仍然在香港攻读学士或硕士学位、海外毕业来港工作以及毕业留港工作的内地学生三类,比例为1∶1∶2。文中引用均为笔者采访获得的访谈记录,部分受访者使用粤语回答,在整理成访谈记录时,为保证受访者本人意思的清晰,笔者均转换为普通话表述,同时为保障受访者的隐私,访谈记录只会显示受访者的昵称、年龄、职业和来港时间。

深度访谈部分主要围绕本研究提出的焦点问题,就三类香港新移民的社交媒体接触和使用情况、社交媒体对香港新移民的赋权效能以及在此基础上所实现的社会融合方面的影响展开讨论,访谈提纲详见附录A。

(三)问卷调查

本次问卷调查为一次针对香港三类香港新移民的大型调查,问卷调查主要考察三个方面的主要内容,分别是社交媒体接触和使用情况、赋权与社会融合现状,而在本书中所用到的主要是关于香港新移民社会融合现状的数据(具体问卷设计情况详见附录B)。问卷调查以三类香港新移民作为研究对象,通过"滚雪球"抽样的办法,以网络问卷的方式开展调查,共计回收有效问卷239份。本研究中针对香港新移民群体开展的问卷调查样本的人口统计学情况如表0-7所示:

表 0-7　本研究问卷调查人口统计学情况(N=239)

	项目	频数	百分比(%)
性别	男性	108	45.2
	女性	131	54.8
学历	初中或以下	7	2.9
	高中	35	14.6
	文凭/证书课程	35	14.6
	预科	11	4.6
	副学位课程(大专)	50	21.0
	学位课程或以上(本科或以上)	101	42.3
家庭月收入	2 万以下	25	10.5
	2 万至 3.9 万	66	27.6
	4 万至 5.9 万	82	34.3
	6 万至 7.9 万	46	19.2
	8 万及以上	20	8.4
来香港生活时长	1 年以下	18	7.5
	1—3 年	80	33.5
	3—5 年	92	38.5
	5—7 年	34	14.2
	7 年以上	15	6.3
香港新移民类型	家庭团聚型	60	25.1
	投资商业型	65	27.2
	知识优才型	114	47.7

本研究采用了克朗巴哈(Cronbach's α)系数来衡量调查问卷的信度。根据统计学要求,一般情况下,当克朗巴哈系数大于 0.8 时,均属于信度较好,可见,本研究调查问卷具有较高的内在一致性和可靠性(见表 0-8)。

表 0-8 问卷调查的可靠性统计量表

维度	项目	Cronbach's α	基于标准化项的 Cronbach's α	项目数
整体问卷		0.986	0.985	191
媒介选择	媒介接触	0.915	0.913	30
	媒介使用	0.933	0.933	35
赋权情况	个人层面	0.851	0.851	11
	关系层面	0.848	0.848	13
	政治层面	0.967	0.967	51
社会融合	结构性	0.890	0.890	20
	文化性	0.902	0.904	24

（四）内容分析

这一部分主要针对三类香港新移民的社交媒体账户进行追踪式内容观察。研究对象来自深度访谈中的香港新移民样本，笔者分别在三类香港新移民中各选取 5 人作为观察对象（共计 15 人），追踪分析其在不同平台社交媒体上发布的内容，包括 Facebook、Instagram、微博和微信朋友圈。样本选择标准包括：

（1）该观察样本开设了社交媒体并且在社交媒体平台上有发布内容；

（2）该观察样本长期生活在香港（例如部分“投资商业型”香港新移民长期生活在内地，只是获得了香港居留身份，则不被选择为观察样本）；

（3）一名样本只对应一个社交媒体平台的观察（例如，某观察样本既有微博账户，也有 Facebook 账户，但只选择其中一个平台的内容进行观察）。

这一部分的分析主要解答的是社交媒体作为一种赋权工具，为香港新移民群体提供个人和自我层面赋权的可能性，主要从形象建构的角度切入，分析不同类型的香港新移民利用社交媒体塑造的自我形象特点，同时与传统大众媒体塑造的香港新移民群体的“他者”形象进行对比。社交媒体追踪性分析的观察时间段为 2019 年 1 月 1 日至 2019 年 12 月 31 日，共计取样 1587 条，其中“家庭团聚型”样本 440 条，“投资商业型”样本 478 条，“知识优才型”样本 669 条。社交媒体追踪分析的内容编码表如表 0–9 所示：

表 0–9 香港新移民社交媒体追踪性内容分析编码表

编号	日期	发表平台	香港新移民类型	内容类型	议题焦点	文字/语言选择

编码说明：

* 对象编号：对 15 位观察对象进行编号，分别编号为 1—15
* 发表平台：Facebook、Instagram、新浪微博、微信朋友圈
* 香港新移民对象：“家庭团聚型”“投资商业型”“知识优才型”
* 内容类型：个人生活、公共生活、娱乐八卦、情感分享、科普资讯、其他
* 议题焦点：香港本地、中国内地、内地与香港关系、其他
* 文字/语言：中文广东话、中文普通话、英文、其他语言、无使用文字

第一章
香港新移民的社会融合现状:结构性融合与文化性融合

> 香港将传统的经济条件作为政策制定的最重要前提。在这种管制文化下,香港的本地居民往往抵制任何被认为危及经济繁荣的东西。一旦来自中国内地的移民被视为香港的"经济负担",本地人对这一群体的歧视和怨恨就会变得明显。
>
> ——Law & Lee,2006

> 融入社会的基石是平等待遇和禁止任何形式的歧视。融入社会取决于多种因素,包括有能力使用当地语言进行交流,准入劳工市场和就业,熟悉风俗习惯,接受东道国的社会价值。
>
> ——联合国秘书长报告《国际迁徙与发展》,2006

在社会流动和文化碰撞日渐成为生活常态的当代社会,个体的身份认同呈现出多样化和多元化的特征。在现有涉及移民与文化的相关研究中,"文化同化论"和"多元文化论"是两个主要的理论模型,其中,"文化同化论"强调外来移民对移入地文化内涵的学习和吸收;"多元文化论"则强调外来移民者的文化与移入地文化共同存在和发展的和谐状态。相比之下,笔者认为,"社会融合"的概念较之"同化"和"多元文化"的论述更适用于香港新移民群体目前在香港的现实诉求。一方面,香港新移民需要通过学习、接纳本地的文化、价值观,才有可能在香港获得比较良好的生活境况,减少移民生活过程中心理、经济等现实压力;另一方面,香港新移民面对的是意识形态、生活背景、价值观等的融合障碍,要实现理想的多元文化共存状态并不容易,香港新移民的生活不能也不会单纯以"融入"或"被同化"的方式出现。社会融合反映了香港新移民在香港居住期间的生存与生活现状,其中,结构性融合更多地反映了香港新移民群体在经济结构、社会结构、职业结构等方面的融合程度;文化性融合则从观念、文化、思想、价值观、心理等方面折射出香港新移民群体在香港的生活境况。为了与已有的社会学、传播学、人类学等学科的学术成果进行对话,本章内容以深度访谈材料和问卷调查结果为主要分析素材,结合官方统计数据、近期社会案例等的进行综合分析,对三类香港新移民在香港整体的结构性融合与文化性融合现状进行总结和归纳,并在不同的、具体的融合层面进行详细分析,分别讨论在结构性和文化性社会融合的不同维度上,三类香港新移民的融合表现。此外,结合实证材料,本章还会在整体分析三类香港新移民融合现状的基础上,对不同类型的香港新移民在结构性和文化性社会融合方面的表现差异以及导致这种差异表现的深层次原因进行剖析。

一、结构性融合:社会融合的基础支撑与外部框架

近年来,大量香港新移民移居香港,一方面为香港提供了充足的劳动力,另一方面也对香港的经济腾飞与社会稳定发展起到了重要的促进作用。但是从社会认知度和公众评价的情况来看,虽然各类香港新移民为香港发展做出了不可估量的贡献,他们自身在香港的生活却并不尽如人意,当中包括未能适应香港生活环境、时常遭受歧视、在就业市场不具备优势等常见问题,社交方面则表现为不容易结识除了来自内地以外的朋友,以至于公共生活参与度较低等。

在本研究中,结构性社会融合具体包含社会经济融合、社会生活适应、社会关系建构、公共生活参与以及社会认同五个维度。为了分析三类香港新移民在结构性社会融合方面的整体表现,笔者将五个维度下各自包含的

所有量表题项取平均分作为度量各维度整体情况的标准(见表1-1)。从表1-1可知，香港新移民的结构性社会融合整体情况处于中等偏上的水平，各维度均值均大于3。

表1-1 三类香港新移民的结构性社会融合情况比较(N=239)

香港新移民类型	结构性社会融合	极小值	极大值	均值	标准差
家庭团聚型	经济社会融合	1.00	5.00	3.52	0.98
	社会生活适应	1.00	5.00	3.71	0.91
	社会关系建构	1.82	4.64	3.67	0.56
	公共生活参与	1.00	5.00	3.49	0.96
	社会认同	1.60	5.00	3.67	0.71
投资商业型	经济社会融合	1.00	5.00	3.75	0.82
	社会生活适应	2.00	5.00	3.69	0.74
	社会关系建构	2.45	4.73	3.80	0.43
	公共生活参与	1.50	5.00	3.61	0.65
	社会认同	1.80	4.80	3.68	0.56
知识优才型	经济社会融合	1.00	5.00	3.50	0.86
	社会生活适应	1.00	5.00	3.77	0.86
	社会关系建构	1.18	4.91	3.76	0.54
	公共生活参与	1.00	5.00	3.48	0.84
	社会认同	1.00	4.80	3.70	0.71

研究结果显示，当前香港新移民群体在香港的生活呈现出结构性社会融合程度较高的整体状况，但是具体来说，在不同维度的结构性社会融合则仍然存在一定差异，其中，在社会经济融合与公共生活参与两方面的表现较差，因此，香港新移民在香港依然面临着不容忽视的结构性社会融合问题。同时，不同类型的香港新移民在结构性社会融合方面也存在一定的差异表现。本章笔者将结合深度访谈等材料，从社会经济融合、社会生活适应、社会关系建构、公共生活参与和社会认同五个具体方面，分析香港新移民当前在香港的结构性社会融合的整体表现及其背后的成因，并试图结合一些实际的案例、深度访谈所获得的材料等来阐述和解读问卷调查所获得的数据结果。

（一）社会经济融合

移民研究学者田欢指出，文化与经济之间存在一定的冲突和融合，是当代社会文化流动的显著特点，其中，经济对文化的影响作用又较文化对经济的影响作用要更为显著。① 社会学家曼海姆也认为，一个社会如果出现重大的心理变化，"经济领域的变化往往是首先被注意到的"②。根据实证调查数据，香港新移民群体在结构性社会融合的各个具体指标里，样本在经济生活融合方面的表现最差，从整体上看，香港新移民在香港面临着较大的经济生活融合问题和困境：一方面，他们在香港生活需要负担高昂的生活成本，包括交通、住宿、基本生活消费等；另一方面，收入水平的劣势更加剧了部分香港新移民的经济生活融合困境。然而，社会经济融合困境并不是所有香港新移民普遍需要面对的问题，造成不同香港新移民社会经济融合困难的原因和表现也是有差异的，尤其是对于"投资商业型"香港新移民来说，社会经济融合显然并非突出的现实问题，在这里，笔者主要分析"家庭团聚型"和"知识优才型"香港新移民所面临的社会经济融合困境背后的影响因素和社会结构特征。

对于"家庭团聚型"香港新移民来说，摆在他们面前的是客观存在的一些经济融合障碍：其一，从人口统计学情况来看，大多数"家庭团聚型"香港新移民是从内地嫁到香港的女性，或是由父/母一方申请来港的未成年子女，由于缺乏香港就业市场所需的知识或技能、内地学历或工作经验，以及不得不面对在港不受认可、粤语不标准等现实问题，他们在找工作时往往会遇到各种困难，高薪工作常常将他们"拒之门外"。其二，部分"家庭团聚型"香港新移民是单亲妈妈，在欠缺托儿服务等社会配套（或难以负担相应服务费用）的情况下，她们难以外出就业，只能依靠政府补贴或"综援"支撑生活，因而常被香港人视为"好吃懒做"的代表，长期的社会偏见使得她们在求职

① 田欢.当代移民社会的文化流动——以深圳为主线的考察[J].学术研究，2017(11)：74-78.

② 曼海姆.重建时代的人与社会：现代社会结构研究[M].张旅平，译.南京：译林出版社，2011：导言18.

的时候面临着更多的“歧视”和负面态度。其三,不少“家庭团聚型”香港新移民的亲属在香港从事相对低收入的职业,家庭整体收入水平较低是“家庭团聚型”香港新移民常见的现实问题。尤其是对于那些来自基层的新来港学生来说,他们不仅要面对全新的教育制度,更要想办法冲破穷困家境的掣肘,才能在学业方面脱颖而出,而一旦无法通过教育实现学业成功,突破阶层限制,他们的生活将陷入贫困的恶性循环,更难在未来实现经济社会融合。

“我试过去找工作,但是因为家里没人带孩子,而且我老公的工作也很忙,经常是早出晚归不在家,我只能做家庭主妇照顾小孩。”(刘太太,38 岁,家庭主妇,来港 6 年)

“不是我不想出去工作,而是因为我没读过大学,找的工作工资也不会太高,还不如自己找点赚钱的办法,比去上班可能还好,但是赚的钱也就是够自己花,不够钱租房,要和家人一起住,以后还是要想办法赚钱的。”(宋小姐,20 岁,自由职业者,来港 4 年)

而对于“知识优才型”香港新移民来说,尽管较高的文化水平减少了他们相比“家庭团聚型”香港新移民所需要面对的经济融合障碍,但是问题和劣势也并非不存在。其一,在香港有一个规定:仍然在校的“知识优才型”香港新移民在毕业之前所持有的是读书签证,在读生的身份决定了他们不可以在香港工作(包括实习),否则就属违法。在香港这个极为关注工作经验的就业市场上,与本地学生相比,在校期间缺乏实习经验的“知识优才型”香港新移民无疑在社会经济融合方面存在一定的劣势。其二,由于香港本地高校提供的宿舍床位较为紧缺,不少内地学生在香港期间需要租房居住(曾有媒体报道指出,在高校周边的楼盘,内地生的租金会较本地租客贵一至两成),住房问题对“知识优才型”香港新移民来说造成了一定的生活压力。其三,一些“知识优才型”香港新移民为了在毕业后可以获得香港工作签证(以换取居留权),会更容易接受一些工资相对较低的岗位和工作,缺乏议价能力以及留港的迫切需要,使得他们常常处于“高学历、低收入”的经济困境;更为严重的是,已经取得了香港身份的一些人,以职业排斥的方式“对抗”来自内地的青年群体,表达对社会和政治的不满,甚至有香港本地的雇主在网上发出“永不录用内地人”的帖子,号召“将有内地背景的应征者直接淘汰”。在这些冲突和矛盾的影响下,“知识优才型”香港新移民首当其冲地受到了影响。

“刚毕业的时候我的工资只够租房,每个月还得爸妈补贴,不知道是不是看我是内地来的,知道我很迫切需要一个工作才能留下来,工资会比跟我一起进公司的同事低一点。”(冯小姐,27 岁,非政府组织成员,来港 8 年)

“我大学毕业的时候去‘莎莎’(一家香港美容化妆品店)做过两年售货员,因为真的找不到别的工作了,但我其实是香港大学毕业的。”(Natalie,29 岁,银行职员,来港 10 年)

(二)社会生活适应

从问卷调查情况来看,香港新移民整体的社会生活适应情况较好,都认为自己能够较好地适应香港本地的生活。但是结合深度访谈以及近年来的一些统计数据和报告可以发现,尽管社会生活适应对香港新移民群体来说不是迫切需要解决的现实问题,但是对于部分香港新移民而言,适应香港的生活并非易事。

第一,香港居民与香港新移民之间的矛盾,原因或许不在政治方面,而在民生及观感方面,香港本地人觉得内地人尤其是一些香港新移民侵害了自身权益,于是产生了某种否定、鄙视甚至敌对的情绪。受此影响,香港新移民往往需要面临较大的社会生活适应问题。从这个角度来看,三类香港新移民都在不同程度上因被视作“非原装香港人”而受到一定的社会排斥。对于“家庭团聚型”香港新移民来说,经济基础薄弱、需要相对多的社会公共福利支援因而被视作“社会负担”是他们所面临的最大问题;对于“投资商业型”香港新移民来说,尽管他们具有一定的经济优势,但是又常被媒体和公共话语塑造成拉大香港贫富差距的根源之一;而对于“知识优才型”香港新移民来说,近年来不断恶化的“本土情绪”使他们在日常生活中也会面临一定的生活障碍,尤其是在求职应聘的过程中倍感压力。

"我试过在街上吃饭的时候因为说普通话被人用很奇怪的眼光看了一下,其实我是会说粤语的,但是偶尔和朋友聊天或者打电话会夹杂一些普通话,但是因为说普通话就被'歧视',让我觉得挺别扭的。"(秦小姐,31 岁,保险销售,来港 7 年)

"我看报纸上总是把内地来的一些有钱人说成'土豪',包括平时在商场或者一些地方听香港人也常常这么说,会不舒服。"(梁先生,49 岁,商人,来港 4 年)

"我一般不太想和同事聊关于内地的问题,不太习惯说政治,也不想自找没趣,更不想因为这些事弄得和同事之间的关系'很僵'。"(Matthew,29 岁,银行职员,来港 6 年)

第二,尽管对于香港新移民来说,移民生活只是一种国内迁移,整体来看,依然属于大中华文化和生活圈,但是香港在很多具体的生活方式和文化习惯上依然与内地有着较大的差异,对于一些香港新移民尤其是在香港生活时间较短的移民个体来说,社会生活适应的问题可能成为影响他们社会融合的首要障碍:

"我自己不太习惯香港人说话经常会夹杂英语,感觉挺做作的,反过来如果你说话夹杂普通话词汇,就会被'鄙视'或者'冷眼',香港人很双标。"(李小姐,15 岁,学生,来港 2 年)

"我有一个很搞笑的经历,我刚进公司的时候在圣诞节假期回内地旅游了,给同事们带了四川特产,然后香港有同事说为什么去内地旅游还要买礼物呢,他们以为回内地就像他们在香港去了南丫岛(香港本地的一个旅游景点)那么近。其实很多香港人没去过内地,他们真的很不了解内地的发展,跟他们聊天,时常会遇到'笑料',说实话,有时候挺不习惯,但是你又不能去指责他们,因为他们从内心里就是这么认识(内地)的,不可能因为他们不了解就去骂他们或者怎么样。"(包小姐,27 岁,中资企业职员,来港 4 年)

(三)社会关系建构

尽管从问卷调查情况来看,香港新移民整体的社会关系建构情况比较理想,均值得分是结构性社会融合五个维度里面最高的;但是从现实情况来看,无论是哪一类型的香港新移民,在香港仍面临着一定的社会关系建构困境。

结合访谈和具体的案例就可以发现,香港新移民在香港所建构的社会关系,大多数依然带有"家乡"的特征,他们建构出来的社会关系组成仍然以内地人为主。总的来说,他们在香港所面对的社会关系融合障碍,很大一部分来源于香港本地居民的成见以及媒体报道中对香港新移民普遍持有的负面和消极心态。结合社会现实可以发现,香港近几年泛政治化严重,对内地人的包容度大幅降低,刚到香港的香港新移民不难发现,要较好地融入香港社会有一定的难度,"被排挤感"使得不少香港新移民尤其是底层移民群体(通常是"家庭团聚型"香港新移民)选择回避与香港本地人接触。对于这些香港新移民来说,他们满怀对香港的渴望和憧憬来到香港,但不可避免的生存与社交压力接踵而至,甚至"来香港占资源、领综援"的指责会围绕身边,让他们无处可躲。

> "新朋友多数是同事和邻居,但说得上是知心人的就多数是一些内地老乡,尤其是近一两年香港的'风气'(指政治氛围)很不好,一些香港人对我们的态度也越来越差。"(秦小姐,31 岁,保险销售,来港 7 年)
>
> "我不太喜欢和香港人交往,说实话,我知道他们也不喜欢我们。那就不要有太多接触。"(张太太,39 岁,家庭主妇,来港 7 年)
>
> "我有自己的工作,没有拿过政府一分钱的'综援',但是只要说我是从内地嫁过来的,香港人对我的看法就会不一样。"(秦小姐,31 岁,保险销售,来港 7 年)

对于社会经济地位较高的香港新移民来说,情况是否会好一点呢?无论从近年来的实际案例还是笔者在本次研究中所开展的访谈情况来看,情况并非如此。2003年以来,内地和香港推出了不少振兴香港经济的政策,其中公认对香港影响最大的当属同时于2003年推出的“自由行”旅游政策和“投资移民计划”(资本投资者入境计划)。自此以后,内地与香港之间的人口流动迅速加快,但与此同时也引发了香港本地人的不少不满和负面情绪。香港本地音乐组合My Little Airport的一曲《美丽新香港》(2014)被认为写出了不少香港人的心声:“这香港已不是我的地头/就当我在外地漂流/我知已走到尽头/为何还要担忧。”访谈对象肖先生(属于“投资商业型”香港新移民)由湖北武汉南下经商在香港开设了公司,雇用了不少香港员工。根据肖先生的说法,在香港生活与经商期间,关于内地与香港的冲突偶尔也会发生在办公室,规章制度与交往方式不同、近几年内地与香港两地人心态的变化等,都可能引起双方的不悦:一方面,香港雇员抱怨“不想为内地人打工(工作)”,但又因较高薪酬留下;另一方面,作为雇主一方的肖先生也觉得香港人不好沟通,但又不得不聘请香港本地员工,双方之间冲突时有发生。

“我香港的公司有很多本地的员工,但我觉得他们和我内地公司里的员工相比很不一样,不是说他们不好,我们也需要这样的本地人才和员工,但是在一些工作方式和习惯上就需要去协调,我也知道他们其实对我或者我们这样的内地来的老板会有一些想法,但是为了生计他们又不得不工作,彼此都需要慢慢习惯和适应,但是关系仅限于工作,私下里我们彼此都没有太多联系。”(肖先生,50岁,商人,来港8年)

“来了这么久我都没认识什么新的香港朋友,多数是和一些移民之前就认识的亲戚和朋友来往,在香港认识新朋友我觉得很不容易,始终他们会觉得我们是内地来的,就算拿了身份证也改变不了(这个态度),另一方面是觉得没有必要,因为感觉香港人‘嫌贫爱富’,我也不是很想和他们来往。”(朱太太,51岁,家庭主妇,来港11年)

而“知识优才型”香港新移民,尤其是那些仍然在校就读的学生群体面临的问题并不比前两类香港新移民少,社会关系的建构对他们而言同样困难重重。近年来,随着香港新移民的增加,一些香港居民甚至将与香港新移民共同生活在一个社区视作“生活被入侵”。例如,香港大围有一个楼盘叫“名城”,由于距离内地和香港的交界——罗湖较近,且与香港本地几所高校(如香港中文大学、香港浸会大学、香港城市大学)之间交通便利,吸引了不少内地“知识优才型”香港新移民租住。对此,有部分香港人将之形容为“沦陷的香港”,更有媒体戏谑地将这一社区称为“紫禁城”,认为内地学生“入侵”香港,在香港建造了自己生活的“皇宫”。除了媒体和网络舆论外,包括官方组织在内的机构也在某种程度上加大了社会对香港新移民群体的“偏见”。例如 2016 年,香港审计署在统计报告中呼吁,基于内地来港入读学生数量大增,香港高校应“进一步鼓励大学继续致力吸引更多非本地学生,特别是内地学生以外的非本地学生入读”,对内地学生的限制更为严格。同时,相较于“家庭团聚型”香港新移民常被视作香港福利的“包袱”,“知识优才型”香港新移民为香港提供了高水平、高素质的劳动力,本应不易引起香港人担忧的福利压力问题,但从近年来媒体的报道和网络话语来看,“知识优才型”香港新移民依然会受到其他方面的攻击。如近十年来内地学生来港就读获批人数持续上升,内地学生数量的增加让不少香港人感到担忧甚至反感,部分香港本地学生认为香港的大学有“内地化倾向”的问题;由此带来的还有住宿问题(与内地高校不同,香港的大学并不能为全部学生提供住宿床位,过去十年,随着内地来港学生数量的激增,进一步凸显了香港高校宿舍供应短缺的问题,让一些本地学生对“知识优才型”香港新移民心生怨意);在一些高等院校周边和相邻的区域,房租的上涨被认为是内地学生到来导致的结果,令不少香港市民心生怨气。

“我身边的同事很多都是比较激进的年轻人,我一般都避免工作以外和他们接触和相处。”(曹小姐,28 岁,广告策划,来港 6 年)

“我知道在学校里很多同学会对我们这样的内地生有一些不好的看法,所以比较喜欢和也是从内地过来的同学一起玩。”(Jane,20 岁,学生,来港 1 年)

“我现在工作的这个公司不太喜欢内地来的学生,他们请我也是因为我工作经验比较丰富,但是后来我们再去招聘的时候,我们公司的HR(人力资源)基本上会把内地在香港的毕业生全部筛除掉。"(梁小姐,29岁,程序员,来港6年)

茱莉亚·克雷斯特娃认为,"在我们充满恐惧的预感里,陌生人是面前隐约可见的'威猛的迫害者'"①。对于香港本地人而言,过去二十年内地与香港之间越来越频繁的人口流动和社会交往,不仅没有改变他们对内地人传统的刻板印象,反而因为内地来港人数的增加而越来越倾向于将其视作"洪水猛兽"。受此影响,对于香港新移民而言——无论哪种类型——他们在香港的社会关系建构都绝不容易。

(四)公共生活参与

有香港机构调查发现,截至2015年8月,来港定居足7年而成为香港永久性居民的人士中,仅有52.7%登记成为选民,远低于全港73.5%的选民登记率。② 在本次问卷调查中,结果显示,香港新移民群体在文化性公共生活和政治性公共生活参与方面都表现出较低的融合程度,从整体来看,三类香港新移民在结构性社会融合的各个指标里,表现最不理想的就是公共生活参与这一维度。

"家庭团聚型"香港新移民很少在日常生活中主动获取文化等公共生活相关的资讯,如公开演出、各类节庆活动、展览,等等,同时由于他们在本地的朋友也比较少发布这些相关信息,因此他们能够接收到的文化资讯比较少。此外,对于一些他们所消费的文化产品及其相关内容,比如所观看过的电影、电视,阅读的书籍、杂志或是听过的音乐,他们也极少在社交媒体上发表自己对这些产品的看法或评价,社交媒体对于他们来说更像是一种社交以及展示个人日常生活的工具,而不是表达这些相对公共性议题看法的平

---

① 转引自:莫利,罗宾斯.认同的空间——全球媒介、电子世界景观与文化边界[M].司艳,译.南京:南京大学出版社,2001:33-34.

② 新家园协会.内地新来港定居人士社会参与状况调查报告[EB/OL].(2016-02-01)[2020-08-30].http://www.nha.org.hk/uploadfile/20160408033947857O8file_file_ub0/full_report.pdf.

台,相比之下,他们更愿意与自己的家人、朋友在日常讨论中表达这些公共观点。同时,他们也几乎不会在任何公共场合(包括社交媒体)表达自己的价值观念、宗教信仰、法律意识等,除了少数的较年轻的"家庭团聚型"香港新移民表示曾经在社交媒体上有发表过一些关于个人价值观的内容,其余受访者均表示从来不会有这些方面的表达:

"我的朋友都跟我差不多,很少参加这些活动(指文化活动),他们不发(信息)我就看不到,我自己不会主动去查,一般都是搜索日常生活信息的比较多,像哪里打折之类的。"(徐太太,47 岁,零售营业员,来港 9 年)

"在 Facebook 和微信上没什么人说这些的(指文化生活的相关内容),好像显得自己很奇怪,有点做作,不想别人觉得我不懂装懂。而且说来干什么,又没有意义。"(张太太,39 岁,家庭主妇,来港 7 年)

相比之下,"投资商业型"香港新移民在公共生活参与方面的积极程度和融合程度较"家庭团聚型"香港新移民更高。而这些"投资商业型"香港新移民的公共生活参与可以按照年龄做进一步划分。对于一些年长的"投资商业型"香港新移民来说,公共参与主要表现为获取一些文化活动的资讯,比如展览、艺术表演、公共节庆活动等,当他们在社交媒体上接收到这些信息之后,会主动分享给其他朋友,同时也会积极参与到活动中去,并且愿意把在活动过程中的一些感受、经历和体验分享到自己的社交媒体平台上;而对于这些"投资商业型"香港新移民的后代年轻子女来说,他们不仅利用各类渠道获得这些活动的资讯,积极转发相关信息,同时还会主动发布一些原创性的关于公共生活的观念和想法。他们认为,这种参与是有意义的,它不仅是一种个性的展示方式,也可以通过与其他人交换对这些公共生活议题的看法来提高自己的公共素养。无论是年长还是年轻一代的"投资商业型"香港新移民,他们都比较乐于和敢于在社交媒体上表达和展示自己的价值观念、宗教信仰和法律意识等,他们认为尽管现在很多香港人和媒体仍然会对内地人有一些"不好的想法",但如果他们不去主动传递自己的声音和观念,则两个群体永远无法很好地对话和沟通,误解只会越来越深,这将不利于他们在香港的融入和生活。而且他们所表达的文化观念基本上也是香港主流价值观所认可的,在某种程度上,他们也是有意识地选择香港主流社会所宣扬的文化观念进行表达:

> “我在香港没有上班,平时周末通常会跟朋友出去参加一些活动,关注了一些社区活动方面的资讯,也是一种社交的方式吧,主要是一些体验型的活动,偶尔也会回来分享到朋友圈。”(伍太太,46 岁,家庭主妇,来港 9 年)
>
> “我觉得社交媒体可以帮助我们围绕兴趣去组成很多小团体,而你要去发表这种观点,然后看看其他人怎么想、怎么看,你才可以找到这种小团体的成员,总能找到跟你想法一致的,这时候你就可以融入他们。”(袁小姐,25 岁,自由职业者,来港 8 年)
>
> “香港人整天说‘核心价值’,他们以为内地人就没有,我觉得我们需要去表达出来,比如 LGBT 活动,在香港很多人支持,我也会关注,也会表达我的认同,而且来了香港那么多年,我觉得我自己的想法和普通香港人其实很像,大家可以多点沟通。”(Vivian,21 岁,学生,来港 7 年)

最后,“知识优才型”香港新移民在公共生活参与方面的融合程度是三类香港新移民中最高的。其一,由于部分“知识优才型”香港新移民仍然处于求学或刚毕业不久的阶段,通过社交媒体进行知识获取和文化学习对他们来说十分普遍,也非常重要。他们会主动在社交媒体上搜索文化活动资讯,发表关于文化消费产品的评论,等等,而且相对而言,这一类香港新移民的文化素养和知识水平较高,当中还有一部分人拥有海外学习或工作的经历,他们的视野和观点与一般的香港新移民或部分香港本地人都不一样,他们很愿意在社交媒体上发表评论,分享自己的观点,并认为这是一种有效促进香港人对内地人观念更新的方式。其二,在价值观念、宗教信仰、法律意识等方面,“知识优才型”香港新移民的表达意愿和积极性是最高的,他们觉得社交媒体为每个人赋予了相对平等和开放的表达空间,每个人都可以在社交媒体上进行分享,同时他们也认为这种分享对香港新移民来说非常重要,只有这种观念层面上的沟通和互动,才能实现内地人和香港人在思想方面的交流,并且进一步化解双方由于不理解而造成的矛盾。

"不会故意为了给人看就去发表什么观点,但是我也同意多分享、多交流是有意义的,而且我觉得现在香港的氛围很不好,有些政治话题可能太过于敏感,那么这时候我们去说一些文化的东西,也许会更好一点。比如我也会谈以前在澳洲的见闻,然后跟现在我对香港的一些文化现象一起来分析,去说我自己的想法,给香港人听到更多不同的声音,是挺好的,想让他们知道内地人不是他们想象的那样。"(赵先生,30 岁,建筑师,来港 2 年)

"来香港之前我在加拿大读了 6 年书,我其实很早就接触到国外的一些东西,所以来到香港回过头去看这些年为什么内地人和香港人会有矛盾,我觉得可能是想东西的框架就放在一个地方,不去改变,而我不会忌讳在社交媒体上表示我是内地来的,但是我会在分享一些东西的时候给大家看到,给香港的一些朋友看到,其实我们内地的年轻人也是很 international(国际化)的。"(Sarah,33 岁,会计师,来港 7 年)

"我本身是很赞同香港年轻人现在的一些想法的,我觉得这样很好,哪怕有些事情、有些想法可能太偏激,但是至少看到他们有思考、有争取的一些努力。有的时候很奇怪的就是,如果我们去参加他们的讨论,即使是在社交媒体上,如果他知道你是内地来的,就会觉得你是来捣乱的,这一点对我来说是无能为力的。"(冯小姐,27 岁,非政府组织成员,来港 8 年)

(五)社会认同

在本研究中,关于三类香港新移民社会认同的情况考察主要包括三个方面的内容:(1)对所在社会的满意程度;(2)对所在社会的信任程度;(3)对所在社会的喜爱程度。问卷调查显示,香港新移民整体对在香港生活期间的社会认同感较高,但是在结构性社会融合的五个维度里,社会认同的得分仅排在中间,香港新移民群体的社会认同融合程度仅属中等水平。

结合具体的访谈材料可以发现,在三类香港新移民中,“家庭团聚型”和“投资商业型”香港新移民在社会认同方面的表现较之“知识优才型”香港新移民更高,也就是说,这两类移民对在香港生活期间的满意度、幸福度和信任度都较高。笔者认为,造成这一现象的原因主要有以下几点:

第一,正如卡斯特所指出,在当下的社会里,“人们越来越不是按照他们的所作所为,而是按照他们是什么,或者相信他们是什么来组织意义”①。对于“家庭团聚型”和“投资商业型”香港新移民来说,他们对“香港人”的身份更加认可与坚持,而且这两类移民群体的流动性质更偏向是“定居”,而不少“知识优才型”香港新移民在香港的生活则具有“旅居”的特点,对于“身份”的不同认知使得三类香港新移民对社会生活的认同存在差异:

“我觉得在香港还是比在内地好的,至少教育水平和资源比较多,虽然竞争压力更大。”(李小姐,15 岁,学生,来港 2 年)

“花那么多钱投资移民来香港,就是觉得香港的身份对我们来说有帮助,现实一点来看,香港的发展相比起内地还是有它的优越性的。”(肖先生,50 岁,商人,来港 8 年)

第二,一如杨国斌教授所提出的,“网络运动实际上是一种认同运动”②。在三类香港新移民中,“知识优才型”香港新移民的平均年龄较小(至少在本研究的样本中有这一人口统计学特征),他们对社交媒体等网络媒介的依赖程度也最高,网络赋予了他们表达自我和获得身份认同的机会,同时也使得他们的社会认同情况更加复杂。在公共话语的争夺中,“知识优才型”香港新移民塑造出一种混杂的社会认同感:

“我其实刚来香港的时候觉得这里挺好的,但是慢慢地在网上看多了一些不太好的新闻之后,我自己开始对香港以及在这里生

① 卡斯特.网络社会的崛起[M].夏铸九,等译.北京:社会科学文献出版社,2001:4.

② 杨国斌.连线力:中国网民在行动[M].邓燕华,译.桂林:广西师范大学出版社,2013:227.

活有一些比较负面的感受,我和太太在纠结要不要在这一两年回内地工作和生活,我们也很纠结,反正暂时我计划是先不会申请永久居民的户籍,因为我不想取消内地的户口和身份。"(Matthew,29岁,银行职员,来港6年)

第三,查尔斯·泰勒曾经将认同危机定义为"一种严重的无方向感",而之所以会出现这种状态,很大一部分原因是因为"人们对自己所处位置的极端不确定"①。对于"知识优才型"香港新移民来说,他们所面临的正是这样一种认同危机。如前所述,在三类香港新移民中,"知识优才型"香港新移民的公共生活参与水平和程度都最高,无论是文化性还是政治性的公共生活,"知识优才型"香港新移民在不断深入香港公共生活的过程中,与香港本地人以及香港本地的文化和公共话语有比较多的接触,而这种"越接触、越了解、越不安"的情绪则会影响他们的社会认同感:

"我和我的同事交往得越深就越让我觉得和他们'三观不合',我也很怀疑、很疑惑,他们的一些关于公共问题的看法和观念是从哪里来的呢?"(梁小姐,29岁,程序员,来港6年)

二、文化性融合:社会融合的意义建构与情感内涵

有香港文化研究学者指出,直接构成内地和香港矛盾的是文化冲突,而"经济冲突和政治冲突扮演的只是'催化剂'的角色"②。从这个角度来看,相较于结构性社会融合困境,对于香港新移民来说,文化性的社会融合是一种更难跨越的障碍。

文化性社会融合与结构性社会融合不同,这一层面的社会融合更多反映的是移民群体的精神、心理和思想等方面在移入地的生活现状。在本研究中,文化性社会融合包含文化身份认同、价值观认同、心理归属以及文化

① 杨国斌.连线力:中国网民在行动[M].邓燕华,译.桂林:广西师范大学出版社,2013:39-40.
② 安德烈.香港文化论[M].香港:热血时报有限公司,2016:64.

融合四个维度。为了分析文化性社会融合的整体情况，笔者将四个维度下各自包含的所有量表提取平均数作为度量各维度整体情况的标准。如表1-2所示，各个维度的均值均大于3，说明整体文化性社会融合情况处于中等偏上水平；其中，心理归属、价值观认同得分较高，而文化融合得分较其他维度低。

表1-2 不同类型香港新移民的文化性社会融合情况（N=239）

香港新移民类型	文化性社会融合	极小值	极大值	均值	标准差
家庭团聚型	文化身份认同	1.00	5.00	3.51	1.08
	价值观认同	1.00	5.00	3.73	1.06
	心理归属	2.50	4.95	3.85	0.48
	文化融合	1.00	5.00	3.03	0.77
投资商业型	文化身份认同	1.00	5.00	3.66	0.98
	价值观认同	1.00	5.00	3.65	0.84
	心理归属	2.35	5.00	3.82	0.46
	文化融合	1.00	4.50	3.32	0.62
知识优才型	文化身份认同	1.00	5.00	3.46	1.02
	价值观认同	1.00	5.00	3.72	0.85
	心理归属	1.05	4.90	3.95	0.56
	文化融合	1.00	5.00	3.20	0.72

具体来看，“家庭团聚型”香港新移民的文化融合得分较“投资商业型”和“知识优才型”香港新移民低；相比结构性社会融合，三类香港新移民的文化性社会融合表现出来的群体间差异更为明显，尤其是“家庭团聚型”香港新移民和其余两类香港新移民之间存在的差异更大。结合深度访谈以及近年来的实证案例等资料，在这一部分笔者将从文化身份认同、价值观认同、心理归属和文化融合四个方面展开，深入探讨香港新移民文化性社会融合的表现、不同类型香港新移民文化性社会融合的现状差异，并试图分析造成这些表现背后的原因。

（一）文化身份认同

网络社会的崛起和发展，对于身处其中的个体的身份认同问题带来了更加复杂和多元的影响。在当前的媒介环境下,个人身份会受到传播环境以及由此构建出来的社区特性影响,其中最重要的是网络虚拟身份的建构。在虚拟社区中,人们所产生和塑造出来的虚拟身份认同在广度和深度上都比现实环境下的身份认同更为复杂。实证研究发现,这种身份认同的环境特征也影响了三类香港新移民的文化身份认同情况。

从哲学理论的角度看,"文化身份认同"(Culture Identification)是关于我们"如何看待自己"、"如何看待身边的人"以及"认为身边其他人如何看待自己"的观点,"文化身份认同"要确认"我是谁"的核心问题;同时也是关于"我应该采用哪一种文化模式"[①]这一身份困惑问题的回答。文化身份认同被认为是移民在跨文化生活过程中得以适应、融入甚至融合移入地的重要影响因素,同时,文化身份认同的建构也会左右移民的幸福感感知甚至影响其在移入地的发展规划。尤其是对于一些半永久而非永久移民的群体而言,文化身份认同的建构将可能影响他们在未来的生活流动方向和个人发展规划。

在社会学家看来,对于移民群体来说,作为"双文化个体"的他们,无论他们在新的生活环境里感受到的文化差异是否明显,"文化身份认同都是他们首先需要面对的社会角色考虑问题"[②]。然而,正如香港本地文化研究学者李欧梵所指出的,近年来香港关于混杂性(Hybridity)的讨论有减少的趋势[③],当前香港社会关于文化身份问题的讨论常常被简化为"你是香港人,我是内地人""你是中国人,也是香港人""你(我)不是香港人"之类的二元对立的简单判断,日渐两极化的文化身份观念使得香港新移民作为既是内地人又是香港人的"夹心饼"群体在构建自我文化身份认同时面临着种种障碍。

通常来说,自我身份不仅取决于个体对"我是谁"的回答,也取决于"他者"对自我所建构出来的身份的理解和态度,有学者认为,后者对自我身份的建构影响更大。[④] 有关"香港人"的身份问题,近几年一直在困扰着整个香

①② 张文宏,雷开春.城市新移民社会认同的结构模型[J].社会学研究,2009(4):61-88.

③ 朱耀伟.香港研究作为方法[M].香港:中华书局出版社,2016:139.

④ 覃明兴.移民的身份建构研究[J].浙江社会科学,2005(1):88-94.

港社会。几年前,香港有人开始鼓吹“内地新移民霸占港人资源,导致社会出现各种问题”等言论,在这种言论的影响下,针对香港新移民所产生的负面情绪日渐高涨。从实证研究来看,“家庭团聚型”香港新移民的文化身份认同情况受这种“他者”话语的影响最大,香港媒体、主流话语对“原装香港人”身份的建构深刻地影响着他们对自己文化身份的认识和感知。正如弗雷德里克·詹姆森所认为的,在“后现代新空间”中出现了一个所谓的“存在的迷境”,在这个情境下“人们可能无法对自我进行定位”①。“家庭团聚型”香港新移民在努力建构自己“香港人”的文化身份,但是由于部分“家庭团聚型”香港新移民缺乏粤语基础,来港生活后又没有办法建立起具有本地性质的生活圈子,同时他们的生活习惯会带有强烈的内地文化背景特征,种种因素的综合影响,使得他们所建构的这种文化身份往往是脆弱的。

“我是香港人,至少我自己是这么认为的,但是很多‘香港人’可能不会这么想吧,他们觉得我们不是在这里出生的。”(秦小姐,31 岁,保险销售,来港 7 年)

“我也不知道自己算是香港人还是内地人,至少大多数人可能会觉得,我们这种人(指移民)跟普通香港人不一样,来了那么多年,还是没有落地生根的感觉。”(张先生,51 岁,厨师,来港 11 年)

“自我概念”指个人心目中对自己的印象,包括对自己存在的认识,以及对个人身体能力、性格、态度、思想等方面的认识。② “投资商业型”香港新移民在文化身份认同上呈现出一种更加“自信”的态度,而且不少受访者都提到,无论“香港人”还是“内地人”,本质上都拥有一种相同的文化身份——“中国人”,而对于这个身份,他们是高度认同的。同时,身份认同让人可于不同文化及社会圈子中找到自己的定位,以及自己所属的生活群体,并以其他群体作为自己的“他者”,对照自身的文化特质和符号将其区别出来。这

① 格罗斯伯格,等.媒介建构:流行文化中的大众媒介[M].祁林,译.南京:南京大学出版社,2014:50.

② 庄曦.流动儿童与媒介:移民融合中的传播与社会化问题[M].北京:社会科学文献出版社,2016:184-185.

不仅表现在香港人对香港新移民的污名化和标签化上,对具有较强社会优越感的“投资商业型”香港新移民来说,他们给香港本地人“贴标签”也是一种常用的帮助自己建构文化身份的手段,这种表现在年长一代的“投资商业型”香港新移民中表现得较为突出。

“没必要去区分‘香港人’还是‘内地人’,其实大家都是中国人,我觉得这个身份是值得让我们自豪的。”(肖先生,50 岁,商人,来港 8 年)

“我不知道香港人为什么那么有优越感,其实在很多方面他们真的不如内地人,包括我身边很多内地来的朋友,他们都比很多本地人要过得好。”(刘先生,54 岁,商人,来港 8 年)

“30 年河东,30 年河西,现在的内地比香港发展得其实好很多,我不会介意跟人说我是内地过来(香港)的,相反,如果别人在我面前说起大陆(内地)不好,我可能还会反驳。”(朱太太,51 岁,家庭主妇,来港 11 年)

国内移民文化研究学者认为,“文化流动深刻影响着移民的身份认同……在当代移民文化中,身份认同表现出断裂、非连续性、流动、混杂等新的特征”①,这一点在“知识优才型”香港新移民中表现得尤为突出。“知识优才型”香港新移民的文化身份认同情况呈现出混杂、可变换的特征——在不同的社会场景和语境下,他们会获得不同的文化身份认同感知。在社会学理论里,认同包含了两个层次,首先是“分类”,其次是“认同”:“分类”指的是“物以类聚、人以群分”,个体会将自己归类为某一个或某些群体中,认为自己是其中的一员;“认同”指的是在把自己归类为某些社会群体的成员后,个体会表现出对这些群体规范和价值观的认可,并以群体内部约定俗成的“规矩”来约束和规范自己的行为。然而,对于“知识优才型”香港新移民来说,无论是分类还是认同,都并非简单的事情,因此他们的文化身份认同情况也常常呈现出一种灵活但不稳定的状态:

① 田欢.当代移民社会的文化流动——以深圳为主线的考察[J].学术研究,2017(11):74-78.

“很难判断自己属于‘香港人’还是‘内地人’，虽然我已经在这里结婚了，老公也是香港人，我自己也拿了永久居民身份，但还是觉得自己不完全是香港人，也不觉得自己就是传统意义的‘香港人’吧。”（Natalie，29岁，银行职员，来港10年）

“和内地朋友一起的时候我觉得自己更像是‘内地人’，在学校与其他本地或者国外同学相处的时候就会感觉自己是‘香港人’更多。”（Gibbon，25岁，学生，来港2年）

“在香港生活了很多年，自己与内地朋友、同学的联系的确减少了很多，有时候回广州，老朋友也只会问我香港的事情。我会把自己定义为‘来自内地、居住在香港、在香港工作的年轻人’，也许是两边都不着边际。”（冯小姐，27岁，非政府组织成员，来港8年）

作为移民群体的香港新移民所感知的文化身份认同并不是一成不变的。他们对身份的感知和认同与身份所承载和呈现的“价值”大小密不可分。在充满流动和变化的现代社会里，文化身份“处于恒常的浮移、变动和再造循环的过程中，同时会因应历史、文化、社会、政治、经济等各方面的发展而改动甚至蜕变”①。对于香港新移民来说，不同维度的文化身份认同会影响他们在香港的社会融合表现，以“内地人”身份和“香港人”身份进行一个简单的二元划分，则可以得出四种不同的认同情况（见表1-2）：对“内地人”身份认同强、“香港人”身份认同强的人而言，他们表现出双重身份认同的特征，可以在不同的文化身份之间变更和转换，具有较强的文化适应性，心理压力较小；对“内地人”身份认同强、“香港人”身份认同弱的人而言，他们在香港的生活则表现出一种相对游离的文化融合状态，容易发生文化冲突；对“内地人”身份认同弱、“香港人”身份认同强的人来说，他们在香港生活期间较容易实现社会融入，并且逐渐以“香港人”作为自己外显的社会角色，但是一旦发现香港主流社会对他们的接纳程度依然较低，就会容易产生心理上的落差感；对“内地人”身份认同弱、“香港人”身份认同弱的人来说，他们的文化融合表现则更像是“边缘人”，长久以往容易受到不同类型文化

① 洛枫.流动风景：香港文化的时代记认[M].杭州：浙江大学出版社，2011：28.

现象的冲击,造成心理失调和两边都难以融入的困境。

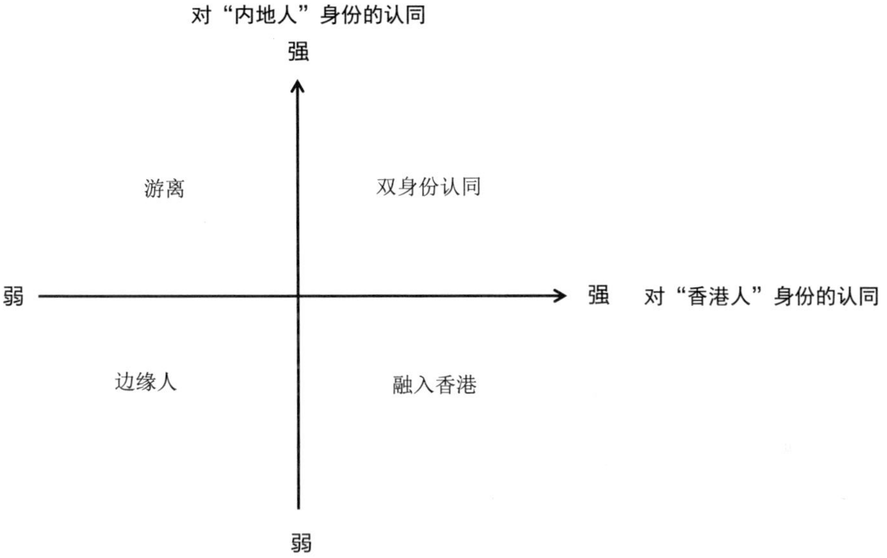

图 1-1　香港新移民关于"内地人"和"香港人"身份认同的情况

文化身份认同涉及一个人对其所属群体的归属认同和归属感。正如扎费尔·泽诺卡克在《双面人》一诗中所写的:"我身上有两个世界,但哪个都不完整,它们好像血流不止,边界正好穿过我的口腔。"对于兼具"内地人"和"香港人"身份的香港新移民(无论是"家庭团聚型"、"投资商业型"还是"知识优才型"香港新移民)来说,难以对自身的文化身份认同产生强烈而精准的认识,是他们在香港生活期间的一种文化性社会融合现实。有学者研究发现,接触和消费特定的媒体,有助于移民寻求自身的文化身份认同①。在本研究中,笔者也将以香港新移民群体作为研究对象,具体探讨社交媒体对他们在文化身份认同构建方面的影响作用。

(二)价值观认同

香港新移民群体的价值观认同在很大程度上影响了他们的文化性社会

① 方玲玲.全球化背景下移民传媒的文化建构作用与生存空间——基于传播人种学的角度[J].新闻与传播研究,2006(2):15-20.

融合表现。文化认同本质上是一种对"价值"的认同。所谓的"价值"是人类社会特有的一种社会心理现象,它是人们在社会生活中对各种事物、现象、活动等的认识、理解和解释,是社会成员在一定社会的道德、伦理、信仰的影响下构建的一套是非评价体系,这套体系可以指导人们的行动,并维持一个社会文化的基本认同。对"价值"的判断和认识集中体现了人们在看法、观点、态度、信仰中所透露出来的倾向性及其特征①。在某种程度上,被移入地社会视作"他者"甚至"异类"的移民群体(如香港新移民),其价值观认同是在与移入地主流文化和主流话语不断互动和碰撞的过程中形塑而成的。

从问卷调查的结果来看,在文化性社会融合的五个具体测量维度中,香港新移民在价值观认同方面的整体表现比较理想,大多数香港新移民对香港的价值观表现出较为认同的态度。但是结合具体访谈情况来看,我们就可以发现在这种价值观认同表现的背后,香港新移民群体面临着相比结构性社会融合更大的现实障碍和困境,而造成这种困境的原因主要有两方面:

一方面,一如香港文化研究学者安德鲁所说,连接香港人的不是数字,而是一种"关系",这种关系来自所谓的"共享的处境"——"因为我们的存在处境相似,所以我们认为大家都是'相似'的,我们之间就建立起一种质性的关系,相信大家大体上也是跟随同一套价值系统,尽管事实上我们未必真的完全对同一个文化现象有唯一的价值判断"②。换句话说,生活在香港,个体之间只有形成一种"相似"的"处境"和"关系",才能实现价值观上的共享和相互认同。而前文也已经提到,尽管在香港生活期间,香港新移民群体构建新的社会关系并不难,但是这种关系具有较强的"家乡"特征,缺乏与本地社会关系深入接触的香港新移民很难深入认识和理解香港主流价值观,从而实现真正的价值观认同。更为重要的是,有学者研究指出,对于移民来说,要想更好地与移入地社会实现融合,建立社会资本,他们需要与移入地社会和人民建立联系并且尽可能地采纳移入地的"共同价值观"③,也就是

① 翟学伟.中国人行动的逻辑[M].北京:生活·读书·新知三联书店,2017:103.

② 安德烈.香港文化论[M].香港:热血时报有限公司,2016:20-21.

③ GEORGIOU M.Introduction:gender,migration and the media[J].Ethnic and racial studies,2012,35(5):791-799.

说,一旦移民无法理解、接纳和认同移入地社会和当地人民的普遍社会价值观,那么对他们来说,实现社会融合则并不是一件容易的事情。

"我一直都很疑惑,香港人所讲的'核心价值'究竟是什么,我问过一些同事,他们好像也说不清楚,因为不懂,所以我也很难认同。"(梁小姐,29岁,程序员,来港6年)

"香港价值就是民主、自由和法治嘛,这些我当然是很认可的,我觉得所有人都会认可这些价值(观),只是不明白为什么香港人总觉得我们是内地来的就不会认同这些(价值观),仿佛只有他们懂、他们知道。"(刘先生,54岁,商人,来港8年)

另一方面,有学者指出,由于香港文化价值具有不确定性,单纯以价值冲突并不足以解释内地与香港文化矛盾之形成。从深层次的原因来看,价值矛盾的出现更主要是因为内地和香港之间缺少"共享的价值"①,而造成这种共享价值缺乏的主要原因是来自香港和内地的社会成员之间没有共享的生活方式和语言习惯。从客观现实来说,大多数香港新移民并非自小来到香港生活,在来到香港之前就已经基本形成了比较稳定的世界观、价值观和人生观,在内地拥有较长生活体验和文化习惯的背景使得他们在语言、生活方式、服饰打扮等各方面都与香港本地人表现出一定(甚至是明显)的差异,尤其是教育背景的差异,使得很多香港新移民很难在与香港人相处的过程中真正"理解"对方以及他们的价值观。

"我从小在内地读书,来了香港读研究生之后接触比较多香港的文化,来了几年其实也没有完全适应,尤其是观念上的差异还是很明显的,以后(对于)我的小孩,我希望他还是可以回到内地上学。"(Matthew,29岁,银行职员,来港6年)

"我和香港的同事很难交心,一些习惯很难磨合,尤其是听他们说自己的一些想法时,确实很难融入他们,但是为了工资高的工作(我)不得不留在香港。"(赵先生,30岁,建筑师,来港2年)

---

① 安德烈.香港文化论[M].香港:热血时报有限公司,2016:58.

价值观涉及一整套关于价值的观念体系,是一个特定社会的"价值"的具体表现。价值观本身也会"随着社会变迁、不同文化的统合或冲突而发生改变"①,并且作为一种引发社会矛盾、冲突甚至社会转型的文化性和观念性事物存在于每一个社会。卡斯特提出,价值实际上是权力的表达:谁拥有权力,谁决定什么有价值。因此,我们偶尔也可以发现,在一些情况下,移民放弃自己的价值观认同,很大程度上是迫于生存环境的压力,但这种放弃并不一定是真正的放弃,有可能是一种为了更好地实现文化性社会融合而采取的认同管理策略。

(三)心理归属

关于心理归属的考察,在本研究中笔者以对香港及香港人的评价作为操作化指标,采集受访者样本对香港和香港人的一些积极评价的认同情况,衡量整个香港新移民群体在香港生活期间的心理归属水平。从实证调查结果来看,心理归属是本次调查中关于文化性社会融合的四个具体维度里均值得分最高的一项,也就是说,在文化性社会融合的四个维度里,香港新移民整体上的心理归属表现出较高的文化性融合程度,即香港新移民整体对香港和香港人有较高的主观评价水平。然而,正如前文中提到的结构性社会融合以及文化身份认同的情况,不同类型的香港新移民在深度访谈中提到了不同水平和不同程度的心理归属表现,笔者从中发现,"家庭团聚型"香港新移民相较于"投资商业型"和"知识优才型"香港新移民而言,在心理归属上的表现不是很理想。结合社会现实,笔者归纳了造成这一现象的两大原因。

其一,近年来在香港,"本土右翼"的社会心态和社会情绪呈现出一种日渐泛滥的趋势。2011 年"双非"孕妇及婴儿激增现象所带来的公共医疗系统危机,被香港人视为所谓"蝗虫之祸"。在香港人的公共话语空间里,"内地人"逐渐以无差别的"洪水猛兽"式群体形象出现,其中"家庭团聚型"香港新移民尤其备受关注。在常见的香港话语里,本地居民常常将本地公营房

① 翟学伟.中国人行动的逻辑[M].北京:生活·读书·新知三联书店,2017:121.

屋供应紧张、公立医院床位短缺等问题归咎于“家庭团聚型”香港新移民人数的增加，显然，此种观点片面地针对新移民享用公共资源而完全忽视了他们所带来的积极影响。事实上，不同类型的香港新移民群体都对香港社会发展有一定的贡献和积极影响，香港面临着生育率不断下降的问题，而香港新移民在一定程度上扩充了香港未来的工作人口。然而，从现实话语来看，香港主流的观点更偏向于认为，香港新移民不仅是外来者，同时也是近年来香港问题的来源和制造者，在某种意义上，香港新移民，尤其是社会经济地位较低的“家庭团聚型”香港新移民，一旦跨越深圳边境来到香港，仿佛就天然地成为“低人一等”的二等公民，接受着香港人以及香港社会话语的批判和歧视。在这样的社会语境下，“家庭团聚型”香港新移民较难对香港以及香港人产生较强的心理归属。

“（香港人）对我们没有歧视那是不可能的。”（宋小姐，20 岁，自由职业者，来港 4 年）

“我不明白为什么大家都是申请公屋，我也是遵循正规渠道申请的，就要被大家（指香港人）指指点点。”（关太太，46 岁，家庭主妇，来港 8 年）

其二，媒体构成了社会化传播的主要来源，具有遍及整个社会的潜在效果，公众思想的框架主要通过媒体议程的设置来实现。“通过新闻的报道和接受，公众感知自身和世界的关系。”[①]在某种程度上，媒体不仅呈现和报道了新闻事件和新闻内容，而且生产和构建了新闻。在香港，关于“家庭团聚型”香港新移民的媒体报道更是如此——他们的形象是被建构的，而不一定是呈现的。社会心理学家认为，当人们置身于别人都预期他们会表现很差的情境当中，这种焦虑感可能会导致人们不自觉地证实这一信念。[②] 克劳德·斯蒂尔等人称这一现象为刻板印象威胁（Stereotype Threat）——一种自我验证的忧虑，担心有人会根据负面刻板印象来评价自己。[③]媒体不仅是塑造刻板印象的主要来源，也是激发这种刻板印象威胁的重要力量。社会学

① 卡斯特.传播力（新版）[M].汤景泰，星辰，译.北京：社会科学文献出版社，2018：127.

②③ 迈尔斯.社会心理学[M].侯玉波，乐国安，张志勇，等译.北京：人民邮电出版社，2016：341.

家乔治·米德指出："与我们的自我概念有关的并不是别人实际上如何评价我们，而是我们想象中他们如何评价我们。"④只要感觉到偏见就足以使人们意识到自己是少数群体。在香港，一个不容忽视的社会现实是如果移民群体不能说粤语或者粤语不流利，就会给他们自身带来强烈的"非本地人"的心理暗示，在这种心理暗示的作用下，他们要想完全融入本地生活就会十分困难。这一点在一些非"两广"地区的香港新移民群体中表现得尤为突出。无论是近年来香港的一些新闻案例还是笔者所开展的深度访谈都显示，如果香港新移民来港前(或来港后一段时间内)没有掌握粤语(或者是操一口带着"乡音"的粤语)，他们则很难在香港把自己当作"香港人"——无论是在其他香港人的口中，还是他们自我的心理暗示，都很难说服自己是"本地人"，从而影响自己在香港生活期间的心理归属感。但这种由于不懂粤语而产生的文化心理障碍往往只是出现在香港新移民中，对于一些在香港的非内地(如东南亚、欧美等)外来移民群体来说，这种问题则相对少见。

"我刚来的时候粤语说不好，出去上街都不敢说话。"(李小姐，15 岁，学生，来港 2 年)

"在香港你不说粤语或者英语，怎么会不被歧视呢？香港的包容其实也是有要求、有门槛的。"(刘太太，38 岁，家庭主妇，来港 6 年)

(四)文化融合

文化是人的价值所在，对于漂泊在外的移民群体来说，更是如此，文化是他们获得存在价值的依托，在不同于母体文化的社会中，他们体会到更大的文化差异，因此更容易用自己的文化去应对困难和挑战，尤其是去化解他们在困境中产生的心理和精神的失落⑤。实证调查结果显示，在文化性社会融合的四个测量维度里，整体上看，香港新移民群体的文化融合程度最低，也就是说，相较于文化身份认同、价值观认同、心理归属而言，香港新移民群

④ 迈尔斯.社会心理学[M].侯玉波，乐国安，张志勇，等译.北京：人民邮电出版社，2016：39-40.

⑤ 王春光.移民空间的建构：巴黎温州人跟踪研究[M].北京：社会科学文献出版社，2017：127-128.

体在文化融合上的表现最不理想。

为什么香港新移民群体在文化融合上会表现出较大的困难，面临较多的障碍？文化作为每个群体的一种特定“共识”，在群际交往和群际互动的过程中，往往表现出较强的区隔性特征。正如香港本土文化研究学者安德鲁所说，在香港，一种“文化”的形成，至少需要具备“相似的语言、相似的价值（观念）、相似的生活方式”①。对于一部分香港新移民而言，这三个文化形成条件却是并不容易实现的条件：

首先，对于香港人来说，语言是区分“他者”和“我们”的一个重要标志。语言建构出文化内之关系网络，使大家能够“意识到大家的处境相似，同时疏离大家的不同之处”②。香港以粤语作为共同语言，为成员之间建立“关系”。例如，2014 年，香港文华东方酒店曾因在店内指示牌中加入简体字而遭到社会抗议。也有媒体报道指出，当香港本地学生发现校园内出现越来越多的内地学生时，他们会“为身处自己地方却变成‘少数’而感到不安”（《端传媒》，2018 年 8 月 21 日）。尽管相对优越的社会经济地位让“知识优才型”香港新移民更有底气，复合型的生活经历使他们对各处的光怪陆离见怪不怪，然而也有不少“知识优才型”香港新移民认为，要免受香港人歧视，一个重要的办法是“说英文”。而对于其他类型的香港新移民，尤其是“家庭团聚型”香港新移民来说，语言习惯毫无疑问成了一道难以“跨越”的障碍。

“有个很有趣的现象，在香港你去购物，说普通话比说不那么正宗的粤语更受到‘尊重’，但是这种尊重你能感受到不是真正的欢迎，是为了赚钱，因为他们觉得，说普通话的是内地游客，有钱，但是说不正宗粤语的就是香港新移民，没钱。”（肖先生，50 岁，商人，来港 8 年）

“我去采访客户的时候，宁可说英语，也不说粤语，因为我的粤语不太好，说普通话他们又听不懂，还可能会对我有抵触心理。”（曹小姐，28 岁，广告策划，来港 6 年）

---

① 安德烈.香港文化论[M].香港：热血时报有限公司，2016：32.

② 安德烈.香港文化论[M].香港：热血时报有限公司，2016：45.

“有时候在学校看不懂或者听不懂粤语,同学们会笑,虽然只是开玩笑,不是嘲笑,但是(你)能感受到在香港要是不懂粤语,真的很不方便,也很难融入。”(Jane,20岁,学生,来港1年)

其次,在香港实现文化社会融合的另一个困难是,受限于香港本地的意识形态,香港人对来自内地的移民群体以及由他们携带的“文化基因”有一种天然的“恐慌”和“忧虑”,其中传统媒体扮演着重要的角色。也就是说,在香港主流媒体的意识形态里,他们并不渴望和香港新移民群体有“文化交流”和“文化交融”,他们只是希望对香港新移民群体进行文化和思想观念上的“同化”,而当他们发现这种“同化”难以迅速实现时,则会通过“妖魔化”手段将其塑造为破坏香港文化的“洪水猛兽”。受此影响,香港新移民要实现文化社会融合,绝非易事。

“香港文化里但凡有涉及内地的,都带有一种潜在的负面的性质和意味在里面。作为一个从内地来的人,我个人很难理解,也不会认同。”(袁小姐,25岁,自由职业者,来港8年)

“我认为相互尊重和相互包容是很重要的,我很喜欢香港的文化,包括饮食、影视、音乐等,但是香港人却很少主动去了解和认识内地的文化进步和文化产品。其实内地近十年在文化方面的发展是非常快的,包括一些网络语言、流行文化、影视剧产品等。也有一些人觉得在香港如果播放内地电视剧,内地明星来香港开演唱会,或者香港电影里出现内地演员,就是一种文化入侵,但如果是外国演员的话就没问题,这个就很奇怪了。香港人如果多去了解,彼此(指内地人和香港人)之间的包容会更好。比如今年内地很火的《流浪地球》,在香港的票房是很差的,香港人就不愿意去看这些东西(内地文化产品)。”(刘先生,54岁,商人,来港8年)

另外,从生活方式来看,香港新移民要融入香港的生活和文化也不容易。2015年6月,香港本地某民间组织在其社交网站Facebook专页号召市民,到旺角一带步行街参加集会,目的是要“驱赶”内地“大妈大叔”,原因是认为这些新移民群体占用旺角西洋菜街行人专用区跳“广场舞”。在这种话语下,香港媒体和社会将在内地常见的社区文化“广场舞”称为“文化入侵”,认为这些来自内地“大妈大叔”的街头表演阻碍了本土文化卖艺者的表演和活动空间。在多数情况下,香港本地人判断外来移民与他们是否处在一个“共享关系”中的依据就会被简化为一些表面的、普遍的价值观和生活方式,一旦与香港人缺乏共同的生活方式,则容易被视为“异类”。

“香港人就是很‘双标’的,有些事,外国游客或者其他国家的移民做,就是不拘小节或者不会有人提到,但是内地人做就是‘怪兽’行为。”(梁小姐,29岁,程序员,来港6年)

“生活习惯不是那么容易培养出来的,但是不同的生活习惯确实影响了我们和香港人之间的一些文化方面的交流和理解。”(宋小姐,20岁,自由职业者,来港4年)

三、三类香港新移民的横向对比:社会融合的差异表现与原因阐释

要开展一项成熟的比较研究,我们不能单纯地比较不同社会系统中的某种单一的社会现象,更重要的是,我们要关注和试图阐释是何种原因导致了社会系统中出现这样或那样的社会现象。为了进一步对比三类香港新移民的社会融合表现,笔者在本研究中引入了比较研究的范式,在分析了香港新移民目前整体的社会融合情况之后,笔者将对三类香港新移民的社会融合情况进行横向对比和研究,重点提及两个问题:一是在“家庭团聚型”、“商业投资型”和“知识优才型”三类香港新移民中,存在何种结构性社会融合和文化性社会融合的现状差异;二是基于这些差异,探寻形成这些社会融合差异表现的原因和影响因素。

(一)结构性融合:群体内部差异相对较小,香港新移民整体结构性融合水平较高

首先,在公共生活参与的维度,“知识优才型”香港新移民的融合水平是

三类香港新移民中最低的。笔者认为,这与"知识优才型"香港新移民的移民生活性质和发展规划特点有着比较密切的关系。有研究发现,虽然近年来"知识优才型"香港新移民的人数越来越多,但是由于他们具有较强的生活流动性,长期留在香港生活的并不占多数,相比"家庭团聚型"和"投资商业型"香港新移民(大部分以"定居"香港为主)来说,这一类香港新移民未来是否留港仍存在很大变数。也就是说,对于香港新移民而言,未来生活的地区选择和发展规划是影响他们在香港实现结构性融合的关键因素。这也解释了为什么作为与香港本地有较多社会关系接触(包括同学、同事等)的"知识优才型"香港新移民,在社会关系建构上却不如"投资商业型"香港新移民(从社会关系建构的目标来看,香港本地的社会关系固然重要,但是"内地"的社会关系同样也很重要),未来可能回归内地生活和发展的个人规划特点使得他们在社会关系的建构和发展上更具有地域的多元性而非本地网络的一元性。

其次,"投资商业型"香港新移民是三类香港新移民中结构性社会融合水平最高的。有研究学者指出,"经济上的成功往往是移民群体文化身份建构的助推剂"①,也就是说,移民群体经济水平的高低是影响他们在移入地生活状况的重要因素和条件。"投资商业型"香港新移民在物质资本方面不仅相较于其他两类香港新移民更为丰厚,即使是相比普通香港本地居民,"投资商业型"香港新移民所处的经济地位也是有明显优势的。而"知识优才型"香港新移民在结构性社会融合上也有一定的优势,从个人条件来看,相较于"家庭团聚型"香港新移民而言,这些内地优才凭借较高的文化资本进入香港,他们中的大多数人在毕业后或来港之初就直接进入了中产或中产以上的行业。从这个角度来看,"投资商业型"和"知识优才型"香港新移民与"家庭团聚型"香港新移民在地位上是不同的,这也导致这些群体之间出现了结构性社会融合差异。

此外,结合社会现实来看,来港年龄和居港时间也是影响香港新移民群体结构性社会融合表现的重要因素。香港教育大学学者赵永佳及其团队在

① 罗如春.后殖民身份认同话语研究[M].北京:中国社会科学出版社,2016:182.

2015 年进行了一项关于香港中学生公民价值与参与的问卷调查。调查结果显示,香港新移民越早来到香港定居,他们就有越大的机会融入香港价值(《香港 01》,2018 年 9 月 10 日)。对于香港新移民来说,从内地迁居香港是一个地理位置和生活环境的巨大转变,原来在内地的支持网络"远水解不了近渴",因为在迁移的头一两年内是香港新移民最为困难的时期,面对全新的社会环境,香港新移民在适应过程中要遭遇种种困难,包括语言、经济、居住环境等,当遇到这些困难时,香港新移民首先会向亲属求助,亲属(尤其是同样生活在香港的近亲属)对香港新移民的生活支持对于其克服困难、融入香港特别重要,从这一点来看,"家庭团聚型"香港新移民往往面临着更为复杂的生活情况。一方面,"家庭团聚型"香港新移民来港的途径主要就是家庭团聚,他们在香港拥有的亲属关系资源更为丰富和牢固;但另一方面,从近年来不断发生的家庭矛盾社会事件来看,部分"家庭团聚型"香港新移民也常常面临着家庭贫困、家庭暴力等生活问题,结构性社会融合对他们来说未免"可望而不可即"。

最后,有香港研究学者指出,由"雨伞运动"带给香港的一大冲击,就是把当前的"社会撕裂"再现为"黄丝"和"蓝丝"的二元对立,加剧"本土"与"内地"的相互排斥,进而常以不同的新旧语言,产生大量的"敌我"论述。[①],而生活在香港的"内地人"群体则成为这种"敌我"论述话语中的常见"靶子"。按照香港大学民意研究计划在 2015 年 12 月的调查,香港人对"世界公民身份"的认同感高达 7.08 分(满分为 10)(香港大学民意网站,2015)。然而"世界公民身份"所指向的跨国族主义和全球公民意识,与实际生活中香港人对外来移民的各种想象,明显有极大落差。从现实情况来看,香港本地人的对外想象一般都是十分狭隘、粗疏,同时充满地域偏见的。[②] 而且,对于自己的偏颇,香港人一般缺乏应有的自觉,常自诩"不是歧视",然后说出大量歧视言论。在日常生活中,香港新移民不难察觉和感受到香港主流社

---

① 张少强,梁启智,陈嘉铭.香港·社会·角力[M].香港:汇智出版有限公司,2017:序言 4.其中,"黄丝"指的是本土右翼分子;"蓝丝"指的是政府支持者(笔者注)。

② 梁启智.缺乏国际视野的国际都会:香港人的对外想象[M]//张少强,梁启智,陈嘉铭.香港·社会·角力.香港:汇智出版有限公司,2017:45-46.

会文化对他们的一些“排斥”，现有的社会文化现实和状况在某种程度上阻碍了他们在香港实现结构性社会融合。尤其是在意识形态的影响下，一些香港新移民表现出对融入香港本地社群生活没有太大的兴趣，无论是在社会关系建构、公共生活参与还是社会认同方面，他们认为自己和香港主流社会实际上并没有任何“紧密的联系”，也就是说，不仅香港主流话语将他们视为“他者”，一些香港新移民在很大程度上也将自身视为“他者”，并且宁愿在自己所在的社群内维持一个相对边缘的位置，也不愿意主动去实现更大程度的结构性社会融合。对“家庭团聚型”香港新移民来说，这一点的表现尤为突出。在某个意义上，这是一个恶性循环。从前文来看，我们已经知道“家庭团聚型”香港新移民在社会上被边缘化的情况是三类香港新移民中最严重的，而主观拒绝（加上客观难以实现）融合的做法则会使他们在社会上被边缘化的趋势进一步加剧，持续“自我边缘化”的过程是“家庭团聚型”香港新移民相较于其他两类香港新移民而言的一个重要社会化问题。

（二）文化性融合：“家庭团聚型”香港新移民的文化性社会融合程度最低

前文的问卷调查结果显示，在三类香港新移民中，“家庭团聚型”香港新移民的文化性社会融合程度和水平较低，尤其是在文化身份认同和文化融合这两个指标中的表现，显著低于其他两类香港新移民样本。在这里，笔者将对“家庭团聚型”香港新移民的这种文化性社会融合表现进行原因剖析。

首先，“家庭团聚型”香港新移民在香港备受传统媒体尤其是报纸和杂志的关注，这些传统主流媒体及其塑造的公共话语和刻板印象影响着主流社会对“家庭团聚型”香港新移民的理解和认知，也间接地影响了“家庭团聚型”香港新移民对自我的判断以及文化身份认同。

在香港媒体常用的话语中，“家庭团聚型”香港新移民的出现总带有某种“刻板标签”。常见的关于“家庭团聚型”香港新移民的负面印象包括“占领公共资源”“骗取综援”“违法犯罪”“骗婚/家暴”等，如“医疗供不应求，应立即叫停香港每天吸纳 150 名大陆新移民”（《立场新闻》，2019 年 2 月 15 日）。“家庭团聚型”香港新移民在媒体的日常话语里常被贴上“蝗虫”的标签,但实际上,根据香港社会福利署 2017/2018 的年度资料,依赖综援生活的"家庭团聚型"香港新移民只占整体领取综援人数的 3%,主因是部分新移民妇女要照顾年幼子女,遂未能工作(《端传媒》,2019 年 2 月 3 日)。对于"家庭团聚型"香港新移民来说,即使已经获得香港永久居民的身份、切身生活在香港,但是由于所处的社交圈子、熟悉的文化习惯、接触的意识形态等依然存在较强的"内地性",实际上,他们与香港本地人之间那堵"无形的墙"随处可见。长年累月被"妖魔化""污名化"的"家庭团聚型"香港新移民在文化身份认同方面的融合困境显而易见。

其次,香港本地居民对"家庭团聚型"香港新移民有着堪称固执甚至难以撼动的偏见印象,他们不自觉地拒绝一切来自"家庭团聚型"香港新移民的内地文化基因,从而加大了"家庭团聚型"香港新移民在文化融合方面的难度。

有研究曾针对香港本地人做调查,询问他们自发比较在香港的白人移民和香港新移民的情况,有受访者承认自己对二者有不同看法,对内地人"特别反感"。受这种观念的影响,当"家庭团聚型"香港新移民试图参与或开展一些本地的文化公共活动的时候,就很容易受到香港本地人的攻击,伴随之"文化入侵""染红香港"等侮辱字眼。其中最典型的一个例子是在内地随处可见的"广场舞"现象,近两年来,一些在香港生活的内地女性移民也开始在社区播放"广场舞"音乐和组织跳广场舞,这一现象不仅被香港本地居民所反感和抵制,甚至有香港媒体专门就这种现象展开新闻报道,将这些"家庭团聚型"女性香港新移民在香港的文化参与和文化表达污名化为"大妈扰民""侵占公园"等负面话语,由此可见"家庭团聚型"香港新移民文化融合状况之恶劣。

四、本章小结

在城市化进程以及人口流动的过程中,移民的社会融合过程是非常复杂的,社会融合的表现和程度会受到移民自身所处的社会阶层、移入地社会经济和政治环境等多种因素的影响。香港社会福利署调查发现,约七成香港新移民曾在香港不同场景遭到歧视,包括生活、工作环境甚至政府部门。从结构性社会融合的情况来看,在香港新移民流动、社会融合的过程中,牵涉到了“非社会化”以及“再社会化”的双重流程,在融入香港社会的过程中,他们可能放弃原有的文化身份和社会角色,同时积极建构符合移入地主流话语的价值系统和身份特征,从而更好地适应本地生活。从当下的情况来看,香港新移民群体在香港的现实生活中出现了一个身份境遇尴尬的现状——随着大量“香港—内地”流动人口的出现,以及香港和内地文化、政治等关系的不断交织,他们已经无法通过简单地判断自己是“香港人”还是“内地人”来对自己的社会身份进行定位和描述。

本章通过实证研究发现,从整体上看,三类香港新移民的结构性社会融合水平处于中等偏上的状态,而“投资商业型”香港新移民的结构性社会融合水平最高;而在五个具体维度里,香港新移民的融合表现则有所不同,其中,香港新移民在社会关系建构和社会生活适应方面表现较好,而在经济社会融合和公共生活参与两个方面的表现则相对不太理想。从文化性社会融合的情况来看,香港新移民整体的融合表现和结构性社会融合情况类似,处于中等偏上的水平,但香港新移民在四个具体维度里的表现则有一定差异,其中,香港新移民的心理归属水平最高,文化融合水平最低,得分仅刚过及格线。值得说明的是,在三类香港新移民中,“家庭团聚型”香港新移民的文化性社会融合水平低于其他两类香港新移民,尤其是在文化融合方面的表现,“家庭团聚型”香港新移民的融合水平较低。此外,结合访谈材料可以发现,社交媒体的接触和使用对香港新移民群体的结构性社会融合和文化性社会融合都有明显的正面影响,对于那些在社交媒体接触和社交媒体使用这两方面都有较好表现的香港新移民来说,他们更能在充满压力的移民环境中提高社会融合的能力(无论是在社会关系建构和公共生活参与等结构性社会融合方面的表现,还是在文化身份认同、价值观认同和文化融合等文化性社会融合方面的表现)。

过去十年,从多起社会政治事件来看,香港人的身份意义好像变得越来越“原装”,特别是在后“雨伞运动”时代,情况更为显著。中间性的、中英混杂的、左右逢源的“香港人”身份,日渐消退,反而一种带有“想象性质”的

"原装香港人"话语渐渐兴起。"原装话语"责骂所有不符合其定义的人为"蝗虫"、"胶"(虚伪)、"离地"(不真实),极端地把香港诸多社会政治经济问题简化归因于中国内地的人和事。香港新移民作为生存在内地和香港"夹缝之中"的一类移民群体,往往容易受到这种"原装话语"的攻击和针对。在香港,面对媒体对自身带有"标签化"和"想象性"的报道框架和形象建构,香港新移民要实现社会融入并不容易。"身份证并不直接等同身份认同"是香港新移民在香港的融合现实——相较于政治身份的获取,文化身份是香港新移民区分"他者"和"我们"更重要的标准。在这样的现实环境下,香港新移民要在香港实现文化性社会融合,需要面对比结构性社会融合更大的障碍。

结合社会现实和实证研究材料可知,香港人与不同类型的香港新移民之间的互动关系呈现错综复杂的状态——既有冲突和对峙,也有接纳和融合。从过去几年香港媒体报道的真实案例、社交媒体上的网络舆论以及香港新移民自己所能感知到的亲身经历可以发现,在当前的香港社会话语里,随着近年来社会政治环境的日趋紧张,不少香港人对自己的未来也有着深切的担忧和茫然困惑,而他们常常会将这种忧虑感和不安转移到香港新移民群体身上,将他们视作"染红"香港的"妖魔鬼怪"。无论是被认为处于社会经济地位相对较低阶层的"家庭团聚型"香港新移民,还是文化知识或经济收入水平较高的"知识优才型"和"投资商业型"香港新移民,他们都在某种程度上被香港社会及本地居民视作可能冲击香港社会的"洪水猛兽"——尽管香港没有"墙",但香港人对香港新移民早已筑起一堵厚厚的心墙——在这样的社会现实和生活背景下,香港新移民能否借助不同的工具手段为自己赋权,从而更好地实现社会融合,是他们不得不面对的现实问题。

然而,从社会融合的角度来看,作为移民群体,香港新移民在香港社会中并不是一群被动的社会行动者,而是具有很强的反思能力、学习能力甚至改造能力。一方面,香港新移民会在学习、工作、生活过程中主动地了解和接纳一些有助于他们实现社会融合的规则、观念、价值、习惯,但这种接纳并不是"全盘接受"式的,而是有选择性的;另一方面,在和香港社会和香港本地居民接触和交往的过程中,一些移民甚至会主动去影响甚至改变当地民众的一些观念乃至行为准则,而实现这个层面上的社会融合则需要移民群体具有较高的赋权意识和赋权能力。

一般来说,媒体是影响移民在移入地生存、适应与融入的一种重要工具和手段。媒体对移民的影响是方方面面的,如身份认同的建构、公共生活的参与、个体利益的争取等。具体来看,香港新移民群体如何借助实际的行动(本研究重点关注的是社交媒体如何作为一种赋权工具)实现不同层面的赋权,以便更好地推进自身社会融合的进程。在接下来的几章,笔者将会结合实证调查材料,分析三类香港新移民在香港通过社交媒体获得赋权能力的情况,并在此基础上探讨社交媒体是如何通过增强香港新移民的赋权能力来促进社会融合的。

第二章

社交媒体与个人赋权:香港新移民的移民形象和身份调适

> 人们关于自我的感知源于与他人之间的交流和互动,正如詹姆斯所言,“一个人,有多少人认识他,就有多少个社会自我”。个体间彼此互动,体味彼此的姿态,进而从他人的观点中看到“镜中我”。
>
> ——郭建斌、吴飞,2005:16

在身份建构的各种话语中,媒介话语始终是其中一种重要的形式。在很长一段时间内,香港新移民的群体形象主要由各类大众媒体建构,包括报纸、杂志、影视剧、小说等,而且这种由“他者”建构起来的形象对香港新移民的自我身份认同和形象感知也产生了深刻的影响。正如前文所述,近年来香港社会的“反香港新移民”情绪日渐高涨,加之长期以来香港人对内地人存在刻板印象,他们习惯将内地来港的移民群体定义为带有负面标签的“新移民”,而这种表述往往又蕴含着懒惰、贪婪、素质低下等含义。关于“我到底是谁”的身份认知问题,一直困扰着各种移民,香港新移民自然也不能例外。在社会认同理论中,当他人在场时,去个体化的人们会丧失他们的自我觉知(Self-awareness)和个体性(Individuality),并且表现出明显的自我呈现和印象管理导向的行为特征①。本章的研究视角从香港新移民群体自身切

① 豪格,阿布拉姆斯.社会认同过程[M].高明华,译.北京:中国人民大学出版社,2011:144.

入,从个人角色建构、自我认同和自我效能感三方面分析社交媒体对香港新移民群体在个人赋权方面的影响,重点聚焦于香港新移民群体本身在相关问题上的主体性认识和主观性感受。本章的分析材料以深度访谈和对香港新移民样本追踪式的社交媒体内容为主,试图通过这些研究素材还原和再现三类香港新移民利用社交媒体进行个人赋权的情境和故事。同时,笔者也尝试结合相关理论、实证研究材料以及香港新移民群体的生活现实,对社交媒体为何对三类香港新移民个人赋权产生了不同程度的影响进行原因阐释。

一、"家庭团聚型"香港新移民:"别问我是谁"

结合研究理论框架的基本模型,在个人赋权的三个具体维度(个人形象建构、自我认同、自我效能感),笔者从社交媒体使用类型和社交媒体影响效果两方面来对访谈材料进行处理和分析。深度访谈材料显示,在"个人形象建构"的主题下,社交媒体对"家庭团聚型"香港新移民主要产生了三大效果:传达诉求、塑造身份、加强认知。在"自我认同"的主题下,较多受访者提及社交媒体对他们的自我认同产生了增强认同的效果,但这种增强效果并不稳固,是一种脆弱的自我认同。在"自我效能感"的主题下,社交媒体的接触与使用最突出的效果是帮助"家庭团聚型"香港新移民解决困难,其次是实现目标,最后才是提升动力。总体而言,在个人赋权的层面上,社交媒体接触和使用对"家庭团聚型"香港新移民有一定的影响,但具体来看,社交媒体对他们在个人层面上的赋权影响可能是积极的,也可能是消极的。

(一)个人形象建构:刻板印象约束下的"身份话语"

社会对一个群体的刻板印象和固有"标签"会影响该群体在进行"表演"时的行为选择,而身处香港的香港新移民也在自觉或不自觉的情况下扮演着一定的社会角色。社会心理学研究发现,"给别人一个好印象,常常能给自己带来精神和物质上的回报,能让自我感觉良好,甚至能让我们的社会身份更有保障"[①]。然而,结合访谈笔者发现,社交媒体并没有给"家庭团聚型"香港新移民带来个人形象和身份建构方面的实质性赋权,对于他们来说,"身份"的意义是在政治层面上的,即获取香港居留权或香港永久居民身份,文化身份对他们来说意义不大。他们习惯了香港媒体和居民对他们的一些不友好的、带有偏见的称呼或描述,也明白在香港本地话语里,他们的内地人外在身份不会因为在社交媒体上发布状态、照片或其他违反香港人印象中关于新移民"刻板印象"的信息而发生改变。从根本上看,他们在社交媒体上的信息发布和生活分享更多的是一种在线社交,而非移民形象建构的手段。

卡斯特认为,"社交网络成功的关键不是匿名,恰恰相反是向其他人的自我展示"[②],然而具体来看这种展示对接收到这些信息的人而言产生多大的影响力,则有待商榷。以香港和内地流行的四个社交媒体(Facebook,WhatsApp,微博和微信)为例,大多数受访"家庭团聚型"香港新移民表示,他们较常使用两个(WhatsApp 和微信),其中 WhatsApp 主要用来和香港本地的家人或朋友联系,而微信除了联系作用外,还有部分的社交展示功能(指朋友圈)。在他们的社交媒体账户上,超过一半的人在个人信息的"地区"一栏填写香港,并且从他们展示的社交媒体账户主页来看,几乎所有受访者社交媒体账户上的封面图片以及"头像"都是他们来到香港之后拍摄的照片(人像或风景)。在社交媒体上,他们试图营造一种"香港人"的个人形象,但是这种形象和话语被接纳和认可的程度实际上并不高。

> "我的(微信)头像是在星光大道拍的,那是去年有朋友自由行过来旅游,我陪他们一起逛街的时候拍的,平时我也很少过去那边,感觉拍得不错就拿来用了,在香港拍照的机会也不多。"(关太太,46 岁,家庭主妇,来港 8 年)
>
> "我偶尔会发一下朋友圈,有时候跟朋友去逛街或者去哪里看看的时候,用手机拍一下照片就会发(朋友圈),让人看看我在香港

---

① 迈尔斯.社会心理学[M].侯玉波,乐国安,张志勇,等译.北京:人民邮电出版社,2016:134.

② 卡斯特.传播力(新版)[M].汤景泰,星辰,译.北京:社会科学文献出版社,2018:序言 x.

过得怎么样嘛。衡阳很多人来过香港旅游的了,不过跟我们长期住在这里的,去的地方还是会有不同的。”(方太太,46 岁,美容师,来港 13 年)

“朋友圈互动的主要都是以前的朋友,WhatsApp 的话,也会和在香港认识的同事或者邻居联系。我的邻居很多都是(从)深圳那边过来的,我们有个群,几个人都是从内地嫁过来的。”(徐太太,47 岁,零售营业员,来港 9 年)

在现实生活中,我们每个人所具有的角色和身份相对比较稳定,特定的身份同时还意味着相应的责任。而在虚拟时空里,“人能够方便地实现身份转换,扮演不同于现实时空里的角色”①。虽然香港新移民群体中的大部分人都能无障碍地阅读繁体字,但是在发布社交媒体状态或其他内容时,他们还是习惯于使用简体中文,即使是一些来港已经 7 年以上并获得香港永久居留身份的“家庭团聚型”香港新移民,使用英文发布社交媒体内容或是用英文与朋友在社交媒体上交流的情况也仍然非常少。但是随着智能手机功能的逐渐强大和完善,习惯于使用简体中文的移民可以通过手机上的“简繁转换”功能,将社交媒体交流过程中使用的文字或需要发布的社交媒体状态内容转换成繁体字,从而表现出更像是“香港人”而非“内地人”的身份。

“现在很方便的啦,你在微信按一下,整个一段话可以转成繁体字,我一般都是这样,就算发微博的时候我也会用繁体字的,自己多用繁体字,就可以顺便学学繁体字,毕竟上学还是要用到的。”(李小姐,15 岁,学生,来港 2 年)

“我一般都是用笔画(手写输入法)来打字,拼音不是很会,但是繁体字笔画太多了,会看不会写,(如果)不是跟香港人聊天就不需要打繁体字了。”(关太太,46 岁,家庭主妇,来港 8 年)

有学者研究发现,对于社交网站的用户来说,他们的身份角色不是固定的,为了表达自己特定的身份和社会地位,他们会“在不同的网站上建构不

---

① 张闳.符号车间:流行文化关键词[M].上海:上海文艺出版社,2016:4.

同的身份角色”[①]。对于“家庭团聚型”香港新移民来说,由于他们几经辛苦才得以来到香港(一般需要经历几年的审批程序才可以获得资格),他们普遍希望可以摆脱被称为“内地人”的身份,即使和仍然在内地或是在香港认识的内地朋友交谈时,他们也很少谈及内地的新闻议题或使用内地的“谚语”“流行语”;就算在香港的生活条件并非如原先想象得那么好,他们也仍然会在社交媒体上表达对香港生活的“满意”和“幸福”。根据戈夫曼的“前台理论”,当“观众”在场时,表演者会采用“讨人喜欢”的方式与他们交谈。他们在社交媒体上很少用“家乡话”表述,随着来港时间的增加,他们也开始使用一些包含香港本地流行语或不同于内地表述的词汇(如“橡皮擦”“出租车”“摩托车”“打扫房子”在香港分别被称为“擦胶”“的士”“电单车”“执屋”)。正如戈夫曼“前台”理论中所指出的:“如果个体希望自己的表演达到理想的标准,那么他就必须摈弃或隐瞒与这些标准不一致的行为。”[②]在使用社交媒体的过程中,用“本地化”的语言则被“家庭团聚型”香港新移民认为是“与标准一致”的一种行为。

“我们那边的(家乡)话,香港人不懂的,你不能跟他用WhatsApp说这个,他不明白,而且也会让人一眼看出你不是香港(本地)人。”(宋小姐,20岁,自由职业者,来港4年)

“来这里之后(我)也很少看内地流行什么了,一是你如果和这边(指香港)的人聊,他们不感兴趣,也不太喜欢;二是(你)要在这里生活,肯定要多了解香港流行的东西。”(刘太太,38岁,家庭主妇,来港6年)

对于“家庭团聚型”香港新移民来说,在香港要实现社会融入,便意味着一套十分明确的规范,认为做香港人一定是要这样的或那样的,不然便不算融入本地社会。虽然他们已经习惯并接受了香港本地人对他们这一类型移民的“标签”,并试图通过社交媒体上的文字、个人形象、语言等,“成为”或

---

① 柯兰,芬顿,弗里德曼.互联网的误读[M].何道宽,译.北京:中国人民大学出版社,2014:148.

② 戈夫曼.日常生活中的自我呈现[M].冯钢,译.北京:北京大学出版社,2008:34.

"扮演"一名"香港人",然而,一如数字媒体学者克莱·舍基所说的,当今通过社交网络传播的信息内容,其受众分类不再依据过去大众传媒普遍意义上的受众概念,"而是根据你所在的那个网络圈子其他成员是什么人来区分"①。由于香港新移民的社交圈子主要还是由在香港的亲属、仍然在内地的家人和朋友、香港本地认识的同样来自内地的移民所组成,他们在社交媒体上所试图建构的这种"香港人"身份其实并没有真正被香港本地人和媒体所关注和认知,尤其是对于一些来到香港居住之后没有参与教育、工作的女性移民(多为家庭主妇)来说,这种表现则更加明显。

"我朋友圈里香港本地的朋友不会特别多,一直都是在家里照顾家庭,反而是和以前还在内地的朋友在微信上互动比较多。"(关太太,46 岁,家庭主妇,来港 8 年)

如表 2-1 所示,在针对"家庭团聚型"香港新移民的社交媒体追踪分析中,除了新浪微博外,"家庭团聚型"香港新移民对 Facebook、Instagram 和微信朋友圈的使用都相对平均,其中,微信朋友圈是他们分享个人生活最多的一个平台。但是结合访谈结果我们发现,在不同的平台上,他们会发布和分享不同的信息,比如 Instagram 和微信朋友圈是他们分享个人生活更多的社交媒体平台,而新浪微博则主要用于分享资讯,原创性的信息比较少,Facebook 相对而言更加综合,既可能用来分享个人生活,也可能作为一种公共参与的工具。在具体发布的内容方面,与访谈结果相类似,"家庭团聚型"香港新移民更倾向于在社交媒体上分享一些与个人生活和情感有关的内容,比较少发布或分享其他类型的资讯(如公共信息、科技信息等)。一方面,这与他们的社会经济现状和公共素养水平有关,另一方面也是因为他们不想在社交媒体平台上暴露自己的"非香港人"身份,容易被主流舆论塑造成"他者"的生活"窘况"。从议题焦点来看,由于目前大多数"家庭团聚型"香港新移民在香港都是以"定居"的方式生活,对香港以及香港—内地关系的关注是他们在社交媒体上发布和分享的主要内容。从社交媒体内容分析

① 班尼特.新闻:幻象的政治[M].杨晓红,王家全,译.北京:中国人民大学出版社,2018:5.

来看,香港本地人和其他粤语地区的香港新移民往往更倾向于用粤语发布信息,但是在"家庭团聚型"香港新移民发布的内容里,将近一半使用了中文普通话——这种做法常常被认为是"非原装"香港人的表现。这也暴露出他们在香港的一个"尴尬"形象——在主流媒体和主流舆论的认知里,"家庭团聚型"香港新移民是具有"内地"烙印最深的一类移民,但是在他们的社交媒体上,他们却极力营造一种"我是香港人"的形象。

表 2-1　"家庭团聚型"香港新移民社交媒体追踪分析(N=440)

发布平台		内容类型		议题焦点		文字/语言选择	
Facebook	100	个人生活	119	香港本地	209	中文广东话	90
Instagram	121	公共生活	56	中国内地	130	中文普通话	213
新浪微博	60	娱乐八卦	89	"香港—内地"关系	68	英文	21
微信朋友圈	159	情感分享	101	其他	33	其他语言	6
		科普资讯	45			无使用文字	110
		其他	30				

图 2-1　"家庭团聚型"香港新移民社交媒体截图

值得注意的是,在个人形象建构上,社交媒体在赋予"家庭团聚型"香港新移民一定自主权的同时,也会放大不准确的信息,并且迅速将这种不准确的信息传播出去。在社交媒体上,针对"家庭团聚型"香港新移民的传统观念和刻板印象的信息泛滥,在当前香港的社会文化语境下,一旦出现某些关于"家庭团聚型"香港新移民的负面新闻,就会很容易在社交媒体上迅速传播,甚至被无休止地反复传播。在此影响下,“家庭团聚型”香港新移民要想真正利用社交媒体进行自我正言和“香港人身份”的形象建构,实际上并不容易。例如,有受访者提到,她经常在 Facebook 上看到“新移民妇女”的新闻,大多会讲述她们为了来到香港“不择手段”甚至“假结婚”“卖淫”等,这些信息一旦在社交媒体上发布,就会被疯传,并且引发热议,而作为香港新移民,她们不敢在社交媒体上对这些话语和信息进行澄清和回应,因为香港本地文化和传统观念对内地女性移民的印象已经根深蒂固:

> “很多人觉得,我们嫁来香港的女人就是‘低人一等’,或者很有心机,是为了得到香港身份,但其实我身边的很多姐妹和她们的老公都是在一起很多年的,为了家庭团聚才来到香港,她们在内地过得也不是说不好,不过香港人就是这么想我们。你如果真的去 Facebook 上和他们吵,你根本无法想象香港人会用什么话来骂你,没有必要这么做。”(刘太太,38 岁,家庭主妇,来港 6 年)

同时,尽管“家庭团聚型”香港新移民在社交媒体上极力营造一种“香港身份”的形象和话语,但是传统媒体讲述他们的故事仍然沿用的是一种陈旧的套路和模式,刻板印象依然存在并且随处可见。在香港,我们很容易发现,包括电视、电影、报纸等媒体上关于“家庭团聚型”香港新移民的形象构建和故事讲述,依然是我们所熟知的话题和模板——贫穷与代际贫穷传递、底层与社会阶层固化、暴力与犯罪问题集中……而这些报道对“家庭团聚型”香港新移民的自我形象建构和身份认同有重要的影响作用。一方面,这些报道影响了“家庭团聚型”香港新移民建构身份和形象的方向,他们可能为了区别传统媒体报道的刻板形象而在社交媒体上更“刻意”地表现出不同;另一方面,传统媒体凭借其自身在香港本地社会的影响力,依然会左右“家庭团聚型”香港新移民形象建构的实际意义。正如有国外学者指出,媒体具有象征性的权力,“媒体不仅是作为现实的反映,而且能够构建现实”①。例如,2019 年初发生了一起妇人带孩子求医,因不满轮候时间过长而袭击医

① GEORGIOU M.Introduction:gender,migration and the media[J].Ethnic and racial studies,2012,35(5):791-799.

护人员的案件，香港媒体在报道的时候普遍加上了“持单程证来港的 41 岁女侍应”（《星岛日报》）、“新移民中年妇人”（《香港经济日报》）等字眼，以突出当事人香港新移民的身份，强化了香港人对“家庭团聚型”香港新移民的某些负面刻板印象。类似的传统媒体报道的案例比比皆是，只要这些违法犯罪案件（即使是并不严重的）涉及了“家庭团聚型”香港新移民，媒体就习惯于在前面加上“新移民”“香港新移民”“单程证”等字眼，以刻意凸显涉事人的“内地身份”：

“香港的报纸只会报道我们这些内地女人嫁过来怎么样不好，比如家暴啊、卖淫啊、假结婚啊、杀人啊之类的，怎么可能全部都是这样呢？像我和我老公虽然不是什么有钱人，但我觉得我们的生活还是挺美满的，还有（和）我们的孩子一起，和普通香港家庭（是）没有区别的。我们可能没钱，但我们也不是‘蛀米大虫’，我老公是有工作的。但这些就不会上新闻，香港人也不会看到，就算报道了也不会有人关注，他们只想看内地人嫁过来有多惨，或者是说我们骗综援。”（关太太，46 岁，家庭主妇，来港 8 年）

更重要的是，这些“家庭团聚型”香港新移民受访者表示，相比他们在社交媒体上自我塑造的个人形象和身份话语，香港本地人似乎更愿意接纳和采信其他传统媒体制造出来的香港新移民形象，关于他们的刻板形象很难通过他们在社交媒体上主动的、积极的话语表达而得到扭转。尽管在一定程度上网络重构了社会结构，但是网络空间与现实社会越来越呈现出一种更为彻底的“互嵌”关系，网络与现实并不能切割开来独立讨论。

“社交媒体是我们自己用来和朋友聊天、联系的时候用的，也只有认识你的人（才）会看到（上面的内容），但是那些媒体的信息是所有香港人都可能看到的，香港人对我们的看法肯定是受这些信息的影响更大。”（吴先生，50 岁，出租车司机，来港 11 年）

从访谈情况来看，为了更好地适应本地生活、融入香港社会，“家庭团聚型”香港新移民在利用社交媒体塑造和建构个人形象时，他们大多表现出对香港社会主流价值和文化传统的高度遵从。然而,从现实情况来看,这种“前台表演”却并不总能发挥作用。在个人形象建构方面,社交媒体或许并未真正帮助“家庭团聚型”香港新移民实现个人赋权,“家庭团聚型”香港新移民的身份认同焦虑感并未因为社交媒体的介入而降低,在一定程度上,他们的这种焦虑感来源于“我”的客观事实、“我”对自身的理想化界定、关于“我”的社会客观评价三者之间的矛盾和不一致。这种由身份建构策略与社会形象感知形成的落差,使得他们实际上并未真正借助社交媒体实现新的个人身份建构赋权,甚至可能沦为“非香港人”“非内地人”的尴尬群体。

(二)自我认同:社交媒体增强对自我角色的认同

吉登斯认为,自我认同(Self-identity)不是一个由个体所拥有的明确的特征。它是“个体以其人生经历对自我所做的反思式的理解”①。多数“家庭团聚型”香港新移民以单向移居的方式来到香港,他们定居在香港后不会再向其他地方流动,也不计划返回内地生活,因此在角色话语和认同方面,他们更倾向于把自己理解成“香港人”,尽管香港本地的文化传统和媒体环境所共同塑造出来的融合背景对他们来说并不十分友好,但是得益于社交媒体,他们在某种程度上强化、巩固、增强了自己对“香港人”身份的认知和信念。

在社交媒体上,“家庭团聚型”香港新移民主要通过两种方式来增强他们的自我角色认同。其一是建构与自己具有相似或相同背景的社会网络和社交圈子,在与其他人交往的过程中强化自己的身份认知,并且获得一定的社会资本,使得自己的“香港人”身份从内而外都有更坚固的基础。

> “我有很多在香港的朋友都是跟我一样从内地嫁过来的,来了这边之后我们就有很多聊天的群组,一开始肯定是很难认识到香港本地人的,但是时间久了,我们一个拉一个就可以认识到越来越多的本地人,而且我们其实也差不多都有‘永居’(香港永久居民身份证)了,我们和普通香港人(是)没区别的。”(刘太太,38岁,家庭

---

① 卡斯特.认同的力量(第二版)[M].曹荣湘,译.北京:社会科学文献出版社,2006:8.

主妇,来港6年)

“我平常在WhatsApp和Facebook上主要是和一些内地过来的朋友接触比较多,不是说我们这是小圈子,而是相处起来会比较放松,不用刻意地去迎合(别人)或者改变自己,其中也有一些是老乡,那就更加‘同声同气’了。我们是香港人,这个是肯定的,但是很多香港人可能不这么觉得,所以我们没必要也懒得去解释,但是和这些内地‘老乡’聊天的时候,我们可以聊得比较好。”(秦小姐,31岁,保险销售,来港7年)

除此之外,社交媒体构建的这种社交圈子还进一步为香港新移民提供了信息的选择性接触机制。具体来说,由于香港新移民在社交媒体上关注和联系的人大多是来自内地同时现在也在香港的“新香港人”,他们可以接收到的信息大部分都是由这些人所发布和分享的。不少受访者都表示,在他们的社交媒体上,他们所认识的这些“新移民”朋友大多会发布和分享香港本地信息,包括生活、公共、文化、娱乐等,在与这些信息有比较多的接触之后,他们自己也会进一步信任自己的“香港人”身份。一如有学者所指出的,“网络技术能够将用户从现实世界的束缚和打击中解脱出来……它能够使用户创造一个网络身份并利用它来活动,使自己逃避现实世界的拖累”①:

“刚来香港的时候其实没什么朋友,除了和爸爸妈妈还有同学聊天之外,很少可以认识新的人。但是慢慢地在Facebook上(我)发现了几个和我一样也是父母申请过来(香港)的朋友,我们聊天会比较多,然后看到他们分享的东西,我对香港的认识也越来越多。现在我觉得我在这里的生活基本没有太大的困难。”(李小姐,15岁,学生,来港2年)

其二是社交媒体为香港新移民提供了生产内容和传达声音的一个渠道。利用社交媒体,香港新移民可以向别人表达自己对香港的认识、理解,

---

① 瓦伦丁,霍尔韦.网络少年:青少年的网络和非网络世界[M]//曹荣湘.解读数字鸿沟——技术殖民与社会分化.潘飞,译.上海:生活·读书·新知三联书店,2003:225-255.

发表关于香港本地社会议题的看法、观点,发出自己作为“新香港人”的信念、声音,他们很少会在网络上发布或者分享内地的时事新闻和新鲜事,对香港本地生活的关注是他们营造和增强自我认同的重要手段。正如有学者所指出的,“话语权并不仅仅是‘表达的权利’(the right to speak),还包括‘被倾听得到的权利’(the right to be heard)”[①]。对于“家庭团聚型”香港新移民来说,他们借助社交媒体,使自己的声音被更多人听到,在此过程中向外界传达自己“香港人”身份的立场,在一定程度上增强了自我认同感。

> “我不会否认自己是来自内地的,如果看我的微博就知道我以前就是生活在内地的。但我现在在社交媒体上关注的信息还是香港本地的多,因为我觉得既然现在是香港人了,就还是得多关注本地的信息,对我之后在这里生活会比较有帮助。”(宋小姐,20 岁,自由职业者,来港 4 年)
>
> “其实平时上班就挺忙的,没什么时间刷这些(社交媒体)。但是因为我的职业吧,我在这些地方(社交媒体)发布的比较多的东西就是我现在公司的一些资讯还有产品。有时候我在 Facebook 上发这些(信息),会有香港本地的客人联系我,这时候他们不太会在意我是不是来自内地的,因为我发的东西是他们感兴趣的、关注的、对他们有用的。我的 Facebook 和 WhatsApp 其实也算是我的一种工作工具。”(方太太,46 岁,美容师,来港 13 年)

但是社交媒体对“家庭团聚型”香港新移民在自我认同感获取方面的作用也可能是消极的。有个别年轻的“家庭团聚型”香港新移民受访者提到,由于他们对社交媒体的依赖程度和使用频率较高,他们经常会看到各类社交媒体上关于香港新移民的信息和新闻,而一旦这些新闻或言论是抨击和批评香港新移民的,或是将他们视作冲击香港社会的“洪水猛兽”,他们的这种“香港人”自我认同感就会受到影响和侵害,而这种现象在年长一代的“家庭团聚型”香港新移民中则很少出现。

---

① 纪莉,叶晓华.媒介与社会发展研究[M].武汉:武汉大学出版社,2011:121-122.

> “我们的爸妈很少上 Facebook,他们其实不知道,香港人尤其是年轻人,对我们说的话是很难听的,骂什么的都有。我有时候看到会感到很不舒服,我也很无奈,不是我想来香港的,只是因为我爸妈都在,他们(指香港人)为什么要这么说我们。”(李小姐,15岁,学生,来港 2 年)

研究发现,在一定程度上,社交媒体通过构建社交圈子、提供发声机会的方式,帮助香港新移民展示了一个与现实生活中完全不同的自我形象从而获得关于“香港人”的强烈认同感,然而值得注意的是,香港新移民在虚拟世界的活动和现实生活是相互勾连的,他们在网络中所使用的身份不能完全脱离于自身在现实世界和日常社会关系中的角色,尤其是当他们在传统媒体上获得的身份认知和自己在社交媒体上构建出来的自我认同相互矛盾时,以社交媒体为代表的网络虚拟世界为他们在自我认同层面上带来的个人赋权意义也终将消弭。

(三)自我效能感:社交媒体与自我赋能的实用性和工具性导向凸显

自我效能的信念是赋权概念中的重要内容。自我效能是一种促进个人行动的自我意识、一种自我价值的信念和一种控制感。从对“家庭团聚型”香港新移民的访问情况来看,社交媒体在某种程度上帮助他们增强了自我效能感。具体来看,这一类香港新移民更看重的是实用性和工具性的自我效能感获取,而在目标性和愿景性的自我效能感方面,则相对不太重视。社交媒体主要在“解决困难”和“实现目标”这两方面帮助“家庭团聚型”香港新移民增强自我效能感。

首先,从客观现实的角度来看,“家庭团聚型”香港新移民的确面临着比较多的生活困难和社会融合困境,尤其是在经济、就业、居住、教育等现实生活问题上,这一类香港新移民需要通过尽可能多的途径解决自己的这些生活困难,包括寻求社交媒体的帮助也是常见的做法。

> “刚来香港的时候(我)非常不习惯,而且前几年还是在家里做家庭主妇,到了后来找工作的时候就像‘盲头苍蝇’一样。几年前

(我)在 WhatsApp 的一个群组里看到有朋友分享招聘信息,才找到现在这个工作,一干就是三年了。”(方太太,46 岁,美容师,来港 13 年)

“刚来香港会觉得跟自己想象的不一样。当时觉得‘等了几年终于来香港了!’本来是很开心的,但是来了之后发现有很多问题,比如我的粤语说得不太好,然后又要辅导孩子写作业什么的,觉得一堆的事情,幸好在微信上有一些‘小姐妹’(指同样由内地嫁到香港)的群,里面的人帮了我不少。”(刘太太,38 岁,家庭主妇,来港 6 年)

其次,相比一些愿景性的需求,客观条件使得“家庭团聚型”香港新移民更看重现实性和实用性的自我赋能需求,使用社交媒体可能为他们找到了解决现实问题的路径和方法。由此可见,在社交媒体赋权过程中,处于弱势地位的群体可以获得提升自身生存和发展能力的机遇,新媒体在其中扮演了一种解决生活难题、改变不利发展处境的工具角色。但是与此同时,深度访谈结果也显示,社交媒体对增强“家庭团聚型”香港新移民的生活信念和发展动机,以及在提高他们的生活积极性方面,发挥的作用相对较弱。使用社交媒体并未能提升“家庭团聚型”香港新移民的个人生活动力。

“没有想那么多(未来规划),因为学习还挺忙的,就算是刷 Facebook 也是因为有需要或者是休闲娱乐吧,不会联系到太多。”(李小姐,15 岁,学生,来港 2 年)

“不太觉得上网能怎么样影响我的‘未来’吧,因为每天都特别忙,刷微信和 Facebook 对我来说就是一种放松,和看电视剧是一样的。”(关太太,46 岁,家庭主妇,来港 8 年)

“微信和 WhatsApp 都是用来帮我解决问题的,非常有用。不是说所有问题都能解决,但是现在很多人都是这样,遇到问题了第一时间想到手机,然后打开这些社交媒体去问朋友。”(方太太,46 岁,美容师,来港 13 年)

最后,从社交媒体对“家庭团聚型”香港新移民自我效能感影响的具体情况来看,受访者普遍表示,社交媒体在信息与资讯方面为他们提供了比较多的帮助。例如当他们需要搜寻一些生活信息时,首先会选择社交媒体而不是传统媒体,包括 Facebook 和各类 App 都是他们的主要选择。

"还是看个人的具体需求,比如找地方吃饭、找工作那些,我都会上网(找)比较多,各种 App 比较有用,包括我们公司的一些资讯也是通过内部的社交媒体发布和沟通得比较多。"(秦小姐,31 岁,保险销售,来港 7 年)

但是社交媒体对"家庭团聚型"香港新移民在信息和资讯获取方面的赋能,更多体现于一些相对年轻的社交媒体使用者中,对于那些上了年纪的"家庭团聚型"香港新移民来说,他们整体的媒介素养较低,要想依赖社交媒体实现非常便捷的信息获取,并非易事。

"平时工作也忙,很少主动去搜索(信息),但是有朋友会给我发一些新闻。"(张先生,51 岁,厨师,来港 11 年)

"其实一开始我是不太会用 WhatsApp 和 Facebook 的,我用微信比较多,后面是我老公教我,说这样比较方便,很多东西(可以)看。但我也不是经常去看新闻,没什么时间。"(关太太,46 岁,家庭主妇,来港 8 年)

总的来说,相较于个人形象建构和自我认同获得这两方面,社交媒体的使用对"家庭团聚型"香港新移民在自我效能感获取这一层面上的自我赋权影响较大。从对受访者的访问情况来看,"家庭团聚型"香港新移民会根据自己的现实情况和生活需求借助不同类型的社交媒体解决生活难题,但是这种难题多半是工具性和现实性的;当涉及关于未来生活、发展规划、个人动力等目标性的赋能需求时,社交媒体对他们所能产生的积极效应依然有限。

二、"投资商业型"香港新移民:"来了就是香港人"

访谈材料显示,对于"投资商业型"香港新移民来说,在"个人形象"方面,塑造身份依然是最重要的,但是传达诉求和加强认知的重要性也被强调。从“自我认同”的情况来看,与“家庭团聚型”香港新移民相似,“投资商业型”香港新移民也认为社交媒体能够帮助他们增强身份认同,并且这种增强作用更加突出。从“自我效能感”来看,解决困难是“投资商业型”香港新移民认为社交媒体可以带来的最显著效果,但是提升动力这一被“家庭团聚型”香港新移民所忽视的影响方面却被“投资商业型”香港新移民重点提及。综上,社交媒体对“投资商业型”香港新移民在个人赋权方面的影响与“家庭团聚型”香港新移民的情况有所不同,“投资商业型”香港新移民在接触和使用社交媒体的基础上,塑造了较为明确的个人和群体身份,同时也能综合利用各类社交媒体提升个人赋权能力,从整体上看,“投资商业型”香港新移民利用社交媒体进行个人赋权的表现整体优于“家庭团聚型”香港新移民。

(一)个人形象建构:经济阶层优势下的“身份理解”

戈夫曼认为,“也许,与社会阶层相连的最重要的那部分符号装备,是由通过物质财富表现出来的身份象征构成的”①。由此可见,物质财富和社会经济地位常常被用于判断一个人处于何种社会阶层,甚至影响着他们的社会形象。从经济实力来看,“投资商业型”香港新移民在香港处于中上甚至上层社会,对他们来说,内地人的身份不是一种“可耻的”符号,而是象征着祖国繁荣和中国崛起,并与香港近年来陷入的经济低迷和发展困境形成强烈对照。同时,相比其他在内地被称为“土豪”的富人,他们渴望得到不一样的身份象征,另一种户籍身份赋予他们的不是“富豪”而是“贵族”的身份感知。“香港人”的法律身份让他们萌生了迅速融入香港并被这个社会所接纳的身份需求,对他们来说,“漂”之感并不来自经济或法律身份,而是社会接纳和融合的问题。

由于“投资商业型”香港新移民普遍为经济实力比较雄厚的中年一代,在此次样本中,他们使用微博的人比较少,但基本都使用了 WhatsApp 和微信,少部分使用 Facebook,而跟随他们一起投资移民来到香港的后代(以“90

---

① 戈夫曼.日常生活中的自我呈现[M].冯钢,译.北京:北京大学出版社,2008:30.

后”和“00后”为主),则多同时使用各种社交媒体,包括一些香港本地年轻人常用的社交软件(如Line,Instagram和Snap Chat)。在“投资商业型”香港新移民中,绝大多数人的社交媒体账户所属地区显示为香港,只有两名受访者的微信账户显示所在地为武汉和深圳。有学者指出,“社交网络中的图像化ID系统是用户身份建构的重要途径”①。他们的社交媒体主页照片和头像都是到香港后拍摄的,部分年轻移民的头像是与在香港认识的外国朋友的合照,这帮助他们建构了一种“香港人”的身份和形象话语。正如传播学教授约瑟夫·沃尔特所说,“社交网站上的用户仿佛打了兴奋剂一般地进行个人的印象管理”②。

“我来香港之前没用过WhatsApp,不过在这里基本每个人都用,不下载的话有时会很尴尬。比如认识一个人,说用手机号给你发WhatsApp,如果你说你没有(下载),那人家很容易觉得你不是香港人。”(袁小姐,25岁,自由职业者,来港8年)

“我的微信朋友圈封面是在我家附近拍的,我住在靠海的地方,在香港海景很美。”(朱太太,51岁,家庭主妇,来港11年)

“我的头像是我和roommate(室友)拍的,她是英国人,我们一起在BU(浸会大学)读书,我们的文化背景比较像,她也在香港住了很多年,父母都在香港工作。”(Vivian,21岁,学生,来港7年)

社交场合的统合既为个体提供了扮演“旧”社会角色的场景,同时也改变和影响着人们不断上演的“新”角色。有学者指出,在网络的作用下,人已经从“社会人”转变成了“网络人”,以现实身份相同或不同的角色进入网络社会中,并在其中大范围地移动。③ 作为社交媒体的使用者,他们也扮演着生产者的角色,在接收信息的同时创造和提供了内容,并塑造和影响着整个社交媒体乃至网络的生态环境。“投资商业型”香港新移民在

---

① 严峰.“技术赋权”范式下新媒体用户图像话语权的建构[J].当代传播,2017(3):74-76.

② 迈尔斯.社会心理学[M].侯玉波,乐国安,张志勇,等译.北京:人民邮电出版社,2016:72.

③ 涂炯.“我跑我晒故我在”——跑步App使用者线上“真实”与社交互动[M]//姬广绪.网络与社会——互联网人类学研究前沿.北京:社会科学文献出版社,2018:180-201.

线上构建出来的“虚拟的”自我形象,并不一定与他们线下真实的个人或群体形象一致。他们积极地在社交媒体上建构“香港人”的身份,尽管他们并不排斥内地,甚至认为内地在经济上超越了香港,但实际上,他们会无意识地表达出一种“自己也是香港人”的身份定位,将自己纳入“香港人”的圈层,以凸显自己和其他香港新移民不同并且和香港本地人“没有差别”的身份形象。

> “我每次回香港的时候都会发个朋友圈,不是故意发的,就是觉得回来这边吃的也多,风景也挺好,就跟朋友们分享一下,然后我在香港的朋友知道我回来了也会约我吃饭。”(肖先生,50岁,商人,来港9年)
>
> “我的(内地)同学都知道我现在有香港身份证的。”(Lily,17岁,学生,来港4年)

图 2-2 “投资商业型”香港新移民社交媒体截图

“投资商业型”香港新移民极为重视社交媒体在建构社会关系方面的作用。一如前文所述,在香港的社会文化里,香港人之间自然地建立了一种默契的“关系”——我们相似。香港人期望其他来港的移民与他们共享自己原有的价值观甚至生活方式,而建立这种“关系”的中心和基础是“共享的语言”——在香港表现为地道的粤语,而非普通话中文。言语和语言体现社会标识(Social Markers),“言语和语言的多样性实现了传递关于谁说、谁听以及言语背景信息的社会功能。人们会有意识地调整言语风格以实现自我表现和印象管理的目标”①,对于“投资商业型”香港新移民来说同样如此。除

① 豪格,阿布拉姆斯.社会认同过程[M].高明华,译.北京:中国人民大学出版社,2011:245-246.

此之外,人们如果只学习一种语言而没有尝试加入该社区的文化圈并成为其成员,他们则无法被称为真正的“语言使用者”,也无法真正与社区中的其他成员形成一种“共享的关系”。在不同的社交媒体平台上,“投资商业型”香港新移民会使用不同的语言文字。例如在 Facebook 和 WhatsApp 上,他们的昵称多使用的是英文(可能是英文名,可能是中文名的英文翻译,且多使用港式拼音),而在微信和微博上则主要用中文名或中文昵称。同时,由于他们的微信和微博好友多数是内地人,他们在信息发布和日常交谈中仍会使用简体字,但在 Facebook 等其他社交媒体上,或者在微信上与香港本地朋友交谈时,他们会使用繁体字。年轻一代的投资移民群体跟他们的香港朋友在社交媒体上聊天时,更多使用的是英语(但在线下的日常交往中,则以中文为主),这种情况在年轻一代的女性投资移民中更为明显。

> “我的微信名是中文名的英文翻译,不过内地习惯用拼音,这里都是港式拼音,有点不一样。我用的是港式拼音,比如梁不是 Liang,是 Leung,用内地拼音的话,这里做生意的时候别人看着不方便。”(梁先生,49 岁,商人,来港 4 年)
>
> “我平时在 WhatsApp 上用的是英文,一开始我也不习惯,但这是香港的文化,慢慢就习惯了。其实大家见面的时候也是说粤语的,但是聊天或者 po(发布)Facebook 的时候就会用英文,也不是很难的词汇和句子。”(Lily,17 岁,学生,来港 4 年)
>
> “我的 Facebook 和 WhatsApp 名字都是 Selena Yuen,如果我写 Yuan 的话,香港人读不出来,不过我的护照和身份证还是内地的拼音名。”(袁小姐,25 岁,自由职业者,来港 8 年)
>
> “我在香港的同学都以本地人为主,聊天也主要是粤语,除非有些 group(群组)里有外国同学,不然我们平时也不会刻意发英文的东西什么的,但是互相之间称呼多数是英文名。”(Vivian,21 岁,学生,来港 7 年)

在日常的社交媒体使用中,由于“投资商业型”香港新移民当中的一部分人来自“非两广”地区,在发布状态或者聊天时仍主要使用普通话表述,但是他们的子女或者来自广东地区的投资移民群体则会更多地使用一些粤语表述,如“今天”“我的”“什么”的粤语表述为“今日”“我噶/我嘅”“咩/乜”,使用这些表述使他们在社交媒体上更像是香港本地人,而不会有一种被香港话语称为“非原装香港人”的外来移民形象。

“刚来的时候我看一些Facebook的新闻不是很懂,因为粤语的表述跟普通话的语法不太一样,但是慢慢地(我)也能看懂。现在我来香港时间长了,基本上发Facebook或者发朋友圈的时候都习惯用一些香港词汇。”(Jimmy,28岁,银行职员,来港10年)

“发Facebook的时候(我)会比较留意自己的表述,相比起白话,我宁愿写英文,但是如果你写普通话的表述,香港人就不一定懂了。”(Lily,17岁,学生,来港4年)

相比“家庭团聚型”香港新移民对传统媒体关于他们身份与形象塑造的不满,“投资商业型”香港新移民认为他们并不属于传统媒体重点关注的对象和群体,他们的故事还没有被很多传统媒体所讲述,但是在有限的、常见的故事“模板”里,他们认为自己的形象在某种程度上也被扭曲和片面化了,大多数香港本地媒体只关注到他们“富豪”的身份以及由此带来的关于投资和商业方面的问题,但没有注意到他们其实也是文化素养和整体素质比较高的一群新移民。

“《爱回家》(香港的一部电视连续剧)里面有个角色叫‘曹总’,他就是一个说不准粤语、有钱但没什么头脑(智慧)的人,很像很多香港人所认识的内地有钱人,(他们)觉得我们就是‘土豪’,尤其是‘土’这一点经常被突出,这让人很不舒服。”(Vivian,21岁,学生,来港7年)

“在报纸上看到关于我们的新闻就是‘炒楼’啊、影响股市、走私、转移资产什么的,好像有钱的内地人和有钱的香港人就很不一样,但其实我们都是正当商人,买卖房产和股票什么的是非常正常的投资操作,但是媒体就会把我们讲成像是影响香港经济的‘老鼠

屎'一样,很搞笑。"(刘先生,54岁,商人,来港8年)

如表2-2所示,在针对"投资商业型"香港新移民的社交媒体追踪分析中,Instagram和微信朋友圈是这一类香港新移民发布内容更多的社交媒体平台,具体来看可以发现,年长一代(多数是"60后"和部分"70后")发布的内容更多是在微信朋友圈上,而年轻一代的"投资移民二代"则在Instagram上发布内容更多。具体分析他们在这些平台上发布的内容,则呈现出较为明显的"代际差异":年长一代的用户发布的内容以个人生活和各类资讯为主,而年轻一代的用户则发布了更多的公共生活和情感分享方面的内容。从议题关注的焦点来看,尽管这一类型的香港新移民也发布了比较多与香港本地相关的内容,但是与他们的流动生活背景有关,更强的流动性和"非定居"(尤其是年长一代的群体)的移民性质使得他们更为关注中国内地和香港特区的关系与未来发展走向,这一点可以从他们在社交媒体上分享的资讯类型得到证实。最后,由于部分年轻一代的"投资商业型"香港新移民文化教育水平普遍比较高,当中不少人还具有海外留学经历或是在香港读书的背景,他们在社交媒体(尤其是Instagram)上发布的内容经常会采用英文这一语言。结合访谈可以发现,一方面,这是为了"掩盖"或"淡化"他们生活背景的地域信息;另一方面也是为了"融入"和"迎合"香港人的社交媒体使用习惯,使自己在某种程度上更像"原装"香港人。但是在新浪微博、微信朋友圈这样的平台上,他们则比较少刻意地使用中文广东话或英文发布信息,因为他们认为这些平台的用户也是与他们具有相同文化背景的内地人。

表2-2　"投资商业型"香港新移民社交媒体追踪分析(N=478)

发表平台		内容类型		议题焦点		文字/语言选择	
Facebook	90	个人生活	109	香港本地	150	中文广东话	97
Instagram	167	公共生活	137	中国内地	79	中文普通话	137
新浪微博	76	娱乐八卦	67	"香港—内地"关系	195	英文	114
微信朋友圈	145	情感分享	59	其他	54	其他语言	21
		科普资讯	78			无使用文字	109
		其他	28				

总而言之,强大的经济实力使“投资商业型”香港新移民在身份上有一种天然的优越感,他们一方面认同祖国的发展成就和整体实力,在面对香港普通市民阶层时会有一种批判的态度,认为“香港人自以为是”,但另一方面当面对内地人的时候,他们也不愿意把自己归为其中,他们认为自己已经移居到香港,是一个“真正的香港人”。尤其是年轻一代的投资移民群体,他们获得香港居民身份时都未满 18 岁,处于人生观塑造和转变的重要时期,来到香港居住或者学习几年后,更进一步强化了自己是“香港人”的身份感知,并更积极地通过社交媒体展现自己的身份。无论是面对以前的内地同学或朋友,还是在香港形成的社交圈子中,他们都希望借助社交媒体为自己塑造一个“香港人”的形象符号,社交媒体成为他们个人身份和形象赋权的一种特殊方式,也成为增进他们个人赋权能力的一种工具手段。

(二)自我认同:个人信念与媒介使用共同增强“香港人”的身份认同

社交媒体对“投资商业型”香港新移民自我认同的影响表现在两个方面:一是为构建香港本地的社交圈子和社会网络提供了便利,这一点与“家庭团聚型”香港新移民的情况相类似。通过与香港本地人进行比较深入和频繁的接触,他们既进一步了解了香港本地的文化生活和习惯,也向这些本地人传递了来自内地的某些价值观和生活方式。与“家庭团聚型”香港新移民所不同的是,“投资商业型”香港新移民在社交媒体上对本地圈子的构建不仅限于内地来港的一类群体,香港本地人或者国外来港的移民也是他们在香港增强自我认同的社会关系来源。以社交媒体为代表的新媒体是改变这些“投资商业型”香港新移民自我认同和自我意识的重要工具和介质。

“我在 Facebook 上有很多朋友,他们都知道我是跟着父母(通过投资移民)来香港的,但是他们不会觉得我是内地人,因为我现在也在香港,在这里读书,他们觉得我就是香港人,我自己也这么觉得,来到一个地方就是这个地方的人,而且本来就是一个国家的。”(Lily,17 岁,学生,来港 4 年)

> "我比较少用 Facebook 这些,但是我会用 WhatsApp、微信这些和香港的朋友联系。来香港之前我就有一些香港本地的好朋友,一开始可能会觉得在香港格格不入吧,毕竟我和老公都是北方那边的,我们的生活习惯、语言都和香港不一样。但是这么多年与本地人的相处和接触之后,我觉得其实如果你去看我的社交媒体,我和本地人是没什么区别的。"(伍太太,46 岁,家庭主妇,来港 9 年)

二是相比"家庭团聚型"香港新移民被赋予的刻板化甚至"污名化"标签,"投资商业型"香港新移民自带某种"成功人士"的光环,这使得他们更敢于也更自信地在社交媒体上传达自己的价值观和信念,他们会对香港本地的新闻表现出强烈的兴趣,也会通过参与这些新闻和议题的讨论来增强自身"我是香港人"的想法和认同感。这种虚拟互动场景会让人们模糊现实和虚构的边界,给人带来近乎真实的体验和感受。有"投资商业型"香港新移民受访者表示,可能是得益于他们的经济地位和身份,他们在网络上发布一些对香港问题的讨论和表达香港身份的信息时,受到的质疑和否定往往比较少,因此他们也更敢于在社交媒体上展现自我,同时更容易认同自己的"香港人"身份。

> "我经常在朋友圈发布一些香港的信息,其他媒体我不太常用。我觉得作为一个香港人,或者说'新香港人',我有权利去表达自己的看法,而且社交媒体本来就是给我们说自己想法的地方,我是怎么想的,我就会怎么说出来,也很少会遇到质疑或者说和别人吵起来。"(刘先生,54 岁,商人,来港 8 年)
>
> "在 Facebook 上我会关注一些香港本地新闻的 page(页面),因为我自己在香港读书和工作了几年,对于香港本地的东西关注多一点,包括自己也会分享出去,无论我的工作还是生活都是需要(分享)的,其他香港人也会这样。"(Jimmy,28 岁,银行职员,来港 10 年)

吉登斯认为,"自我身份认同的'内容'会随着社会和文化情境的变迁而变迁"①,这些"内容"既反映了一个人的生平,也影响着一个人的行为。随着社会流动成为日常生活中的一种常态,身处这种流动和变迁社会环境下的个体也会呈现出多样化、多元性的文化身份认同特征。吉登斯还指出,"在现代性的条件下,自我认同的表现受到个体自我实现情况的深刻影响"②。良好的经济水平和普遍较高的文化素养(尤其是"投二代"香港新移民),使"投资商业型"香港新移民在自我认同的形成和塑造方面更有自信和想法,社交媒体对他们来说会产生影响,但更多时候表现为一种工具性的影响——"投资商业型"香港新移民把社交媒体视作一种工具,为自己的身份认同提供工具性的支持,而非被动地由社会话语和传统媒体讲述的故事"牵着鼻子走"。在个人信念的支撑下,加上对社交媒体的有选择的接触和使用,"投资商业型"香港新移民在自我认同的层面实现了比"家庭团聚型"香港新移民更高水平的个人赋权。

(三)自我效能感:社交媒体帮助实现现实性和愿景性自我赋能需求

凭借较高的社会经济地位,"投资商业型"香港新移民在面对现实性融合困难时,能够找到的解决办法和路径较多,社交媒体主要帮助"投资商业型"香港新移民实现一些愿景性的自我赋能需求,这一点与"家庭团聚型"香港新移民只聚焦和关注现实性融入问题有比较明显的差别。

首先,在现实性问题之外,"投资商业型"香港新移民表现出对目标性和愿景性自我效能感赋能方面较大的需求。从受访情况来看,这一类型的需求大致可以分为两个子类别:一是经济发展方面的目标与需求,比如通过社交媒体,在香港本地获得商业和投资方面的人脉与资源、拓展各类商业业务等;二是教育发展方面的赋能需求,老一辈的"投资商业型"香港新移民非常重视子女的教育问题,而年轻的"投二代"香港新移民来到香港后也会借助各类社交媒体拓展和增强自己的受教育机会和能力。

---

① 吉登斯.现代性与自我认同:晚期现代中的自我与社会[M].北京:中国人民大学出版社,2016:55.

② 吉登斯.现代性的后果[M].田禾,译.黄平,校.南京:译林出版社,2016:135.

"我爸爸希望我可以在本地完成中学教育之后去美国或者英国升学,所以我平时在 Facebook 上也会比较关注这些方面的信息。"(Lily,17 岁,学生,来港 4 年)

"之后我打算把投资和工作的中心都向香港转移,包括 3 年之后我也打算申请永久居民的身份,所以平时确实会有一些需求就是考虑以后商业发展的问题。我们圈内有不少人也是投资移民到香港的,我们有个微信群,经常分享在香港的生活。"(梁先生,49 岁,商人,来港 4 年)

其次,相比老一辈的"投资商业型"香港新移民,年轻的"投二代"香港新移民对社交媒体在自我效能感获取方面的依赖程度相对较高,社交媒体可以帮助他们解决一些现实性难题,尤其是在学习和生活信息的搜索与获取方面,社交媒体为他们提供了比较大的便利和帮助,减少了他们在香港学习和生活期间的不适感和排斥感,加快了他们在香港的社会融合进程。

"我觉得 Facebook 对我还是比较有用的,尤其是上大学之后,很多课程都会在网上挂出一些信息或者参与活动。如果从即时性和便捷性的角度来看,社交媒体还是会对我有比较多的帮助和用处。"(Sam,21 岁,学生,来港 9 年)

最后,来港居住时间也是影响"投资商业型"香港新移民借助社交媒体获取自我效能感的重要因素。由于大部分"投资商业型"香港新移民和香港本地社会的接触机会较多,无论在学习还是工作的过程中都会和香港本地人有较多的交流,当他们适应了香港的生活节奏和社交媒体的文化环境后,社交媒体对他们产生的赋能影响也会不断提高。

"一开始来到香港(我)有点不习惯。十年前社交媒体刚刚兴起,虽然在国内我们玩 QQ 也玩了很多年,但就是一种娱乐和普通社交的方式。可是来到香港就发现很不一样,这里的人会利用社交媒体去做很多事情,包括学习、找工作、参加活动等。我一开始是比较不适应的,但是在这边读书和工作了一段时间之后,自己也

习惯了这种节奏。"(Jimmy,28 岁,银行职员,来港 10 年)

综上,在借助和利用社交媒体实现自我效能感获取方面,"投资商业型"香港新移民表现出与"家庭团聚型"香港新移民不同的特点:其一,他们面对的现实生活问题虽然不少,但是他们的解决办法和途径也比较多,包括社交媒体在内的不同媒介都可以为他们提供不同解决问题的思路。其二,尽管在"投资商业型"香港新移民内部,年老一辈和年轻一代在借助社交媒体实现自我效能感获取方面的表现存在一定差异,但是总体来看,不同年龄层的"投资商业型"香港新移民都十分重视社交媒体对他们在实现赋能需求方面的意义和作用,而且随着来港时间的增加,他们利用社交媒体进行自我赋能的表现也会有所提升。

三、"知识优才型"香港新移民:"内地—香港"双重身份的混合与切换

根据访谈结果笔者发现,在"个人形象"主题下,"传达诉求"被较多的"知识优才型"香港新移民受访者提及,而被前两类香港新移民群体重点提及的"塑造身份"则相对弱化。在"自我认同"主题下,"知识优才型"香港新移民受社交媒体影响情况更为复杂,不少受访者都提到,社交媒体对他们来说,既有可能增强他们的自我认同,也有可能减弱他们的自我认同。而从"自我效能感"的角度来看,社交媒体在帮助"知识优才型"香港新移民解决困难、实现目标和提升动力等方面都有意义。由此可见,社交媒体对"知识优才型"香港新移民的个人赋权具有重要意义,但这种赋权呈现出一定的"矛盾"特点:从赋权目标来看,这一群体拥有更为丰富的赋权需求和目标;而从赋权结果来看,他们对自我身份的认同和认知相对较为混乱。

(一)个人形象建构:双重文化背景下的"身份竞争"

尽管"知识优才型"香港新移民在经济和财富实力上不如"投资商业型"香港新移民,但是他们一般拥有较高的文化、学历或技术水平,在香港拥有

较强的学业和职业竞争力。然而，正如社会心理学家所指出的，“那些把移民看成他们工作的竞争者的人，更倾向于对移民者和移民制度持否定态度”①。对于香港本地的年轻人来说，内地优才的大批涌入对他们造成了明显的学业和就业竞争压力，使他们排斥内地优才的心理逐渐浮现。同时，这些“知识优才型”香港新移民大多未取得香港户籍，多数亲人和朋友仍居住在内地，他们会定时或不定时地返回到内地探亲或度假，整体的人口流动性程度更高。恰如吉登斯指出的，当个体离开某种情境而进入另一种情境中的时候，他会很敏感地依据特定环境的具体要求来调整“自我的外在形式”②。对于“知识优才型”香港新移民来说，他们并不完全认为自己是“香港人”，且觉得自己比一般的香港年轻人在视野上更为广阔；同时，相比内地的同龄人群体，他们又在某种程度上自我标榜为“精英群体”。受此影响，“知识优才型”香港新移民所建构的身份认同呈现了一种混合、可以切换的双重形态。

由于他们的整体年龄较小，社交媒体是他们最常使用的媒体工具，所有受访者均使用了香港和内地的流行社交媒体。他们的社交媒体所属地区显示为中国内地或香港的各占一半，其中女性受访者更多会显示在香港。除了个别受访者的社交媒体账户头像使用的是网络图片外，大多数受访者的社交媒体主页照片和头像都在香港拍摄，但他们表示选择在香港拍摄的照片只是因为大部分时间生活在香港，而不是有意为之地塑造“香港人”的社交身份。

“我什么社交媒体都会用，需要用(哪种社交媒体)的时候就用那种，微信和 WhatsApp 最多，上班的时候 WhatsApp 用得多，回家之后想和朋友聊天可能就微信多。其实香港人现在也有不少人(是)用微信的，不过他们不怎么发朋友圈，他们喜欢发 Facebook，所以我发朋友圈的话，看的(人)也就是内地的朋友多。”（曹小姐，

① 转引自：迈尔斯.社会心理学[M].侯玉波，乐国安，张志勇，等译.北京：人民邮电出版社，2016：484.

② 吉登斯.现代性与自我认同：晚期现代中的自我与社会[M].北京：中国人民大学出版社，2016：190.

28岁，广告策划，来港6年）

“主要还是看朋友用什么软件多吧。我这里的同学主要用Facebook，有时候学校一些资讯也会挂在主页，你必须要通过它（Facebook）才能获得这些信息。”（Jane，20岁，学生，来港1年）

“不会觉得需要特别去表现我在香港，我本来就不是香港人啊！（我）只是在这里工作，他们（本地人）也不会认为我们是（香港人）的。”（梁小姐，29岁，程序员，来港6年）

对于任何移民而言，语言对形成特定文化的影响都是巨大的。尽管不同个体在具体的个人特征方面存在差异，但是“一旦将自身定义为某一群体的成员，个体就会以某种特定的方式与他人互动”①。在具体的社交媒体内容发布，包括日常的对话和朋友圈、Facebook状态内容等方面，“知识优才型”香港新移民的做法是“看对象”。一如有研究者所指出的，在互联网空间中，身体的物理在场不再必要，“人们可以随意在互联网平台上构筑自己的身份形象，且这些形象可以不断被改变”②。当和本地的同事或朋友交谈时，他们更倾向于使用繁体字或英文，而当他们与内地的同学或家人聊天时，则会使用简体字。同时这种文字使用差异还体现在社交媒体平台上，当使用Facebook时，他们大多会采用繁体字或英文发布内容，而他们在微信朋友圈或微博发状态时则会使用中文简体字，因为“看的人不一样”。

“我小时候就爱看TVB，看繁体字没问题。现在打字多数是繁体字，反正输入法是拼音，也不用学怎么写，聊天比较方便。我的内地朋友基本都能看懂繁体字，但是香港人就看不懂简体字，为了方便我就干脆都用繁体字。”（Natalie，29岁，银行职员，来港10年）

“我打（字）英文多，因为我的同学有香港人也有外国人，而且也（应）当学英语。虽然说我们在内地学了很多年英语，但是真的沟通起来还是要适应的。不过有时候我和以前的同学聊天就不会

① 豪格，阿布拉姆斯.社会认同过程[M].高明华，译.北京：中国人民大学出版社，2011：264.

② 转引自：涂炯.“我跑我晒故我在”——跑步App使用者线上“真实”与社交互动[M]//姬广绪.网络与社会——互联网人类学研究前沿.北京：社会科学文献出版社，2018：180-201.

打（字）英语，他们在内地不习惯这样。”（Jane，20 岁，学生，来港 1 年）

语言的意指能力，即呈现意义的能力，不仅仅因为人们认识到语言的规约性而被承认，它还变成了交流的主体与结构。① 在使用社交媒体的过程中，“知识优才型”香港新移民既会选择香港本地流行语，也会选择内地流行语，这与他们的交往对象具有“混合性”的结构特征有关。社会交往的特定结构影响着他们在社交媒体上对语言的选择和使用。他们中的大多数人仍然和内地的朋友或同学保持密切的联系，会在线上社交的过程中接触并了解到内地的流行语言文化，甚至会在学习了这些流行语之后传递给在香港的同事和朋友。

“我不会故意迎合他们说什么，就算是在 WhatsApp 上聊天的时候也不会想那么多的，我觉得内地的有趣就说内地的，觉得香港有趣的就说香港的。”（赵先生，30 岁，建筑师，来港 2 年）

“我经常在和同事的 WhatsApp 群组里说起内地的流行语，他们觉得搞笑，比如‘屌丝’‘小鲜肉’‘割韭菜’，他们不知道是什么意思，会觉得有趣。”（Matthew，29 岁，银行职员，来港 6 年）

图 2-3 “知识优才型”香港新移民社交媒体截图

“每一个特定的社会场景都有其具体的规则和角色要求。”②人们适应社会生活的常见做法之一是学习所在文化的场景定义。社会交往的特定对象

① 波斯特．信息方式［M］．范静哗，译．北京：商务印书馆，2014：89.

② 梅洛维茨．消失的地域：电子媒介对社会行为的影响［M］．肖志军，译．北京：清华大学出版社，2002：21.

影响着他们在社交媒体上的形象建构和传播。个别受访者提到,如果他们在香港学习或工作期间认识了香港本地的婚恋对象,那么他们在社交媒体上就会比较重视自己呈现的形象,会较少发布与内地相关的内容,即使在放假的时候回到内地,可能也不会发朋友圈或 Facebook,因为他们的另一半以及他们的家人可能会比较在意。

> “我老公是香港人,他们家亲戚对我也挺友好的,不会因为觉得我是内地来的就歧视我,但是因为我有加他们微信和 Facebook,就不太想发太多内地的信息”。(Natalie,29 岁,银行职员,来港 10 年)
>
> “香港人可能就是,你过来读书、工作都 ok,但如果涉及结婚什么的,可能还是会有想法吧。我男朋友本身不会觉得我是内地的就怎么样,不过为了避免他家人有意见,我就尽量不怎么发内地的东西。” (包小姐,27 岁,中资企业职员,来港 4 年)

如表 2-3 所示,在针对“知识优才型”香港新移民的社交媒体追踪分析中,与前两类香港新移民相类似,“知识优才型”香港新移民在微博上发布和分享内容的频率较低,且多数是转发而非原创。同时,微信朋友圈主要用于分享个人生活,当他们打算分享公共生活的内容时,Facebook 和 Instagram 是他们更多会选择的社交媒体平台。从内容类型来看,公共生活是“知识优才型”香港新移民在社交媒体上分享的最多一类的内容和信息,其次是个人生活和情感分享的内容,这些内容在微信朋友圈上出现得较多。从议题焦点来看,与“投资商业型”香港新移民类似,“内地与香港两地关系”是他们在社交媒体上最为关注的内容,且从具体的内容分析可以发现,他们主要关注的是一些公共生活方面的信息,部分是科普资讯和娱乐八卦,对香港本地和内地信息的发布频率相差无几。最后,从文字/语言选择来看,“知识优才型”香港新移民在不同平台上可能选择不同的语言来分享信息,但是具体来看各类语言和文字的比例,则没有表现出明显的差异,也就是说,无论针对香港本地用户还是内地用户,“知识优才型”香港新移民都可能会以自己“偏向”的语言文字在社交媒体上分享信息。例如图 2-7 中,香港新移民在同一个社交媒体平台上发布不同的内容时,会在繁体字和简体字之间频繁切换,这更多地与他们的语言使用习惯有关,而不是刻意去营造一种“香港人”或“内地人”的形象。

表 2-3　“知识优才型”香港新移民社交媒体追踪分析(N=669)

发表平台		内容类型		议题焦点		文字/语言选择	
Facebook	191	个人生活	178	香港本地	169	中文广东话	190
Instagram	210	公共生活	240	中国内地	148	中文普通话	211
新浪微博	78	娱乐八卦	67	“香港—内地”关系	300	英文	121
微信朋友圈	190	情感分享	111	其他	52	其他语言	29
		科普资讯	50			无使用文字	118
		其他	23				

有学者指出,在网络空间里,一个用户唯一的身份就是一个名字或“称号”,而这还有可能是虚构的,且别人也往往这样认为,“身份在这种交流结构中被虚构化了”①。社交媒体为香港新移民的身份和形象建构提供了一种选择性的赋权路径,是否有在香港生活的中长期计划,是决定他们更多地在社交媒体上建构香港或是内地身份的关键因素,而影响他们这种生活规划的一个重要方面是香港本地人以及社会对他们的接纳程度。例如,对于“知识优才型”香港新移民来说,香港是中国的一部分,所以在讨论香港和中国内地的关系时,用“中国”来指代“内地”是不恰当的,因为它不是一个“国家与国家”的关系。但是,由于在日常生活的媒介接触过程中经常可以看到,香港人在提到“内地”时经常会使用“中国”的说法,这似乎表明,部分香港人并不认为香港是中国的一部分,这会加大“知识优才型”香港新移民在社交媒体上建构身份的困难和障碍。

现实群体冲突理论认为,“当不同的群体为了稀缺的职位、住所和资源进行竞争时,敌意便产生了;当利益相抵触时,冲突便会产生”②;而媒体往往会加剧这种问题。在香港传统媒体话语中,关于“知识优才型”香港新移民

① 波斯特.信息方式[M].范静哗,译.北京:商务印书馆,2014:164.
② 迈尔斯.社会心理学[M].侯玉波,乐国安,张志勇,等译.北京:人民邮电出版社,2016:483.

的新闻通常涉及两个看似“矛盾”但同时存在的议题：一是讲述他们来港之后对本地劳动力市场的补充；二是将他们形容成本地年轻人就业的“竞争来源”。尽管对于“知识优才型”香港新移民来说，社交媒体对他们在形象建构方面的作用更大，然而，由传统媒体及其惯性话语建构起来的舆论环境，始终影响着他们力图通过社交媒体实现的个人赋权效果。

（二）自我认同：社交媒体作用下强化与削弱并存的认同困境

从整体情况来看，相较于前两类香港新移民，“知识优才型”香港新移民对“香港人”的身份认同程度较低，对“内地人”的身份认同较高。对于这两种身份的自我认同，“知识优才型”香港新移民呈现出一种混杂、变换式的认同策略。从自我认同的角度来看，这一类香港新移民在使用社交媒体获取自我认同方面的表现呈现出双重特征——社交媒体的使用既强化了他们的某种自我认同，同时又削弱了他们的另外一种自我认同。

首先，从访谈情况来看，在社交媒体与自我认同的关系方面，社交媒体对“知识优才型”香港新移民的影响力较大，一方面，这与“知识优才型”香港新移民整体年龄较小有关，另一方面也与他们认为传统媒体较少关注自己这一类型香港新移民群体的移民故事和角色身份有关。社交媒体对他们的自我认同相比传统媒体来说有了意义的凸显。

> “其实我觉得香港本地的电影和电视这些文化产品很少关注我们这种来读书然后留下来的内地人，多数说到‘新移民’都会想到嫁过来的那一类女性，可能会提到我们的还是 social media（社交媒体）比较多，尤其是 Facebook 会有很多主页，不过里面的信息也有好有坏（指评价和态度）吧。”（Natalie，29 岁，银行职员，来港 10 年）

其次，近年来，有关香港与内地关系的社会冲突在香港时有发生，这导致身处“夹心层”的香港新移民在自我认同感知方面经常会出现“混杂”甚至“模糊”的感受，“香港人”还是“内地人”的二元文化身份区分已经无法帮助他们判断自己所处的身份地位。有受访者提到，由社交媒体构建出的网络空间为他们提供了一个“社群聚集”的平台，得益于社交媒体，这些“知识优才型”香港新移民可以以一种便捷的方式加强自身与家人、朋友之间的联系,社会整合的需求得以满足。而在这种与“志同道合”的家人或好友联系的过程中,他们开始有了一种为移民群体所特有的文化身份认同感受,社交媒体不断地帮助他们实现了一种“另类的”自我认同。

> “既不完全觉得自己是香港人,也不能说我们就是内地人。我在微信有个群叫‘新香港人’,里面都是和我一样的‘海归’,美国、澳洲、英国……基本哪儿毕业的都有。我们都是在国外读完书然后来到香港工作,也有一些直接就在香港结婚生孩子了。我感觉我和他们是比较像的,相互之间也能够理解和帮助。”(Sarah,33岁,会计师,来港7年)
>
> “和香港同事在WhatsApp上聊天的时候感觉自己像香港人多一点,和内地的老同学和闺蜜在微信群聊天的时候又感觉自己是内地人多一点。”(Natalie,29岁,银行职员,来港10年)
>
> “我更喜欢称呼自己是‘香港网民’,我在Facebook上有很多陌生的香港网民朋友,和他们的交往和讨论让我不断更新对自己身份的认识,不想简单化地判断自己是香港人还是内地人。”(冯小姐,27岁,非政府组织成员,来港8年)

对社交媒体的高度依赖使“知识优才型”香港新移民的价值系统内部不断地发生冲突和变化。新的媒介环境以及应用场景正在不断瓦解“知识优才型”香港新移民的自我认同,但与此同时,也在帮助他们塑造和建立新的自我认同方式。在使用社交媒体的过程中,“知识优才型”香港新移民增强了某些方面的自我认同,比如:由于社交媒体赋予了他们自我表达、争取权益、传达诉求的机会,从这个角度来看,对于那些希望融入香港社会、成为“香港人”的香港新移民来说,社交媒体为他们提供了增强“香港人”自我认同的机会,同时也为他们向香港本地人传达自己的价值观搭建了直接沟通的平台。

"我算是一个社交媒体的重度使用者吧。我个人比较关注两类信息:一类是跟我工作有关的青少年教育,一类是 LGBT 群体的平权问题。我感觉社交媒体尤其是 Facebook 给了我比较多的机会去表达。以前我的同事们都会觉得'内地人不会关注这些信息,他们只会赚钱',但其实我在非政府组织工作了几年,他们跟我熟了之后会觉得内地人也是很关注公共生活的,慢慢地,他们也把我当成'香港人'了吧。"(冯小姐,27 岁,非政府组织成员,来港 8 年)

但另一方面,由于"知识优才型"香港新移民在香港多数以学生或职员的身份生活,他们与香港本地人会发生比较频繁和紧密的接触,在社交媒体上他们也常常可以看到一些香港本地人发布和分享的信息,包括涉及内地和内地人的信息,在这些信息当中,不少是对内地和内地人有某种偏见甚至"妖魔化"陈述的内容,在这种情况下,"知识优才型"香港新移民关于自我"香港人"身份的认同又会被削弱。"知识优才型"香港新移民在社交媒体上所建构出来的社交关系以及由此获得的群体认同感,影响着他们在使用这些媒体工具过程中所形成的自我认同。

"我其实不太喜欢看 Facebook,相比之下我宁可刷朋友圈。我觉得 Facebook 上有一些内容,尤其是香港本地的一些年轻人(关于内地)的观点非常偏激和片面,他们根本不了解内地,甚至都没来过(内地),就会在网上说很多,我不想跟他们争论。"(梁小姐,29 岁,程序员,来港 6 年)

"我和太太很纠结要不要留在香港,这里的就业环境和福利我觉得都是很吸引我的,但是社交媒体上经常看到的香港人对内地的一些看法会让我觉得很犹豫和忧虑,我很怕以后的小孩在香港会被'歧视',又或者是他自己成为'歧视'内地身份的人,这会让我觉得很失望和不能接受。"(Matthew,29 岁,银行职员,来港 6 年)

此外,社交媒体的使用也对他们关于"内地人"身份的自我认同产生了一定的影响:大多数"知识优才型"香港新移民在来港前都有较长的内地生活经历,也是三类香港新移民中使用内地社交媒体(如微博和微信)最频繁的一类,因此他们接触的内地信息也是最多的,社交媒体上关于内地的信息不断影响和左右着他们对"内地人"身份的自我认同,其中经济发展和机遇方面的信息会增强他们的这种认同。

"我很多的好朋友都在内地工作,我在朋友圈看到他们其实生活得也非常好,所以我也没有想好之后要不要申请(香港)永久居民身份然后放弃内地户籍,我觉得内地人的身份现在可能更'值钱'。"(曹小姐,28岁,广告策划,来港6年)

综上,"知识优才型"香港新移民不会局限于自己属于"香港人"或是"内地人",从移居的途径和性质来看,他们拥有较大的流动自主权和生活移动性,不断转换的身份管理策略与社交媒体的选择性接触影响着他们的自我认同,其中社交媒体的作用更为突出。而社交媒体的使用则既增强又减弱了他们的某种自我认同,但这种转换式的自我认同策略不一定代表他们身份的模糊和混乱,反而可能是一种灵活的、可协调的认同表现。从这个角度来看,社交媒体接触和使用帮助"知识优才型"香港新移民实现了一种可变换的自我认同管理策略,在个人赋权的层面上,体现出一种与"家庭团聚型"和"投资商业型"香港新移民所不同的媒介效应。

(三)自我效能感:社交媒体主导的自我赋权实现路径

与前两类香港新移民相比,社交媒体对"知识优才型"香港新移民来说,在自我效能感获取方面的效应最为突出;同时,从自我效能感获取的具体需求情况来看,"知识优才型"香港新移民借助社交媒体实现自我效能感获取的能力也较大,而且在现实性和愿景性两个方面都表现出较强的赋能需要。

第一,访谈材料显示,无论是现实性的自我效能感获取(如生活问题的解决)还是愿景性的自我效能感获取(如个人目标的实现、发展动力的提高),社交媒体,尤其是香港本地较为常用的社交媒体(如Facebook、WhatsApp),都对他们产生了较大的影响,提供了较多的帮助。这与"知识优才型"香港新移民整体年龄偏小有关,这一类香港新移民将社交媒体视作他们增强自我效能感的一个重要媒介。

"Facebook 是(我)每天都要用的,基本上,我需要什么信息或者生活和工作有什么需要解决的问题,我觉得都可以在上面(Facebook)搞定。"(包小姐,27 岁,企业职员,来港 4 年)

"(我)一直都没有看报纸的习惯,在内地上学的时候也是刷微博和朋友圈比较多。不过来了香港之后,为了适应这边同学们的习惯,(我)就会改用 Facebook 比较多,但是如果有家里(指内地)的一些需要解决和处理的事情,还是要靠微信。"(Jacky,24 岁,学生,来港 1 年)

第二,具体来看,在自我效能感的获取方面,"知识优才型"香港新移民通过使用社交媒体所获得的帮助主要体现在两个方面:一是以短期需求和目标为主的关于学习、求职、住房、医疗等方面的信息获取,在这个方面,受访者认为以 Facebook 和新闻网站为主的网络媒体基本可以满足他们的信息需求;二是涉及长远发展的关于个人规划和生活目标的信息交流,在这个层面上,"知识优才型"香港新移民更注重信息的交换和交流,尤其是和那些跟他们有相似移居背景的、在香港读书的内地学生或是毕业后留港工作的青年群体之间的交流,可以帮助他们更好地制订个人在香港的未来发展规划。而在这个方面,即时通信类的社交媒体,如微信、QQ 和 WhatsApp 对他们产生了较大的帮助。

"我已经拿到香港永居(永久居民身份),但是我一直想回广州发展,所以平时会经常和也是内地来的朋友们聊微信,想看看会不会(在内地)有比较好的工作机会,然后把我老公也带回去。"(Natalie,29 岁,银行职员,来港 10 年)

"虽然说整体来看香港的社交媒体没有内地的发达,尤其是 App 方面,但是基本上我觉得需要用到的生活信息都可以在上面(社交媒体)找到。"(赵先生,30 岁,建筑师,来港 2 年)

总体而言,在流动生活的背景下,"知识优才型"香港新移民对未来有更多不确定性的考虑,而社交媒体的信息获取、信息交换、信息整合等方面的功能,在一定程度上缓解了他们在香港生活的焦虑感和不安感,也在某种程度上为他们带来了自我效能感。可以说,在某种程度上,社交媒体的使用为"知识优才型"香港新移民的个人赋权带来了积极意义。

四、三类香港新移民社交媒体与个人赋权的差异表现与原因阐释

首先,从个人层面的赋权来看,香港新移民通过接触和使用满足个人发展需求的社交媒体,塑造出"新"的香港新移民形象,改变了香港主流社会和传统话语中关于香港新移民的刻板印象,区别于"是香港人还是内地人"的简单化二元对立理解,在"本地"和"内地"的交汇空间中找到了一个集合点。其次,社交媒体还有助于增强香港新移民的自我角色认同,强化个人信念。不过,对于不同类型的香港新移民来说,这种自我认同感的建构和获得与社交媒体的具体和使用行为有关。最后,在自我效能感获取方面,不同类型的香港新移民利用社交媒体所获得的自我效能感也有所差异。总的来说,社交媒体对"知识优才型"香港新移民在自我效能感获取方面的作用是三类香港新移民中最突出的。在分别讨论了三类香港新移民的社交媒体接触与使用对其个人赋权方面产生的影响后,本节将围绕深度访谈、社交媒体内容等研究材料,归纳分析出三类香港新移民在借助社交媒体进行个人形象建构、自我认同感获取以及自我效能感提升三方面的表现差异,以及造成这种差异表现的深层次结构性原因。

首先,从个人形象建构的角度来看,在社交媒体上,"家庭团聚型"和"投资商业型"香港新移民都比较积极地通过发布和分享香港本地生活内容、转发香港资讯等方式,构建"香港人"的身份和形象。但他们的表现又各不相同。对于"家庭团聚型"香港新移民来说,由于长期以来他们都是香港本地传统媒体高度关注的移民对象——他们被传统媒体塑造成贫穷、没有文化、暴力犯罪集中、"假结婚"、公共福利的负担等充满负面意涵的形象——为了摆脱这种负面形象,他们在社交媒体上主动发声,试图塑造出一种不同于传统话语的香港新移民形象。然而,由于在香港,以报纸、电视和杂志为代表

的传统媒体对社会的渗透力和影响力依然十分巨大,对于“家庭团聚型”香港新移民来说,单纯地通过社交媒体发声,实际上并不能够从根本上改变香港本土居民及香港社会对他们的观感和接纳程度。对于“投资商业型”香港新移民来说,由于他们自身具有较高的社会经济地位,相比“家庭团聚型”香港新移民来说,他们的移民形象整体较好,尽管也会受到一些诸如“土豪”“炒房团”等社会话语的攻击,但是由于他们在生活上更有自信,因此在社交媒体上,他们更敢于高调宣布和展示自己的“香港人”身份。同时,由年龄造成的代际差异在“投资商业型”香港新移民中表现得尤为突出。在“投资商业型”香港新移民中,年轻一代的“投二代”对社交媒体的依赖程度更高,同时也更擅长利用不同类型的社交媒体,包括 Facebook、Instagram、微博、Twitter 等。从对他们的社交媒体观察和内容分析中可以发现,他们会有意识地通过使用英文、分享在香港的生活照片、和香港本地友人在社交媒体上互动等方式,塑造出一种尽可能接近于“原装香港人”的身份形象。对于“知识优才型”香港新移民来说,他们并不会有意识地营造一种“内地人”或者“香港人”的个人形象,他们的在线社交身份是可以切换的、相对灵活的。同时,观察他们在不同社交媒体平台的表现可以发现,他们会在不同的社交媒体上有重点地突出自己所具有的不同身份,简单来说,当他们选择一些内地用户更常使用的社交媒体(如微信、微博、抖音)时,他们在这些平台上建构的形象会更具有“内地人”的形象特质,关注的内容也大多和内地相关;而当他们选择 Facebook、Instagram、Twitter、WhatsApp 等香港用户更多使用的社交媒体平台时,他们会发布更多香港本地的生活内容和资讯,而且他们在不同类型社交媒体平台上的表达积极性也并不相同。结合访谈可以发现,之所以会有这种差异表现,归根结底是源于他们对未来生活的发展规划。当他们将在香港的生活视作一种“旅居”而非“定居”时,他们就会更多考虑日后回归内地之后的生活;相反,当他们计划长期在香港学习、工作和生活,甚至希望可以在 7 年后成功申请永久居民身份时,他们就会对构建出具有“香港人”特质的身份形象充满了更大的积极性。

其次,在自我认同感的获取方面,从整体上看,社交媒体的接触和使用都或多或少地增强了三类香港新移民的自我认同感,但是具体来看,这种获取情况又有所不同。对于“家庭团聚型”香港新移民来说，社交媒体主要增强了他们对自我角色的认同。如前所述，相比在传统媒体上主要以一些负面形象出现，在社交媒体的介入下，他们得以自我表达、自我呈现、自我发声。尤其是对于那些更为年轻的“家庭团聚型”香港新移民，社交媒体可以帮助他们以“香港人”的身份生活在一个香港的虚拟空间中。更为重要的是，由于这些“家庭团聚型”香港新移民在日常生活中需要面临各种融合困境，其中语言差异使得他们在建构社会关系、获取工作机会等方面都受到阻碍，因此利用社交媒体，他们能够以一种相对匿名的方式平等地和香港本地人交流，并在此过程中形成对“香港人”身份的认可和信任。对于“投资商业型”香港新移民来说，这种增强自我认同的效能则更为突出，原因主要有二：其一，“投资商业型”香港新移民的社会经济地位较高，本身对自我价值的认可和身份认同程度就很高，与其说社交媒体的接触和使用增强了他们的自我认同，毋宁说他们凭借较高的自我认同感，在社交媒体的使用过程中进一步强化了这种自我意识；其二，从来港政策规定来看，“投资商业型”香港新移民需要在香港投资650万至1000万的房产、股票、基金、存款等才能获得来港资格，付出的经济成本较高，因此他们大多数抱着“定居”而非“旅居”的目的来到香港，并且对香港的价值观、文化、生活环境等都较为认同，同时他们向往“香港人”的身份，而社交媒体也赋予了他们这种表达“我是香港人”的机会和平台。对于“知识优才型”香港新移民来说，社交媒体对他们的自我认同感影响则相对复杂。一方面，在使用社交媒体的过程中，无论对内地人还是香港人的身份，他们都可以利用社交媒体主动地去建构、形塑、维护；另一方面，由于香港本地社交媒体上充斥着一些关于内地人包括香港新移民的负面话语和信息，而“知识优才型”香港新移民整体来说又是三类香港新移民中平均年龄最小的一群，他们本身对社交媒体的依赖程度也最高，导致他们受社交媒体信息的影响也最大。而当他们接触和阅读了关于内地和内地人的负面信息后，则可能会削弱他们的自我认同。

最后，在自我效能感的增强方面，造成不同类型香港新移民社交媒体使用与赋权表现差异的主要原因是这些香港新移民群体自身的发展需求和现实客观条件。“家庭团聚型”香港新移民的社交媒体使用主要是为了满足自身的实用性和工具性需求,尤其是在信息获取和生活技能培养方面,出现这一结果主要有两个方面的原因:第一,“家庭团聚型”香港新移民整体的经济地位较低,所掌握的物质生活资料较少,他们迫切地需要借助一切手段和方式提高自己的经济收入,才能减少在香港生活期间可能遇到的融合障碍,而社交媒体或多或少为他们提供了这方面的帮助(例如帮助他们在求职资讯、购物打折等方面的信息获取更加便捷);第二,相较于“投资商业型”和“知识优才型”香港新移民来说,这一类移民,尤其是年长一代的“家庭团聚型”香港新移民,他们的文化程度和媒介素养都较低,缺乏利用社交媒体获得比较多的愿景性赋能需求方面的意识和技能,因此也降低了社交媒体对这一类移民所能产生的自我效能感增强效果。“投资商业型”香港新移民则更看重利用社交媒体帮助自身同时满足现实性和愿景性这两类自我效能感的获取,尤其是愿景性自我赋能方面的需求,同样,这与两个结构性因素密不可分:首先,一代“投资商业型”香港新移民以商人及其配偶为主,他们来到香港不仅为了实现移民,而且还有一些商业发展的规划和需求,因此对他们来说,社交媒体不仅是一种帮助他们解决生活问题的工具,更是帮助他们实现长远发展的平台;其次,处于较高社会经济地位的“投资商业型”香港新移民对子女的教育需求较大,对他们来说,除了更好地发展本地的商业规划和融入香港外,为了子女寻求更好的教育发展资源也是他们选择香港作为移民地的主要原因。受此影响,在接触和使用社交媒体的过程中,他们也会有意识地寻求一些教育资源,为子女的未来发展铺路。“知识优才型”香港新移民则呈现出更为丰富和多元的自我赋能需求(工具性、实用性、愿景性、目标性的赋能需求)。正如前文所说,“知识优才型”香港新移民并不一定以香港作为长久的移居地,对他们来说,香港既可能是一个移动的“终点站”,也可能是一个“中间站”或“跳板”。因此,他们会借助社交媒体来满足个人当下现实生活的一些工具性和实用性的赋能需求,同时又会为了适应未来更加灵活多变的发展规划而利用社交媒体实现一些愿景性和目标性的赋能需求。

五、本章小结

根据古铁雷斯等人提出的赋权观点,赋权的目标在于通过削弱影响个体决定权、行动权的社会性或个别性障碍,增强个体运用权力的能力与自信,或者从环境中向个体注入一定的权力等方式,去帮助人们获得对自己生活的决定权和行动权。在个人层面上,赋权至少涉及三个方面:(1)用自己的方式告知其他人自己真实的生活故事;(2)用自己的语言命名或定义一个人的经历,并从中增强对自我经历的认可,识别自己的感受、感知和需求;(3)从自己的经验和实际情况出发,发现对自己有利的位置。在本书中,笔者将这三点归纳为"个人形象建构"、"自我认同"和"自我效能感获取"。在个人赋权的过程中,赋权不是一个自发的、天然的、被动接受的过程。权力的获取和赋予需要赋权主体自我意识和自我能力的双重提升,而赋权效果又不完全取决于个人主观意愿的大小,它要求个体不断学习、感知和体验,提升实现赋权的客观能力,如知识水平、增权意识、生活经历等。个体如何看待赋权的意义以及他所能为赋权作出的努力和贡献,都是影响其最终能够在何种程度上被赋权的重要因素。

在个人形象方面,从社交媒体对三类香港新移民形象和身份塑造的影响来看,不难发现,无论是哪一类型的香港新移民,他们都会在不同的社交媒体上进行信息和个人形象的"选择性分享"和"选择性发布"——针对不同的社交媒体,他们会分享和发布不同的内容,从而有针对性地建构和塑造自己想要传达的身份和形象。根据福柯的权力话语观,我们认为,人们对"他者"所形成的观点、认识和印象,越来越不取决于与这些人物相关的事件,而是依赖于媒介,一个群体的媒介形象越来越成为帮助我们获得关于这个群体认知的全部来源。从这个角度出发,相比传统媒体时代,香港新移民群体的形象只能被动地由香港本地媒体建构并传播出去,在社交媒体的介入下,他们可以掌握自主塑造形象和建立身份的传播权力,这在一定程度上改变了他们在香港被建构的"他者"形象,获得个人赋权,增强了社会融合的能力。

在自我认同方面，西奥多·罗萨克认为："我们生活在这样一个时代，发现自我身份认同以及实现自我命运之私人体验，早已在很大程度上变成颠覆性的政治力量。"[①]移动技术紧密地融入自我意识展现、自我评价和自我提高的过程中[②]。结合问卷调查和访谈可以发现，网络新媒体正在对香港新移民的自我赋权产生或多或少的影响，尤其是基于网络平台发展起来的社交媒体，为香港新移民个人赋权带来的积极性意义更值得关注。首先，依托于互联网的社交媒体可以帮助香港新移民群体突破现实障碍与刻板印象，使他们的身份认同呈现出越来越虚拟化和多样化的特征，这使得他们可以在日常现实生活之外拥有另一种虚拟身份。更重要的是，当个人在网络上建构出来的这种虚拟身份成为影响自我认同感越来越重要的制约性因素时，这种虚拟身份甚至可能会介入到他们的现实生活，在当下的传播环境和媒介化社会里，虚拟身份和现实身份已经打破了界限，两者相互渗透、相互影响、相互建构。在网络社会和网络空间里，个体可以根据自我意识去塑造自己的身份、书写自己的故事，而不一定要遵循或按照社会主流舆论框架去进行角色定位，这使得移民群体在新的环境里找到了一个不同于现实的生存空间。以香港新移民群体为例，对于他们来说，社交媒体可以使他们以一种更接近于"重建"(Reconstruction)而非"重现"(Representation)的方式进行形象建构和身份塑造，从这个角度来看，大多数情况下以"他者"形象出现在香港社会话语中的香港新移民借助社交媒体在个人层面赋权的第一点表现，不是帮助自己发现原有的身份，而是生产一种新的身份。

其次，一如梅洛维茨所说，"当人们共享一个相同的环境时，他们常常比他们分开时更多地看到他们之间的差异"[③]。传播最重要的目标是要成功地传递信息，就像传播者脑子里的思想和意义可以准确地被移植到接收者的头脑中一样。这种意义分享被称为"理解"(Understanding)或"主体间性"

---

① 吉登斯.现代性与自我认同：晚期现代中的自我与社会[M].北京：中国人民大学出版社，2016：209.

② 卡斯特尔，等.移动通信与社会变迁：全球视角下的传播变革[M].傅玉辉，何睿，薛辉，译.北京：清华大学出版社，2014：137.

③ 梅洛维茨.消失的地域：电子媒介对社会行为的影响[M].肖志军，译.北京：清华大学出版社，2002：308.

(Intersubjectivity)①。访谈结果显示,大多数受访者都在使用社交媒体的过程中感受到自己与香港本地人之间的差异,对于不同类型的香港新移民来说,这些差异会造成他们不同程度的自我认同感获取。随着网络社会的到来,香港新移民作为移民群体的一类,他们在社交媒体的作用下将会产生新的认同方式。

最后,个人需要通过身份归属才能完成自我认同。社会学家认为,如果群体之间有竞争关系,那么一个群体的优势就是另一个群体的劣势,因而,"对外群的刻板印象通常是负面的和贬抑性的"②。这一点与"投资商业型"和"知识优才型"香港新移民在香港的个人赋权问题紧密相连。新媒体带来了人们交往场域的变化,"在场"不一定指"客观在场","虚拟在场"对个体的影响也愈显重要。此外,"在个体的个性创造之中,认同不仅仅是对这个个体过去生活的印证和引申,它同时还是对未知的将来的规划和设计"③。这一点在本研究的访谈中也得到了证实。对于不同类型的香港新移民而言,在香港是"旅居"还是"定居"、未来生活流动性的大小、对改善和提高在香港生活融合程度的理想和信心等,都是影响他们利用社交媒体进行个人赋权的重要因素。

在本研究中,社交媒体对个体自我效能感赋权的影响表现为当外在舆论对于个体身份的构建无法满足其内在需求时,各类香港新移民借助社交媒体来实现个人生活问题的解决、融入困境的缓解以及未来发展规划的布置。实证调查结果显示,社交媒体在一定程度上赋予了香港新移民群体在香港生活期间更高的自我效能感,但是具体来看,对于三类香港新移民,这种意义表现也有所不同。相比之下,"知识优才型"香港新移民凭借较高的媒介素养和文化知识水平,利用社交媒体进行自我效能感获取的表现更为突出。

综上所述,从个人赋权的角度来看,一方面,香港新移民借助社交媒体为自己的自我形象建构和身份认同创造条件;另一方面,社交媒体去中心化

---

① 格罗斯伯格,等.媒介建构:流行文化中的大众媒介[M].祈林,译.南京:南京大学出版社,2014:18.
② 豪格,阿布拉姆斯.社会认同过程[M].高明华,译.北京:中国人民大学出版社,2011:55.
③ 赵静蓉.文化记忆与身份认同[M].北京:生活·读书·新知三联书店,2015:21.

的权力特质,实际上也对个体的文化身份造成了“碎片化”的影响。从实际情况来看,香港新移民群体在掌握了传播权力之后,通过自我传播的途径构建出自己较为认同的“身份”,但这种身份可能是带有某种想象性质的——似乎与本地相连但又脱离本地的,“文化身份幻象”成为香港新移民在香港利用社交媒体实现个人赋权的重要特征。此外,随着香港新移民在香港居住和生活的时间越来越长,他们会不自觉地表现出更为突出的“香港人”身份和“香港人”形象的认同感,并利用各类社交媒体加强自己的这种形象建构和自我认同,在此基础上强化自己在香港的自我效能感感知,在一定程度上实现了较高水平的个人赋权。在塑造个人形象、形成自我认同、获得自我效能感的过程中,那些受新媒体影响更大的群体,如“知识优才型”香港新移民,在接触和使用社交媒体的过程中,形成了更为多元和不稳定的身份认知及认同感。在社交媒体的作用下,以及伴随着未来生活较强的流动性和不确定性,“知识优才型”香港新移民对身份的地域依赖感被削弱,他们所建构出来的个人形象和身份认同都呈现出一定的“去中心性”,香港社会和话语所建构的“香港人”身份标准并不是他们所追求的唯一目标,更具个性化的身份塑造使得他们通过使用社交媒体获得的自我效能感也会更强。

人们关于自我的感知源于与他人之间的交流和互动,香港新移民群体也不例外。正如詹姆斯所言,“一个人,有多少人认识他,就有多少个社会自我”[①]。在下一章,我们将针对不同香港新移民群体如何利用社交媒体进行关系赋权展开具体分析。

---

① 郭建斌,吴飞.中外传播学名著导读[M].杭州:浙江大学出版社,2005:16.

第三章
社交媒体与关系赋权:香港新移民群际互动和社会网络

> 对移民的歧视并不总是根源于社会制度,媒体宣传和身份归属也会加深人们日常交往中形成的刻板印象。在香港,人们的刻板印象是根据起源地来编码的。
>
> ——Wong and Wan,2001:446-50

社会网络(Social Network)指社会个体成员之间因为互动而形成的相对稳定的关系体系;而社会支持(Social Support)指一定社会网络运用一定的物质和精神手段对社会弱势群体进行无偿帮助的行为的总和。媒介与社会的关系问题一直是学术界较为关注的核心议题。尤其是在新媒体时代,如何利用新媒体技术和工具帮助使用者获得新的社会资源和建构新的社会网络?本书所关注的正是社交媒体的接触和使用是如何影响香港新移民建立社会关系网络、获取社会支持的。本章主要围绕以下具体问题展开:社交媒体对于香港新移民群体而言,是更多地意味着促进新的社会关系的建立,还是维护原有的社会关系?社交媒体对社会关系网络的拓展具有何种意义?不同类型的社交媒体分别如何影响香港新移民的社会关系网络建构和社会支持获取?对于香港新移民来说,社交媒体所能提供的不同类型的社会支持获取,意义有何不同?以上这些都是跨文化传播学者在当前流动的社会传播语境中所思考的现实问题。在这一章里,笔者重点关注社交媒体如何帮助三类香港新移民在社会关系网络建构和社会支持获取两方面实现关系赋权,其中社会关系网络包括“内地—家乡”网络和“香港—本地”网络,社会支持包括工具性支持、资讯性支持和情感性支持。本章将围绕“家庭团聚型”、“投资商业型”和“知识优才型”三类香港新移民所面临的社会现实情况进行描述和再现,深度访谈和社会网络分析是本章主要运用的研究方法和资料来源。

一、“家庭团聚型”香港新移民:既坚固又脆弱的本地网络

从关系赋权的两个主题来看,访谈结果显示,首先,社交媒体对“家庭团聚型”香港新移民的社交关系建构和维护作用突出;更好地适应香港本地生活,是他们通过接触和使用社交媒体以建构、开拓、维护社会关系的首要目的,其次才是获取一定的社会资本。此外,在借助社交媒体获取社会支持方面,本地网络的重要性被认为高于内地网络。在三类香港新移民中,“家庭团聚型”香港新移民最多提及利用社交媒体获取情感性社会支持。综上,我们发现,“家庭团聚型”香港新移民在社交媒体的介入和帮助下,在本地和内地两方面的社会网络关系建构以及社会支持获取方面都有所提升,具体来说,与他们具有相似的背景、同样来自内地、身在香港的群体在其中发挥的作用更为突出。

(一)社会关系:血缘和地缘导向的在线社会关系建构

移民在社会流动中,从一个熟悉的环境来到陌生的异乡,涉及旧环境的脱离与新环境的嵌入。有学者认为,移民需要“顺应生活情境的变化而采纳新的媒介技术,为自己在移入地建构社会关系、社会支持的网络以降低自己对陌生城市的焦虑感和不适应感,从而更好地适应和融入新的社会生活环

境"[①]。在本研究中,大部分"家庭团聚型"香港新移民来自非粤语地区,对于他们来说,现实情况是要想完全融入香港社会,语言是一道不得不跨越的障碍:如果不能掌握英语,在香港则无法进入中上阶层;即使处于中下阶层,只会说普通话也依然会受到排挤。即使在香港居住了多年以后,这些"家庭团聚型"香港新移民所说的粤语也会带有一定的家乡口音,根据他们过往的生活经验,如果说有口音的粤语比说普通话更容易在香港"受歧视"。从访谈情况来看,社交媒体的开放性和社交性为他们的这种社会融入现状带来了一丝转机和赋权希望,但是从实际的赋权情况来看,这种问题仍然没有得到根本性的解决。

从社交媒体上各类香港新移民的社交情况来看,他们的社交网络普遍存在地域单一的特点,"家乡网络"是他们在社交媒体上维持的重要社会关系。早有移民研究学者发现,"孤独和陌生的环境使漂泊者的思想和感情指向他的故土。在新的环境下举目无亲突出了他与他离别的那些人的血缘关系"[②]。访谈显示,"家庭团聚型"香港新移民的社交媒体好友主要由三类群体组成:一是他们在香港的亲属(多数为一同申请来港的父母或夫妻);二是他们在香港新结交的朋友,以同样内地来港的移民居多;三是目前仍在内地生活的亲友。从这一点来看,"家庭团聚型"香港新移民利用社交媒体建构的社会关系既体现出"用新的技术和新的文化来强化老的社交习惯"[③]的特点,也再次印证了社会关系研究学者所提出的"同嗜性"交往模式[④]——人们更倾向于和那些与自己更加"相似"的人交往。

> "我几乎每天都会跟我在 WhatsApp 上的朋友聊天。我们有个群,微信上也有群,都是嫁过来这边的,大部分是我们老家那边过来的人,有时候会约出来吃饭,(我)还是觉得和老乡比较能聊。"(刘太太,38 岁,家庭主妇,来港 6 年)

---

① 管成云.网吧里的农民工——新媒体时代新生代农民工城市融入中的新贫困问题研究[J].新闻记者,2017(5):4-16.

② 帕克.移民报刊及其控制[M].陈静静,展江,译.北京:中国人民大学出版社,2011:43.

③ 克兰:文化社会学:浮现中的理论视野[M].王小章,郑震,译.南京:南京大学出版社,2006:31.

④ 卡斯特.网络社会:跨文化的视角[M].周凯,译.北京:社会科学文献出版社,2009:248.

"我有香港的朋友,也有内地来的朋友,毕竟在香港工作了几年,很多同事都知道我(是)从内地来的,Facebook 上经常会互动,但是有时候感觉跟他们还是有些距离。"(秦小姐,31 岁,保险销售,来港 7 年)

少数来港已经 7 年或以上的受访者,或是目前在香港读书的二代"家庭团聚型"香港新移民已经建立了一些本地的业缘社会关系,虽然他们不会经常在社交媒体上聊天,但是相比他们的父辈来说,这些年轻一代的香港新移民已经开始借助社交媒体构建本地属性的社会关系网络,在一定程度上拓展了自己的社交圈子。

"我 Facebook 上的很多好友都是香港的同学啊,他们知道我是内地来的,也有一些同学是跟我一样从内地来的,我和他们在微信上聊得比较多。(我)和香港同学也有加好友,但是聊得相对少一些。"(李小姐,15 岁,学生,来港 2 年)

对于"家庭团聚型"香港新移民来说,其核心网络依然由传统的血缘和地缘关系构成。当被问及在社交媒体上,他们大多与谁讨论家庭、工作、生活中的重要事情,或是最常与谁联系时,受访者的回答均指向了原有的"家乡"社会关系圈。"差序格局"的传统社会关系网特点,在"家庭团聚型"香港新移民在社交媒体上的社会关系建构中依然存在并被凸显。区别于西方社会的"团体格局",从个人出发推出的一圈圈波纹似的社会关系格局是"差序格局"的结构性特征。"差序格局"建立在中国传统的以家庭为基本单位的社会结构基础之上,在这种社会结构中,血缘是第一位的,再根据地缘、业缘等其他因素来划分远近亲疏[①]。另外,卡斯特认为,移动通信技术的扩散加强了家人、同龄人、朋友或者特定人群之间的交流沟通,同时加深并拓展了网络化的个人主义(Networked Individualism)的发展。[②] 在社交媒体的作

① 向璐.互联网影响下的乡村社会关系变迁——以江苏省某淘宝村为例[M]//姬广绪.网络与社会——互联网人类学研究前沿.北京:社会科学文献出版社,2018:32-41.

② 曼卡斯特尔,等.移动通信与社会变迁:全球视角下的传播变革[M].傅玉辉,何睿,薛辉,译.北京:清华大学出版社,2014:82.

用下,“家庭团聚型”香港新移民大多以一种更有选择性的方式与符合自身需求的社会关系节点进行交流和交往。

“在微信上聊得最多的还是家人,我爸妈还在内地,还有我姐姐、弟弟,都不在香港,我老公又比较忙,闲下来的时候就会聊微信。”(刘太太,38 岁,家庭主妇,来港 6 年)

“来这里几年没认识什么新朋友。虽然有一些同学是(在)这里认识的,但总感觉和他们聊不到一块儿吧,也不会在 Facebook 之类(的聊天软件上)和他们聊太多。”(宋小姐,20 岁,自由职业者,来港 4 年)

对于“家庭团聚型”香港新移民来说,他们利用社交媒体维护社会关系的首要目的是适应本地生活,而非获取社会资本或规划个人未来发展的方向。香港工联会副会长黄国健曾在接受媒体采访时提到,“家庭团聚型”香港新移民不适应香港生活的原因有很多,例如,内地学历在港不获认可无法找工作,离婚后在港无依无靠,年老父母过世后欲返回内地居住等;但依据现行规定,一旦领取单程证到港,便会被取消内地户籍,导致当地的各项社会福利尽失,令他们进退两难。失去流动性的生活现实,使他们亟须适应香港本地的社会关系网络,从这个意义上来看,“本地—家乡”网络的重要性不言而喻。

“因为粤语说得不好,一开始特别怕被歧视,所以我很少出门。后来有同乡介绍我找到工作了,也认识了一些新朋友,他们喜欢在 WhatsApp 上发语音,我也试着去说,现在基本上是没什么(语言沟通方面的)问题了。”(徐太太,47 岁,零售营业员,来港 9 年)

“刚开始(我)其实不太习惯香港的生活,而且那个时候(我)对自己以后的(发展)方向也很不清晰,所以特别需要人陪着聊天。后来(我)在几个微信群里认识到一些(同样)也是内地来的朋友,他们有一些在香港居住的时间比我长,对我很照顾。”(宋小姐,20 岁,自由职业者,来港 4 年)

同时,对于部分来自非粤语地区的“家庭团聚型”香港新移民来说,在香港生活期间,虚拟的社会交往也具有十分重要的意义。受到语言的限制,他们在现实生活中与香港本地人进行社会交往时往往“不太适应”,有时甚至会感觉到“自卑”,而社交媒体则为他们提供了“隐匿性”较强的、与本地人交往的空间。恰如爱德华兹所指出,语言具有“两个可分离的方面:交际和象征”①,在现实生活中,这些“家庭团聚型”香港新移民本身在香港缺乏深厚的社会关系基础,容易受到社会冷待和歧视,同时由于没有掌握基本的粤语语言技能,因而较难与本地居民产生紧密的交往关系,而社交媒体则在一定程度上为他们打破了这方面的牢笼和枷锁。

> “我会用微信跟老家的朋友和亲戚聊天。我有很多微信群,基本上(我)天天都会在上面和他们(指内地的朋友和亲戚)聊聊。”(关太太,46岁,家庭主妇,来港8年)
>
> “一开始(我)不太会说粤语,不太敢和香港人聊天,怕被人知道自己是‘新移民’,但是在Facebook上我就敢和他们对话,因为他们看不到我的身份,也不知道我的情况。”(张太太,39岁,家庭主妇,来港7年)
>
> “来香港之后(我)加了很多Facebook和WhatsApp的群组,里面有很多同学,很快(我)就认识了很多新朋友,而且跟他们聊天让我很快地学习了很多本地的流行语言和口头禅,(这)对我来说是最快掌握香港文化的一种方式。”(李小姐,15岁,学生,来港2年)

更为重要的是,恰如媒介研究学者所坚信的,“社会互动不一定意味着参与各方有着均等的表达或行动的机会”②。从访谈中笔者发现,对于“家庭团聚型”香港新移民来说,尽管社交媒体在理论上为他们与香港本地居民接触和交流带来了机遇,但是在实际的虚拟交往和互动过程中,大多数情况下仍是香港本地网民掌握了更大的话语主导权,社交媒体上的这种交往和互动对于两个群体之间的融合意义究竟有多少,有待考究:

---

① EDWARDS J.Language,society and identity[M].Oxford:Blackwell.1985:18.

② 夏瓦.文化与社会的媒介化[M].刘君,李鑫,漆俊邑,译.上海:复旦大学出版社,2018:31.

“有时候在 Facebook 上看到一些说内地的新闻,是假的、不真实的,我会评论澄清一下,但是很快就会有其他不认识的香港网民来回复我,语气通常是不太友善的,就会说我是内地来的‘奸细’‘间谍’之类的,说我混淆视听。就因为我说了一些他们不喜欢的、不想听的,或者和他们想象不一样的,他们就会攻击我,我觉得很恐怖,而且我不想被网友‘人肉搜索’出来,我就是一个普通学生,所以现在我干脆就不说话了。”(李小姐,15 岁,学生,来港 2 年)

在新媒体的作用下,个体与自身所处的生活环境之间的联系更加紧密。根据社会学关于社会网络的研究观点,处于“弱势”地位的社会群体应该借助大众媒介的作用实现更大范围内的社会互动。然而,现实情况却是,即使在相对平等和开放的社交媒体环境下,这些“弱势群体”所构建出来的网络也依然是范围相对较小的“熟人网络”。不难发现,“家庭团聚型”香港新移民在社交媒体上构建的社会关系网络具有满足生活需求、突出血缘和地缘关系两大特点。对于他们来说,最重要的生活需求就是尽快地适应香港本地的生活。实际上,社交媒体在帮助他们获得社会资本以及制订未来规划这两方面的赋权作用相对较小,“家庭团聚型”香港新移民的生活背景和客观现实使得社交媒体并未在更多方面为他们实现关系赋权。

(二)社会支持:情感为主、工具为辅的在线社会支持类型

结合访谈材料可以发现,对于“家庭团聚型”香港新移民来说,社交媒体主要提供的是情感性和工具性社会支持。在工具性社会支持方面,受访者提到,由于现在很多人都加入了各种社交群组,他们所在的群组也会提供一些工具性的资讯,群组成员多数和他们一样,没有摆脱香港新移民的标签身份,彼此之间互相帮助也是常有的事。

“我这个工作就是××介绍给我的,她是我在一个微信群里认识的,跟我一样都来自湖南。她来得时间比我长,后来她推荐我去这里工作。”(方太太,46 岁,美容师,来港 13 年)

“说实话,你让我和香港人去做朋友,我也(会感到)不习惯。

我们本身就有一群朋友嘛,互相帮助,有时候你帮我,有时候我帮你,大家来到香港都不容易,认识了新朋友也会把她拉到我们的群,然后她就可以认识其他人了嘛,我当初来的时候也是这样。"(刘太太,38岁,家庭主妇,来港6年)

同时,也有少数受访者表示,曾经利用社交媒体开拓自己在香港本地的关系网络以获得工具性社会支持(在求职、交友、融入社会等方面)。因此,尽管对于"家庭团聚型"香港新移民来说,社交媒体所带来的社会关系和社会网络变化并不明显,但也并非完全无用。社会学家认为,语言在社会领域中所发挥的作用不仅体现为对世界意义的建立与阐释,同时也意味着对人际关系的有效交流的保证。① 从这个角度来看,尽管大多数"家庭团聚型"香港新移民在香港生活的时间较长,但是一旦他们所说的语言被香港人识别出为"带有内地口音的粤语"时,他们所面临的建构社会关系的难度甚至比在香港说普通话的人还要高,社交媒体的匿名性可以在一定程度上帮助他们减轻这种心理压力和文化障碍,促进了他们在香港的结构性社会融合进程。

"刚来香港肯定是没什么本地朋友,但是工作了一段时间之后,多多少少会有一些本地的关系(指社会关系)。比如我的很多同事就是香港本地的,虽然说算不上经常联系,但是有个WhatsApp的群组,平时不上班的时候,一群人还是会在里面聊聊(的),需要帮助的时候和他们说一声,肯定也是没问题的。"(吴先生,50岁,出租车司机,来港11年)

"前年我小女儿刚出生,那时候我没过多久就要上班,找不到托管的地方,幸好我有个香港客户是香港人,她就是做幼儿托管这方面的,我在WhatsApp上联系了她之后,她很乐意帮我忙。要不是她的话,我和老公都不知道怎么办。香港人就是这样的,你跟他们熟了之后,他们也不是说那么冷漠。"(方太太,46岁,美容师,来港13年)

---

① 张碧.社会文化符号学[M].成都:四川大学出版社,2014:89.

在情感网络建构方面，“家庭团聚型”香港新移民表示，现在越来越习惯于在社交媒体上和朋友倾诉自己的心声，当遇到困难的时候，会首先在社交媒体上和好友诉说，倾诉的对象可能是家人或朋友，但多数是内地人，因为他们之间更加“同声同气”。同时，他们表示在社交媒体上最信任的人是那些跟他们一样从内地来香港的朋友，很多时候也是同住在一个小区的邻居，相比与远在内地的亲戚朋友交谈，他们更愿意向在本地生活的同时具有某种传统地缘关系的社交关系求助，因为“不想被家里人知道自己在香港过得不好”。社交媒体将身处其中的“家庭团聚型”香港新移民纳入一个相对弱化功利性质的虚拟社区中，为他们提供了一种在线的、开放的交往途径和空间，从而减少了因为现实社会交往困境而造成的心理融合不适感和孤立感，在一定程度上体现了社交媒体对“家庭团聚型”香港新移民在关系层面上的赋权意义和效能。

> “不是说香港人不好，但是他们有时候看我们的眼光还是不一样的。你去加人家（社交媒体账户），人家不一定乐意。我住的小区就（有）挺多嫁过来（香港）的，在 WhatsApp 和微信上聊得也多。”（徐太太，47 岁，零售营业员，来港 9 年）
>
> “来香港之后（我）很少回去（内地），不过时不时也会和他们（内地的家人、朋友）聊微信，现在这个通信技术很发达，不过聊得多的还是这里（香港）的人吧，既然来了（这里）你整天跟家里人唉声叹气有什么用？”（关太太，46 岁，家庭主妇，来港 8 年）

此前已有研究发现，对于女性“家庭团聚型”香港新移民来说，她们更倾向于从丈夫、家人和亲戚那里获取帮助。① 家庭成员是这一类移民主要的工具性社会支持提供者，而且所能获得的工具性支持远比情感性支持少。② 在本研究中，结合深度访谈我们发现，即使在社交媒体的介入和帮助下，女性“家庭团聚型”香港新移民通过亲友网络获取社会支持的这一特征也依然存在。

---

① 何雪松，楼玮群，赵环.服务使用与社会融合：香港新移民的一项探索性研究［J］.人口与发展，2009(5).71-78.

② 刘祖云.香港社会的弱势群体及其社会支持［M］.北京：北京大学出版社，2009：193-194.

对于“家庭团聚型”香港新移民来说，本地社会网络的建构非常重要，无论是工具性还是情感性网络，社交媒体都为他们拓展本地社会关系网络提供了新的路径，甚至是突破社会关系边界的可能性。然而，这种本地社会网络实际上仍然由传统的地缘网络组成，即本书中提到的“家乡网络”。笔者认为，导致这种现象的原因主要有二：首先，在三类香港新移民中，“家庭团聚型”香港新移民被区别看待的情况最为严重，他们想要单纯地借助社交媒体（或是其他媒介渠道）获取香港本地人的社会支持，存在较大的难度；其次，从媒介素养的水平来看，“家庭团聚型”香港新移民的整体年龄偏大，对社交媒体的应用仅限于日常沟通和常规关系维护，较少能通过社交媒体实现更大范围的社会支持获取和社会融合。

无论是情感性、工具性还是资讯性的社会支持，社交媒体对于“家庭团聚型”香港新移民都有着十分重要的意义。具体来看，“家庭团聚型”香港新移民通过社交媒体所构建的社会关系网呈现出一种“本地—工具”和“本地—情感”的区隔性特征，而这种网络本质上仍然是一种传统的、他们认为可靠的社会关系圈。这种本地社会关系网络既坚固又脆弱。与此同时，他们应该利用社交媒体拓展的是在原有的地缘关系基础上建立起来的在港关系网，也就是说，从帮助融入香港社会以及本地群体的角度来看，社交媒体并未给“家庭团聚型”香港新移民带来较大程度的赋权效应。

二、“投资商业型”香港新移民：“本地—工具”网络赋权需求突出

访谈显示，在“社会关系”的主题下，“投资商业型”香港新移民的社会关系建构和维护突出了社交媒体的作用，其中“本地”网络被提及的次数较多，而“内地”网络对他们来讲则相对没有被重视；在各类社交目的中，“投资商业型”香港新移民利用社交媒体获取社会资本是他们最主要的社交目标。在“社会支持”的主题下，“投资商业型”香港新移民借助社交媒体获得的社会支持从地域上看主要是来自本地的社交网络，包括“本地—香港”和“本地—家乡”的社会支持都非常重要；而在三种类型的社会支持中，“投资商业型”香港新移民通过社交媒体获取的工具性支持较多。总的来说，对访谈材

料的整理结果显示,“投资商业型”香港新移民在利用社交媒体进行关系赋权时有两大主要导向和特点——本地社会关系网络和工具性的社会支持。

(一)社会关系:以社会资本获取为导向的社交媒体使用和关系建构

从访谈情况来看,与“家庭团聚型”香港新移民相似,本地社会网络同样是“投资商业型”香港新移民在社交媒体上主要关注的社会关系类型,具体来看又包含“本地—香港”和“本地—家乡”两种网络类型。从社交目的来看,通过使用社交媒体获取社会资本是“投资商业型”香港新移民最主要的目标和动机;其次是满足和实现个人的发展规划。对他们来说,适应本地生活并不是使用社交媒体进行关系建构的主要目标,这一点与“家庭团聚型”香港新移民截然不同。

社会交往的过程和内容塑造了个体在新媒体环境下的角色特征。社会关系并不是一种静止的存在,师曾志等人认为,行动者之间要建立起良性的互动关系,其基础不仅包含行动者之间共同的利益目标,“还包括行动者需要在具体的实践行动中构建出一种相对稳定而且平衡的互动关系模式”①。作为“投资商业型”香港新移民,他们更善于利用社交媒体维护和开拓社会关系,社交媒体对他们的关系赋权功能更为显著。在这个意义上看,对于“投资商业型”香港新移民来说,由社交媒体带来的关系赋权,更多指向的是“新兴媒介使用者所构建出的一种新的社会关系网络”②。在“投资商业型”香港新移民的社交媒体网络中,不同年龄段群体之间存在比较显著的差异。年长一代的“投资商业型”香港新移民在社交媒体上拓展和维护的社会关系主要是香港本地人,以及跟他们类似的从内地投资移民到香港的人;而年轻一代的“投资商业型”香港新移民的社交媒体关系网则在前两者的基础上增加了在香港的外国朋友,从组成群体来看,年轻的“投资商业型”香港新移民在社交媒体上的社会关系网更为丰富和多样。

---

① 师曾志,金锦萍.新媒介赋权:国家与社会的协同演进[M].北京:社会科学文献出版社,2013:169.

② 林晓华,邱艳萍.赋权理论与彝族文化的网络传播——以彝族文化网站为例[J].西南民族大学学报(人文社科版),2018(1):161-166.

“我有几个朋友也是跟我一样从内地来香港的，大家在香港做生意的时候也会加一些新朋友，需要的时候也会互相介绍认识，所以就干脆弄了个群，时不时也会聊聊。尤其是今年香港的情况比较特殊，我们做生意的其实都很焦虑，互相之间会讨论，也会给（彼此）意见和建议。”（梁先生，49 岁，商人，来港 4 年）

“我在 Facebook 和 WhatsApp 上加的基本都是香港的新朋友，还有很多外国同学。香港的外国人很多的，只要你英语还可以，那就可以认识到新朋友。以前在国内（我）就比较少认识外国人，只会和同学聊微信。”（Lily，17 岁，学生，来港 4 年）

社会关系网络的建构集中表现为人际交往和传播的过程。个体的社会关系网络需要通过频繁和稳定的交往活动来拓展和维持。对于移民群体来说，这种融合的过程实际上就是“一个通过建构多元社会关系网络从而积累社会资本的过程”①。在社交媒体上，“投资商业型”香港新移民最主要的聊天和互动对象是在香港本地的朋友，本地化的核心网络建构效果比较好，但同时他们也没有放弃内地的网络，当看到内地的热点话题和新闻时，他们也会主动地与内地的家人和朋友在社交媒体上分享信息或表达自己的观点。本地与家乡社会关系网共同组成了他们的核心网络。网络社会中有一种“社交能力的转变”②，在网络传播技术的作用下，人们出于自身的需求、选择和喜好发展出新型的社交方式和社会网络，并因此打破了社会关系的组织性和空间性的界限。随着新媒体的发展，新媒体使用者所拥有的权力在社会关系中不断转移，对于“投资商业型”香港新移民来说，这种受到赋权影响的权力转移与赋权主体所具有的社会资本的资源大小和获取能力密不可分。

“（我们）都会聊，毕竟很多朋友都在内地。尤其是我们做生意

① 管成云.网吧里的农民工——新媒体时代新生代农民工城市融入中的新贫困问题研究[J].新闻记者，2017(5)：4-16.

② 卡斯特尔，等.移动通信与社会变迁：全球视角下的传播变革[M].傅玉辉，何睿，薛辉，译.北京：清华大学出版社，2014：123.

的，不会说来了香港就放弃上面（内地）的关系，维护这些关系都（是）很重要的，有微信的话很方便，有什么（想说的）直接发个微信过去。”（刘先生，54岁，商人，来港8年）

“（我）回到香港就找香港的朋友，回去就找内地的朋友。就算（我）有时候不在香港，也可以看他们的朋友圈。我有几个香港朋友都开朋友圈的，毕竟你要在香港住，肯定多一些朋友（是）比较好的。”（朱太太，51岁，家庭主妇，来港11年）

“（我）不会刻意去选择和是不是香港人聊天，和谁好就（和谁）聊得多。但是在香港时间长了，有什么事就可能首先还是（发）WhatsApp给香港朋友吧。”（袁小姐，25岁，自由职业者，来港8年）

但是，从社交媒体与“投资商业型”香港新移民的社会关系建构情况来看，社交媒体发挥的作用也可能是负面的、消极的。访谈显示，对于部分“投资商业型”香港新移民而言，对社交媒体的依赖不仅不能够帮助他们在香港构建新的在地的社交关系，反而会减缓他们的融入进程，因为他们过度依赖社交网络提供给他们的社交便利，因而不愿意尝试在线下生活中突破社交障碍。

“我一般在香港都是在微信上和朋友聊天，不太愿意出去，除非是约了一些老朋友吃饭和喝茶。我也没有在香港上班，没认识什么新朋友，很多朋友是我来香港之前就已经认识的。”（朱太太，51岁，家庭主妇，来港11年）

最后，从社交目的层面看社交媒体对“投资商业型”香港新移民社会关系建构的影响，大多数受访者都提到了与“社会资本”相关的社交目的。在各类社会资本中，“投资商业型”香港新移民主要借助社交媒体获取三类资本：一是具有“互惠互利”性质的文化性社会资本；二是基于信任关系的生意伙伴之间的社会资本；三是具有某种共同价值观和文化习惯的认知社会资本。

"我会有意识地去认识一些对自己有帮助的人。因为我自己是自由职业者,平时会帮一些杂志和报纸写东西,尤其是香港本地的人脉关系对我(来说)比较重要,所以我自己有一个 Facebook 的主页,(我)会在上面和网友互动比较多,也会去加一些陌生网友(做好友)。"(袁小姐,25 岁,自由职业者,来港 8 年)

"生意伙伴在香港肯定是很重要的。之前在内地(我)会用微信,在香港'入乡随俗'就学了用 WhatsApp,平时就是没有生意往来的时候也要去互动一下,做做关系维护。最好就是不仅是做生意,还可以做朋友。"(肖先生,50 岁,商人,来港 8 年)

"刚来的时候其实(是)碰上香港'本土思潮'最泛滥的时候,那个时候我其实感觉在香港(是)很孤独也很无奈的。后来幸好在 Facebook 上认识了一群年轻人,有些是我们学校的同学,有些是他们带来的朋友,都是信念和价值观比较一致的,然后我就发现其实不是所有香港年轻人都那么偏激和激进(的),慢慢就聊得比较多了。现在(我)也会经常周末约(他们)出来一起玩和吃饭,今年我们还一起在 WhatsApp 上组织过一次'反暴力'的游行活动。"(Sam,21 岁,学生,来港 9 年)

总的来说,"投资商业型"香港新移民在社会关系的维度上,利用社交媒体实现的关系赋权程度要比"家庭团聚型"香港新移民更高。其一,这得益于他们具有较高的社会经济地位,在香港生活过程中面对的客观问题和生活障碍较少,这使得他们可以在更高的层次上实现社交媒体对个人发展的赋能。其二,从赋能的主观意识和积极性、主动性情况来看,"投资商业型"香港新移民更有意识地借助社交媒体,帮助自己获取更多的社会资本;而当他们借助不同类型的社交媒体获取更多的社会资本后,又可以进一步提高自己对社交媒体的应用能力和媒介素养水平,形成"社交媒体使用—社会关系建构"的良性互动,在一定程度上帮助自己在香港构建社会关系,从而提高了在香港生活的结构性融合水平。

(二)社会支持:本地网络构成的"三位一体"多元支持种类

在社会支持的获取方面,访谈结果显示,"投资商业型"香港新移民利用社交媒体所获取的社会支持涵盖了工具性、资讯性和情感性社会支持三种类型,其中前两类社会支持被他们认为是通过社交媒体可以获得的更重要的支持种类。在网络维度的层面上,本地网络对"投资商业型"香港新移民的重要性远高于内地网络,"本地—香港"和"本地—家乡"网络是社交媒体可以为"投资商业型"香港新移民所提供的社会支持的主要来源。

从具体的社会网络类型来看,"投资商业型"香港新移民非常看重社交媒体在"本地—香港"网络方面的建构作用,并辅之以"本地—家乡"网络的拓展,尤其是"定居"的发展和生活规划使他们会有意识地积累一些在香港本地的社会资源与社会支持,特别是商业和教育这两方面的社会支持,被"投资商业型"香港新移民认为是借助社交媒体建构的"本地网络"所能提供的最重要的支持来源。正如梅洛维茨所说,"对于在社会中处于相同位置的人来说,他们所能接触到的场景或信息系统通常是相似的"①。社交媒体允许"投资商业型"香港新移民迅速地改变、发展、更新个人的社会关系网络,并且根据个体实际的需求对社会网络中的成员进行添加和删减。

"要想在香港做生意肯定要认识香港人。我来之前就有几个朋友是香港的,后来他们又推荐了一些新朋友给我,都有加WhatsApp和微信,需要帮忙的时候会在上面(社交媒体)找他们。"(肖先生,50岁,商人,来港8年)

"虽然也有一些朋友是投资移民(即'投资商业型'香港新移民)来香港的,但是他们跟我一样,不够了解和熟悉香港,所以还是想多认识一些本地的人。后来在我小孩的同学会和家长会里(我)认识了不少朋友,都加了WhatsApp或者微信,然后聊天聊多了,大家(就)都熟络起来了。有时候也会和小孩的同学们几家人一起约

① 梅洛维茨.消失的地域:电子媒介对社会行为的影响[M].肖志军,译.北京:清华大学出版社,2002:48.

出来吃饭聚会。”(伍太太,46 岁,家庭主妇,来港 9 年)

“我爸爸希望以后我可以去美国或者英国升学,所以我自己在 Facebook 上有加几个去了国外读书的人,多数是在国外读书的香港人,他们也愿意跟我分享在国外读书的生活和经历,这些对我规划明年的升学很有用。”(Lily,17 岁,学生,来港 4 年)

接下来我们具体分析一下“投资商业型”香港新移民在工具性、资讯性和情感性社会支持方面的获取情况。通过访谈可以发现,“投资商业型”香港新移民基于社交媒体开拓的工具网络主要由香港本地人组成,工具性主要体现在求职、交友、商业发展等方面,而且对他们来说,并不是所有香港本地人都是他们在社交媒体上重点发展的关系网络,他们希望可以认识一些跟他们一样来自社会中上阶层的、在经济和财富方面具有一定优势的本地人。这样一方面是为了在香港获得更多的社会资本,建构起对自己未来发展以及社会融合有利的关系网络;另一方面是他们认为尽管自己处于社会的中上阶层,但与此同时,内地人的身份使得中下阶层的香港人可能对自己存有一定的负面看法,他们习惯于从认知上把自己与这一类人群区隔开来。

“最近几年香港的房子是越来越贵,我们就打算再买一套房投资,所以香港的朋友推荐了很多中介给我们。后来他们就微信发了很多信息过来,有一个中介现在都做了朋友了,后来我有朋友再买房我也推荐给他。” (肖先生,50 岁,商人,来港 8 年)

“来香港之后认识的可能也是(经济条件)比较好的本地人吧,不是说歧视没钱的,其实是他们歧视我们(富人),会觉得内地的有钱人都(是)土豪什么的,你要是在朋友圈发一些什么东西,他们还会觉得你炫富。” (伍太太,46 岁,家庭主妇,来港 9 年)

“刚来的时候(我)没什么香港朋友。后来上学的时候(我)认识了很多朋友,然后加了很多 WhatsApp 和 Facebook 上的朋友,然后朋友之间又会通过群组和 Facebook 推荐什么的加了越来越多的人。现在我在香港有什么需要帮忙的都可以找到人,实在找不到我就发个 Facebook 让朋友帮我转发。”(Jimmy,28 岁,银行职员,来港 10 年)

在资讯性社会支持的获取方面,社交媒体的作用同样突出。虽然对于多数“投资商业型”香港新移民来说,他们整体属于“定居”而非“旅居”的移民性质,但是对于年长一代的移民者来说,内地的生意和投资对他们来说依然重要。因此,在涉及资讯性社会支持的获取问题时,“投资商业型”香港新移民会借助社交媒体扩大社会支持来源类型,除了“本地”网之外,社交媒体上的“内地”网络也为这一类型的香港新移民提供了强有力的资讯支持。

“(我)需要香港这边信息的时候就会用 WhatsApp 联系本地的朋友,想关注内地的东西就会看微信和朋友圈,(我的)手机上也有一些内地新闻的 App,毕竟我来香港的时间还不是特别长,还是想同时关注两地的信息,包括以前的和现在的关系的维护都很重要。”(梁先生,49 岁,商人,来港 4 年)

“投资商业型”香港新移民的社交媒体情感网络没有特定的地域特点,对于他们来说,无论是遇到困难需要求助,还是寻找信任的人倾吐心声,他们优先考虑的社交媒体倾谈对象都是“情境性”的,而不是地缘、业缘或血缘性的,即根据特定的生活情境来选择交流对象。从这个角度来看,社交媒体为他们的这种情境式社交选择提供了方便。虽然相比工具性和资讯性社会支持,“投资商业型”香港新移民对情感性社会支持的重视程度较低,但是从现实情况来看,由于他们在日常生活和媒体话语中也经常会遇到“被贴标签”的问题,通过社交媒体获得情感支持对他们来说也并非毫无作用。

“(具体)看情况吧,在香港遇到问题就跟这里的朋友说,如果是内地出了问题(我)就会找内地的朋友。”(梁先生,49 岁,商人,来港 4 年)

“微信和 WhatsApp 的好处其实就是你需要跟谁聊的时候都可以找到他们,谈心的话可能还是和以前的老同学比较能聊,因为都是比较熟的人。”(袁小姐,25 岁,自由职业者,来港 8 年)

有学者指出,“个体的个人地位获得与否决定了他进入某种特定社会关系网络的可能性”[①]。对于“投资商业型”香港新移民而言,比起血缘关系、地缘关系,便利的社交网络为他们提供了新的社会关系和社会支持网络,形成了全新的共同体模式,即“网络共同体”。翟学伟提出,中国人的交换资源可以分为先天和后天两大类:先天资源主要包括血缘、地缘、性别、年龄(辈分)、家世等;后天资源则有联姻、财产、地位、权力、关系、信息、品质等[②]。显然,“投资商业型”香港新移民所具有的后天性的交换资源比较丰富,这些交换资源影响了他们在香港生活期间所能利用社交媒体实现的关系赋权效果。总而言之,“投资商业型”香港新移民在获得香港居留身份后,他们当中的大部分人,尤其是二代“投资商业型”香港新移民会选择在香港定居,但是由于不少人之前对香港生活和本地文化的了解并不多,他们在融入本地生活的过程中会遇到一些困难和问题,社交媒体的使用在工具性和资讯性支持的网络层面上为他们实现了赋权,而这也是他们更为看重的网络拓展方面。总体而言,借助社交媒体,“投资商业型”香港新移民可以通过获取不同类型的社会支持实现一定程度的关系赋权。但是值得说明的是,经济互动的关系并不一定能够带来社会互动和社会空间的真实拓展。从访谈情况来看,社交媒体为“投资商业型”香港新移民所建构的社会关系更多停留在利益交换的层面上,而在情感和认知层面的交流较少,社交关系不具有长远的持续性和发展性。从这个角度来看,社交媒体的使用对于“投资商业型”香港新移民在关系赋权方面的实际影响应该被进一步评估。

三、“知识优才型”香港新移民:“本地—工具”和“内地—情感”网络初步形成

访谈情况显示,在“社会关系”的主题下,在借助社交媒体建构、开拓和维护的社会关系中,本地网络和内地网络的重要性相当;对于“知识优才型”香港新移民而言,个人发展规划是影响他们利用社交媒体进行社会关系建

① 翟学伟.中国人行动的逻辑[M].北京:生活·读书·新知三联书店,2017:295.
② 翟学伟.中国人行动的逻辑[M].北京:生活·读书·新知三联书店,2017:222.

构的首要目的，与此同时，社会资本获取、本地生活适应的重要性也较强。而在“社会支持”的主题下，“知识优才型”香港新移民认为通过社交媒体能够获得巨大的社会支持。在这些社会支持的来源中，受访者认为，本地网络和内地网络的社会支持都是十分重要的。综合来看，较强的“流动性”是“知识优才型”香港新移民借助社交媒体获取的关系赋权的最大特点。这种“流动性”一方面体现在该群体会根据个人未来的发展规划和生活地点选择不同地域的社会关系，另一方面体现在该群体的社会关系和社会支持网络呈现出“本地—工具”“内地—情感”相结合的特征。也就是说，在社交媒体的使用过程中，“本地—家乡”网络和“内地—家乡”网络对于拥有较高文化资本的“知识优才型”香港新移民来说，其主要作用是提供情感依赖方面的社会支持；香港本地网络则呈现出更强的工具性特点，由此带来的社会区隔或许将进一步影响“知识优才型”香港新移民在香港社会的结构性社会融入。

（一）社会关系：以流动和发展为导向的社交媒体使用和关系维护

香港是一座有着独特语言文化的城市，在这里，粤语尽管不是所有工作所必需的语言技能，但是会在潜移默化中加深非粤语地区群体在香港的漂泊感和异己感。对于“知识优才型”香港新移民来说，他们虽然普遍具备良好的英语听说读写能力，可以应对日常生活和工作的交流，但是如果不能够流畅使用粤语，则难以实现情感上的真正融合与认同。

首先，在三类香港新移民中，“知识优才型”香港新移民使用社交媒体的技能整体最高，对他们来说，社交媒体围绕社会关系建构对他们的关系赋权表现在两个方面：“本地”网络以工具性支持为主；情感性的网络依然由原有的、传统的家乡网络所构成。对于“知识优才型”香港新移民来说，他们在香港学习、工作和生活，有机会结交到大量香港本地的朋友，从地域组成来看，他们在本地的社交媒体圈子规模是三类香港新移民中最大的。总的来说，包括“本地—香港”、“本地—家乡”和“内地—家乡”网络都是“知识优才型”香港新移民在社交媒体上经常接触和联系的社会关系类型。从某种程度上来说，这反映了“知识优才型”香港新移民通过社交媒体获得的社会支持和社会资本最多。社交媒体可以说“契合了人们业已存在的潜在需求和网络社会的独特性”①。在社交媒体的介入下,“知识优才型”香港新移民得以重点开拓和维护符合自身特定需求的社会关系网络。

“我来香港之后新加的 Facebook 好友算下来应该有将近一百个,当然不一定都很熟,但是各行各业的人都有。”(Sarah,33 岁,会计师,来港 7 年)

“来了一年,主要添加的都是同学校、同专业的同学。不过我参加了一些学校的活动,也认识了不少人,(以)香港学生为主,他们也(都)挺友好的,我自己不会感觉被歧视或者排挤。”(Jacky,24 岁,学生,来港 1 年)

其次,“知识优才型”香港新移民的核心网络组成与前两类香港新移民类似,具有本地和内地的地域双重性。他们在社交媒体上讨论重要事情的对象既可能是本地人,也可能是与他们有着相似经历的香港新移民,或者是仍然生活在内地的家人和朋友。总的来说,当他们谈论不同的议题时,会首先想到不同地域的人。例如,有受访者提到,一旦在社交媒体上谈论政治,尤其是香港政治和“香港—内地”关系问题,他们更倾向于与同样来自内地的香港新移民朋友交谈,从而避免与香港本地朋友“意见不合”产生的矛盾。正如“情境的压力”所暗示的社会现实:“互动过程中的独特结构可以起到如控制我们行为那样的作用。”②

“我的室友就是香港人,也是我在 WhatsApp 上聊得最多的人吧。我们的关系很好,她的 Facebook(账号)也经常放我们的合照。但是(我们)也不是什么问题都能聊,他们对内地还是有点看法的,不聊那些(政治)话题就好了。”(Jane,20 岁,学生,来港 1 年)

“我有很多不同的群组,有内地的朋友群,也有香港的同事群,

---

① 卡斯特尔,等.移动通信与社会变迁:全球视角下的传播变革[M].傅玉辉,何睿,薛辉,译.北京:清华大学出版社,2014:125.

② 曼海姆.重建时代的人与社会:现代社会结构研究[M].张旅平,译.南京:译林出版社,2011:243.

聊得都很多。不过我们几乎不会谈论敏感(政治)的东西。”(赵先生,30 岁,建筑师,来港 2 年)

“微信和 WhatsApp 都是跟我男朋友聊得最多,他也是内地的,来香港读研究生之后毕业在香港工作。他会把他工作上的问题跟我说,毕竟我们两个都是内地人,来到香港更有共同语言吧。”(白小姐,26 岁,会计师,来港 1 年)

此外,相比“家庭团聚型”香港新移民更注重利用社交媒体建构社会关系以适应本地生活,“投资商业型”香港新移民更重视借助社交媒体进行关系建构与社会资本获取,“知识优才型”香港新移民在利用社交媒体进行关系建构和维护时,更多考虑的是个人发展规划问题,这也是他们使用社交媒体获取社会关系赋权的最主要目的。具体来看,社交媒体的这种作用主要体现在两个方面:一是由于部分“知识优才型”香港新移民在香港的生活属于“旅居”而不一定是“定居”,他们的流动性更强,这使得他们对未来的发展有很大的不确定性,而通过在社交媒体上与好友进行交流,“知识优才型”香港新移民对自己的发展规划有了更明确的想法;二是借助社交媒体,他们可以与不同地域的社会关系保持联系,结合自身的发展规划,他们可以在香港学习或工作的同时,获取不同领域和不同地区的资讯,尤其是职业发展方面的资讯,为以后进一步的“定居”或“流动”做更好的准备。香港在港内地毕业生联合会主席耿春亚曾经公开撰文称,以“自费型硕士课程”为主的内地来港学生对香港文化没有共鸣,只想来此寻找发展机会。这无疑代表了一部分“知识优才型”香港新移民的心态——寻求合适的发展机遇,一旦他们发现香港和他们原先想象的不一样,就可能继续开启下一阶段的流动生活,“漂”到其他地方或是回归内地。

“明年我就(在香港居住)满 7 年了,也在考虑是回内地还是继续在香港。这段时间尤其多地会和家里(指内地)的朋友、香港的朋友交流,微信或者 WhatsApp 用得最多,想听听不同朋友的看法,然后我自己再想想是去还是留。尤其是(我)看到今年香港的这个情况(指社会政治环境紧张),自己也没想好之后怎么走。”(曹小

姐,28 岁,广告策划,来港 6 年)

"我老公和孩子都在这里(香港),我应该会在香港定居。这些年我也认识了不少本地的朋友,刚来的时候(我)在 Facebook 上加了很多跟我一样澳洲毕业的校友,然后确实他们有给我(提供)很多帮助。"(Sarah,33 岁,会计师,来港 7 年)

"我老公是香港人,但是我是从广州来这里读书的,虽然(我)已经拿了永久居民身份,但还是觉得内地的发展形势会比较好,所以(我)有考虑之后会回去广东发展。我在微信上给他(指受访者老公)介绍了一些内地的朋友,我们也有微信群,希望可以有好的工作机会帮他找到,那我们可能就会考虑回去内地发展了。"(Natalie,29 岁,银行职员,来港 10 年)

由此可见,在"知识优才型"香港新移民看来,社交媒体是他们在香港生活期间用以建构和维护社会关系的一种工具,然而,他们利用社交媒体开拓和维护的社会关系类型在很大程度上取决于他们的未来发展规划——"定居"或是"流动",移民发展的方向影响着他们在社交媒体上对不同社会关系类型建构的偏好。从访谈情况来看,"知识优才型"香港新移民在社交媒体上的社会关系网络的丰富性和多元性的确是三类香港新移民中最高的,尤其是在与香港本地人有比较频繁接触的基础上,他们可以根据自己的实际需要,在社交媒体上发展和建立出自己需要的社会关系网络,从这个角度来看,社交媒体为"知识优才型"香港新移民实现了相对高水平的关系赋权,也为他们在香港实现更好的结构性社会融合提供了帮助。

(二)社会支持:社交媒体主导的"本地+内地"多元支持网络

从访谈情况来看,"知识优才型"香港新移民在获取不同类型的社会支持时,会分别向不同类型的社会关系求助,社交媒体对"知识优才型"香港新移民在香港生活期间获取的社会支持意义重大。

从不同网络类型所提供的社会支持情况来看,在社交媒体上,"知识优才型"香港新移民所建构的工具性社会支持网络,既有本地的,也有内地的,但主要是本地的,即生活在香港的朋友在社交媒体上为他们提供了更多的工具性社会支持。有不少受访者提到,这种支持主要是信息和资讯方面的,如生活信息、教育信息、医疗信息、就业信息、房屋信息等,这些信息对于他们更好地适应香港社会有一定的帮助。

"香港的朋友经常在 WhatsApp 上给我推荐各种信息,我觉得帮助还是挺大的,比如我的保险就是我的香港同事推荐给我的中介帮我负责的。"(曹小姐,28 岁,广告策划,来港 6 年)

"我觉得毕竟你要在香港生活,肯定需要一些比较了解这里的人帮你,所以香港的同事如果组织活动我也(会)很积极地去参加,然后添加一些新朋友,(这)对自己肯定是有好处的。我谈了几个男朋友都是香港人,后来他们的朋友,我也认识了很多,都有(在)WhatsApp 和 Facebook(上)加好友。"(包小姐,27 岁,企业职员,来港 4 年)

而"知识优才型"香港新移民在社交媒体上的情感支持网络则呈现出较为明显的"家乡"特征,即同样是来自内地的、目前在香港学习或工作的群体,以及目前仍然生活在内地的社会关系,组成了他们在社交媒体上主要的情感支持网络。这些与他们具有相似或相同生活经历和文化背景的群体,为他们提供情感方面的支持和满足,比如被需要、情感宣泄和情感支持等。而且从他们内部关系网络的具体构成来看,人与人之间的联系也是比较紧密的,即除了受访者本身外,在这个关系网络中,其他人之间也属于相对的"强关系"类型,在交往频率和深度方面都较高。

"谈心的话我会跟内地的朋友,他们比较懂我的生活苦恼——不是香港朋友不好,而是可能他们没法了解我们的处境和问题。我微信置顶的一个群就是在学校的几个同学,大家都是(从)内地过来的。"(Gibbon,25 岁,学生,来港 2 年)

"在 Facebook(上)一般我们都会展示比较好的一面。怎么说呢,可能也有一点要面子吧,不想被香港朋友觉得自己(是从)内地来的就不如他们,所以有些时候,真的很难过,需要人开解,还是首选在微信上找人聊天。有些时候是爸妈,有些时候不想爸妈担心就会跟以前在香港一起读书的朋友说,他们也是从内地过来读研究生然后留在这里工作的,(尽管)现在不经常见面,但是微信上的联系还是比较多。”(冯小姐,27岁,非政府组织成员,来港8年)

“我有几个微信群是聊得最多的,里面大部分都是以前中学的同学,多数都是读研的时候来了香港,有的已经嫁人了在这里,也有一些还在内地,大家相互之间都很熟,基本上天天都会在群里聊天和分享资讯。”(梁小姐,29岁,程序员,来港6年)

有研究发现,内地优才在移入香港后会在社会地位上出现“网络和阶级双重区隔的状况”①,不同的社会网络归属对他们来说有不同作用,这些优才会基于不同的目的适应与构建不同的网络。在本研究中,笔者通过访谈也发现,尽管社交媒体对“知识优才型”香港新移民来说在社会支持层面上能够实现较大的关系赋权,但是这种现实的网络与阶层区隔问题在社交媒体所搭建的虚拟空间中依然存在,“知识优才型”香港新移民在使用社交媒体与本地居民进行联系时表现出较为明显的数字区隔特征。在社交媒体上,“本地—香港”网络对“知识优才型”香港新移民来说,所能提供的工具性和资讯性社会支持较多;而当他们需要寻求情感性的社会支持时,“本地—家乡”或是“内地—家乡”网络组成的社会关系则是他们首要考虑的对象,社交媒体在短时间内难以帮助“知识优才型”香港新移民在香港打破社会交往的现实区隔。

四、三类香港新移民社交媒体与关系赋权的差异表现与原因阐释

从关系层面的赋权来看,社交媒体对不同类型香港新移民的社会关系建构和社会支持获取均有显著影响。社交媒体对不同类型香港新移民的社

① 徐盈艳,黄晓星.网络与阶层的双重区隔——内地优才在港融入网络的差异[J].南方人口,2016(5):14-23.

会关系网络和社会资本有积极影响，但是实证研究发现，社交媒体对于年轻的香港新移民群体来说意义更为重大——扁平化和相对匿名的社交网络为他们提供了一个在香港这个“异质文化”环境里共同生活的虚拟空间；尤其是对于一些在日常生活中难以和香港本地居民建立社会关系的香港新移民来说，社交媒体是他们在香港本地开展社会交往行为、拓展社会关系网络的重要渠道。然而，三类香港新移民的社交媒体关系赋权表现有着比较明显的群体间差异。

具体来看，通过接触和使用不同社交媒体，“家庭团聚型”香港新移民的社会关系网络建构呈现出一种较强的“本地—家乡”的结构特征。“本地”网络指的是那些生活在香港的人（未必是香港本地人），是他们在社交媒体上经常联系和接触的人；“家乡”网络指的是这些人和他们一样，拥有内地的生活和文化背景，以血缘和地缘关系为主，简单来说就是那些同样来自内地、目前也在香港生活的香港新移民。对于他们来说，社交媒体在关系维护层面上的最大作用就是帮助他们加强与这些“在香港的老乡”之间的联系。之所以如此主要有主观和客观两方面因素所致。主观因素包括：第一，部分“家庭团聚型”香港新移民来自非粤语地区，他们对香港地区的语言文化没有深入的了解，在这样的文化背景下，在香港这样一个有着极其深刻的粤语文化基因的城市里，对于“家庭团聚型”香港新移民来说，如果没有掌握粤语和英语，即使是在社交媒体上也很难拓展有效的社交关系；第二，“家庭团聚型”香港新移民整体上社会经济地位不高，相比建构香港本地的社会关系，他们更迫切希望提高收入、获得公共福利、解决住房等基本生活问题，在某种程度上，社交媒体对于他们来说，是一种使生活更便捷、帮助他们更容易融入社会的工具，而非一种开拓社会关系的渠道和手段。客观因素包括：第一，在各类香港新移民中，“家庭团聚型”香港新移民对家庭关系的依赖程度最高，他们大多脱离了内地的生活圈子来到香港，尤其是那些经由婚姻关系来到香港的香港新移民，他们几乎是孑然一身地移民到香港，要建立新的社会关系并不容易，这也造成了他们对家庭关系的高度依赖；第二，香港本地社会对“家庭团聚型”香港新移民的负面印象最多，社会话语中随处可见对这群香港新移民的攻击甚至“辱骂”，受此影响，“家庭团聚型”香港新移民不愿意也很难构建出比较丰富的香港本地关系网络,即使是在社交媒体上,这种由现实区隔造成的社交困境也依然存在。此外,在"家庭团聚型"香港新移民中,由年龄划分的社交媒体关系赋权代际差异同样存在,在利用社交媒体建构社会关系、获取社会支持的行动过程中,年轻一代,尤其是正在学习和工作的"二代家庭团聚型"香港新移民的表现要明显优于他们的父母辈。造成这种差异的主要原因是,相比他们的长辈,这些年轻的香港新移民通过在香港接受教育以及参加工作,与香港本地人建立了现实中的社会关系,这些关系在社交媒体上也得到了延续,从而使他们的社交媒体关系赋权有比较好的表现。同时,年轻的"二代家庭团聚型"香港新移民在内地生活期间已经接触和使用过比较多的社交媒体,如 QQ、微博、微信等,对于他们来说,社交媒体早已成为他们日常生活中不可或缺的一部分,因此即便移居到香港,社交媒体也依然能够作为他们开拓社交网络的重要工具。

相比之下,"投资商业型"和"知识优才型"香港新移民通过社交媒体建构的社会关系和获得的社会支持则具有更强的二元性:一方面,香港本地的社会关系网络对他们具有重要意义,是他们会利用社交媒体重点开拓的社会资源;另一方面,由于与内地仍然保持着密切的联系,甚至未来可能回归内地发展和生活,他们在使用社交媒体的过程中也从未忽略"内地—家乡"网络的重要性。具体来看,这两类香港新移民在社交媒体上的关系赋权表现又各有特点。

对于"投资商业型"香港新移民来说,无论是年长一代的"投一代"还是他们的"投二代"子女,社交媒体都为他们的社会关系建构和社会支持获取提供了便利和帮助,而导致他们这种在线社交积极性的原因又有所不同。对于"投一代"来说,为了能够获得更多的社会资本,从而为他们未来在商业发展和融入香港方面解决各种难题,他们会有意识地利用各类社交媒体,尤其是 WhatsApp 和微信来建构和维护自己的社会关系网络。同时,虽然他们已经移居到香港,但是部分"投一代"香港新移民在内地依然有自己的商业网络,对他们来说内地的社会关系网络同样十分重要,他们并不会因为来到香港生活就完全抛弃国内的社会关系。而对于"投二代"香港新移民来说,他们年纪较小(未满 18 周岁),而且大多随父母移居香港,香港本地的社会关系网络是他们成年后更为看重的社会关系类型,也是日常生活中为他们提供各类社会支持的重要来源,因此相比他们的父母辈,“投二代”香港新移民的社交媒体关系赋权“本地”特征更加显著,这与他们的生活轨迹和现实生活特点密不可分。

对于“知识优才型”香港新移民来说,影响他们在社交媒体上建构的社会关系类型、获取的社会支持的首要因素是他们流动和发展的规划和方向。那些打算长期在香港读书、工作和生活的“知识优才型”香港新移民,多半会有意识地建构更多的本地关系,其中以“同学”和“同事”为主的业缘关系是他们在香港在线社交的主要对象;而那些打算未来回到内地,或是继续出国留学深造的“知识优才型”香港新移民,香港对于他们来说仅是发展道路上的一个跳板,他们会利用社交媒体与不同地域的好友保持紧密联系,从而获得更多未来发展的机遇。尽管“知识优才型”香港新移民在社交媒体上构建的关系网络十分丰富,但也呈现出两个区隔性特征,分别是“本地—工具”和“内地—情感”。也就是说,当他们需要获取工具性的社会支持时,他们主要寻求那些具有“本地”性质的社会关系;而当他们需要情感性社会支持时,“内地”性质的关系网络对他们来说则更加重要。从访谈情况来看,造成这种现象的原因主要有三:第一,“知识优才型”香港新移民在香港大多处于在校学习或是在职工作的状态,所面临的现实性困难比较多,比如求职应聘、找房租房、寻求医疗服务等是他们经常会遇到的实际问题,对于他们来说,要解决这些现实问题,只能寻求那些在本地生活的朋友的帮助;第二,这些“知识优才型”香港新移民大多是社交媒体的“重度依赖者”和“重度使用者”,他们很早就接触和使用社交媒体,同时也倾听到许多香港本地社会关于内地和香港新移民的一些不友好声音,他们认为香港本地人对香港新移民的固有偏见和刻板印象,使得他们很难从情感上真正为香港新移民提供社会支持和帮助;第三,大多数“知识优才型”香港新移民在成年后(至少是上大学后)才来到香港,他们原本在国内就有比较稳固和紧密的社会关系网络,对于他们来说,这些社会关系网络依然能够提供强大的情感性社会支持。总的来说,以上种种表现证明了社交媒体对“知识优才型”香港新移民较大的关系赋权意义,但是这种社交网络的关系区隔特征,未来仍可能会进一步影响他们的结构性社会融入,也很难改变现实生活中社会融合的困境。

五、本章小结

香港这座城市,人口密集,文化多元。社会交往是普罗大众在日常生活中不得不面对的现实问题。尤其在香港这样一座繁华的现代都市,建立一个成熟有效的社交网络对于每个人来说意义重大。总的来说,社交媒体为香港新移民在网络资本的获取方面提供了一定的帮助。

在某种程度上,权力就是一种关于"关系"的能力。一直以来,关于"关系""网络"的讨论对于中国语境下的移民研究都十分重要。无论是从价值层面还是实践层面来看,"关系"对于整个社会以及身处其中的社会个体的重要性都不言而喻。社会交往是人类生活的基本内容,在社会变迁、人口流动、通信和传播技术发展等综合因素的作用下,社会交往正在不断地演进和革新。随着数字传播技术的不断发展,网络被认为是一种可以更多地为社会"相对无权者"形塑社会关系网络的权力来源。在这一过程中,部分移民可以在接触和使用社交媒体的过程中为自己的社会交往创造更大的便利,从而实现更高水平的关系赋权,增强结构性社会融合的表现。可以说,社交媒体在一定程度上重构了香港新移民的社会关系与社会结构,为其赋予了新的社会交往方式,在关系赋权的层面上创造了积极的意义。

从研究结果来看,在关系赋权的层面,不同类型的香港新移民在接触和使用社交媒体的过程中都会表现出特定个体需求驱动的行为特征,但无论对于哪一类香港新移民来说,与本地社会关系的互动,始终是影响和制约香港新移民在港关系赋权水平的重要参照指标。总的来说,"家庭团聚型"香港新移民借助社交媒体建构的社会关系呈现出明显的生活和业缘关系导向;而在社会支持方面,"家庭团聚型"香港新移民则主要通过使用社交媒体寻求情感方面的社会支持。对于"投资商业型"香港新移民来说,社会资本是他们更好地融入香港社会、获得发展机遇的资源,而为了获得更多的社会资本,他们会积极借助社交媒体开拓具有"本地"性质的社会关系。相较于"家庭团聚型"香港新移民而言,"投资商业型"香港新移民更看重香港本地社会关系为他们提供的帮助和支持——无论是情感性、工具性还是资讯性的社会支持。最后，对于“知识优才型”香港新移民来说，无论是“本地”还是“内地”的社会关系和社会支持，都是他们会利用社交媒体开拓和维护的社会关系类型。

正如卡斯特所说，技术正在改变人与人之间的关系，“关系”的内涵在新媒体时代被不断更新甚至重塑。在本章的研究中笔者发现，即使是在社交媒体上，社群成员之间的真实身份依然会束缚个体的自我表达，香港新移民个体间的互动关系和差序地位还是会体现出与现实社会关系一致的特征。在一定程度上，社交媒体的使用不但没有减弱反而增强了他们的这种表现。

从赋权的现状来看，受社会经济地位、本地关系网络结构特点等影响，“家庭团聚型”香港新移民在香港的融合路径相对有限，部分“家庭团聚型”香港新移民一旦在社会关系和社会交往过程中受挫，就可能退缩回原有的“同质化”群体内部寻求情感、心理和资讯等方面的支持。即使在社交媒体的作用下，他们也并未表现出因线下真实的社会交往受限而更积极主动地在社交媒体上建构新的社交关系；相反，受到现实因素的影响，他们可能会进一步在社交媒体的使用过程中表现出一种“内卷式”交往的倾向。

“投资商业型”香港新移民凭借较好的社会经济地位和原有的人脉资源优势，在利用社交媒体建构社会关系和获取社会支持方面表现出较大的积极性。尤其是在“弱关系”网络的建构和拓展方面，“投资商业型”香港新移民能够较好地利用社交媒体，以相对较低的成本为自身创造在线交往的机会。有学者研究表明，弱关系能够将不同的社会群体联系在一起，并在这些群体之间进行信息交换①，因此，弱关系通常被视为寻求社会资本的一种方式。“投资商业型”香港新移民整体上比“家庭团聚型”香港新移民更擅长利用社交媒体开拓和建构自己的“弱关系”网络，从而可以获取更多的社会资本，更好地融入本地社会。

对于“知识优才型”香港新移民来说，社交媒体为他们带来的关系赋权

---

① PUTNAM R D.Bowling alone：the collapse and revival of American community[M].New York：Simon and Schuster，2000.WELLS K.The strength of weak ties：the social networks of young separated asylum seekers and refugees in London[J].Children's geographies，2011，9(3-4)：319-329.

意义更为显著。首先,“知识优才型”香港新移民凭借自身娴熟的网络应用技术,在香港生活期间可以利用各类社交媒体建构、开拓和维护社会关系,无论是原有的“内地—家乡”网络还是新建立的“本地—香港”网络,“知识优才型”香港新移民都能利用社交媒体进行一定程度的拓展。其次,与“家庭团聚型”香港新移民相似,“家乡”网络是“知识优才型”香港新移民在社交媒体上建构和维护的重要社会关系类型和社会支持来源,差别在于,“家庭团聚型”香港新移民受客观条件的限制,在社会关系建构上缺乏获取本地关系资本的现实能力,而“知识优才型”香港新移民由于受到自身发展规划和生活流动导向的影响,在社会关系建构上更重视多元关系类型的拓展和不同社会支持来源的获取,“旅居”的移民性质使得他们的社交媒体关系赋权行为更具有灵活性。

在互联网的作用下,人们日常生活中的各个场域都会受到不同程度的影响,包括人与人之间的社交情境、社交方式、社会角色、交往规则、交往场景等。对于香港新移民来说,社交媒体对他们的“关系”影响相当突出。在本章中,借助深度访谈、问卷数据、社会网络分析等材料,我们看到了社交媒体对香港新移民关系赋权的影响。下一章我们将进入社交媒体与香港新移民赋权的第三个层面——政治赋权,展开关于社交媒体与香港新移民的政治赋权表现以及由此实现的社会融合的深入探究。

第四章
社交媒体与政治赋权：香港新移民政治权利和公共参与

按照马克斯·韦伯的经典定义，权力意味着“在一定社会关系里哪怕是遇到反对也能贯彻自己意志的任何机会”，是无条件的、强制性的政治力量，是特定社会环境下不断生产和固化支配与被支配的社会关系。

——马克斯·韦伯，2004：81

新媒体对公民参与的最重要贡献是为普通人争取表达和行动权力开辟了适宜的公共空间。尽管媒介技术的飞跃发展并不能在本质上改变社会的利益格局和权力体系，但这种相对去中心化的交往形式有助于增进建立在公民权利义务基础上的现代社会资本。

——胡泳，2008：27

政治并不只是一种议题，它决定了我们的生活方式。从“赋权”的定义可以发现，通过一定的、有效的手段使赋权对象获得主体意识，提高自身积极性，增强这些赋权对象达成某种意愿或实现某种权利的能力，是赋权的重要目标。师曾志等人认为，社会赋权的最终目的在于“增强人或组织社会政治参与的能力，进而影响社会政治结构的权力分配，并对社会政治资源的分配方式和结构产生影响,最终达到一种相对公平的社会状态"[①]。而社会赋权需要建立在技术赋权的基础上,也就是说,只有当技术以及相关的平台和应用工具都发展和成熟到了一定阶段,技术赋权以及由其带来的社会赋权才有了可以实现的根本前提和必要基础。基于此,从本质上来讲,本研究所关注的核心议题之一——社交媒体与移民赋权的关系探究,实际上可以被理解为一种"技术赋权"范式上的学术讨论。技术赋权的逻辑思路呈现为"技术赋权—个人赋权(形象与认知)—关系赋权(关系与支持)—政治赋权(权利与参与)"。近年来,香港社会出现了"泛政治化"的现象,对于香港新移民来说,毫无疑问,政治赋权能力的高低将对他们在香港的社会融合表现有深刻影响。本研究正是沿着"技术"和"政治"的双轨脉络,将社交媒体技术的采纳和政治权利的实现视为两条了解香港新移民群体在香港参与公共生活的路径,从三类香港新移民的社交媒体与政治赋权切入,重点结合观察和访谈中所获取的实证材料,以及近年来在香港发生的关于内地新移民的争议性公共事件案例,归纳总结出不同类型的香港新移民当前在社交媒体政治赋权方面所表现出来的差异,以及由此影响的香港新移民在社会融合方面的表现。

一、"家庭团聚型"香港新移民:"失权""缺权""弃权"问题固化

从政治赋权的情况来看,"家庭团聚型"香港新移民的社交媒体赋权表现有几个特征:其一,在"政治参与意愿"主题下,他们利用社交媒体在阅读和分享政治、公共新闻方面的积极性较高。其二,在"政治参与能力"主题下,"家庭团聚型"香港新移民同样表示社交媒体对于他们在阅读和分享政治、公共新闻方面的能力提升帮助较大。其三,在"政治效能感"主题下,除了选举投票外,对于"家庭团聚型"香港新移民而言,接触和使用社交媒体都让他们在某种程度上感受到他们能够对政治活动产生一定的影响力。其四,在"政治参与方式"主题下,"家庭团聚型"香港新移民通过接触和使用社

① 师曾志,金锦萍.新媒介赋权:国家与社会的协同演进[M].北京:社会科学文献出版社,2013:31.

交媒体参与的政治活动主要还是阅读和分享政治、公共新闻。综上,我们可以发现在利用社交媒体进行政治赋权时,“家庭团聚型”香港新移民的表现存在一定的局限性,这种局限性主要体现在他们具体的参与方式和参与活动类别上。“家庭团聚型”香港新移民要想通过社交媒体实现更大程度的政治赋权,仍需付出更大的努力。总的来说,“家庭团聚型”香港新移民在政治参与方面的“失权”和“缺权”问题,并未因接触和使用社交媒体而发生实质性改变。

(一)政治参与意愿:以政治新闻接触为主的多媒体平台政治参与

公民的网络政治参与意愿在一定程度上反映了公民对网络的认识和态度,继而影响他们的网络行为。当公民认为网络参与可以促进公共发展时,他们可能会表现出强烈的政治参与意愿和积极的政治参与行为。在参与意愿的层面上,使用社交媒体并未给“家庭团聚型”香港新移民带来实质性的赋权意义。这主要体现为两个方面:一是从政治参与的类型来看,目前“家庭团聚型”香港新移民在社交媒体的使用过程中,仅对政治和公共新闻的阅读和分享表现出较强的参与意愿,整体来看,“家庭团聚型”香港新移民尚未培养出利用社交媒体进行公共和政治参与的赋权意识;二是从访谈情况来看,受访者对“社交媒体”的认知和定位仅限于将其视为一种提供信息的工具,而对利用社交媒体实现自我赋能、创造政治和公共参与机会等,仍然缺乏一定的意识。

首先,从政治参与意愿来看,“家庭团聚型”香港新移民整体的政治参与意愿较低,唯一表现出有一定兴趣的政治活动类型是通过社交媒体阅读并分享与政治和公共议题相关的信息,但是从访谈情况来看,他们阅读和分享信息的首要目的并不是为了满足或实现政治、公共等方面的诉求,而是将其视为一种社交的方式,以及与朋友、家人、同事交谈的“话题”:

“我会关心一些政治新闻,因为学校老师有时候上课会说,同学们也会偶尔聊起。(我)会上 Facebook 看看,但是我自己其实没什么兴趣。”(李小姐,15 岁,学生,来港 2 年)

"我对政治不感兴趣,没有时间关心这个,这个不是我们应该去关心的事。如果刷朋友圈看到了(我)就会看一下,反正就是了解一下就可以了。"(刘太太,38 岁,家庭主妇,来港 6 年)

"在 Facebook 上(我)如果发现比较重要的(信息)可能会分享给朋友看看,或者他们也会分享出来,但我也不会每一条都点开,看看是不是和我有关的,有关系的话可能会看一下。说实话,很多政治新闻,我觉得和我们普通人的生活距离特别远,只有香港人才会热衷于'搞政治'。"(秦小姐,31 岁,保险销售,来港 7 年)

有受访者特别提到,在社交媒体时代,信息的更新换代速度极快,一个政治议题可能在短期内引起他们阅读和分享的兴趣,但是这种热情和积极性所能维持的时间有限,尤其是对于生活压力较大的"家庭团聚型"香港新移民来说,他们的注意力很难长时间聚焦于社交媒体上的某个政治公共事件,一旦有新的社会焦点话题出现,他们的注意力很容易被转移。

"什么话题多人关注的,我也会跟着去关注,就像是微博的'热搜'、Facebook 的热点主页之类的,但是这些热门的东西不断在变,大家没有时间去一直跟进(热点事件),所以我很少去讨论,会看看然后最多就是分享一下。反正大家关注的东西真的是不断在变化,今天说高铁明天说'逃犯'(指 2019 年 5 月开始的香港'反修例事件'),(人们)很难对哪个事件一直感兴趣,除非是对社会影响特别大的。"(宋小姐,20 岁,自由职业者,来港 4 年)

"不是说不想关心政治,而是在香港生活压力是很大的,我们还得考虑工作、住房、生活的问题,与其去参加一些无关痛痒的政治话题讨论,我有时间还不如上网多关心一下有什么好的资源可以赚钱。"(秦小姐,31 岁,保险销售,来港 7 年)

但是,也有个别受访者提到,虽然他们认为政治问题并不与他们的生活息息相关,但是一旦社会政治环境恶化,就可能会影响到他们的经济收入和生计,在这个时候他们就会更积极地去发声和关注政治问题。

“其实我一直都是不关心政治的,普通人,老百姓,不要去管这个。但是今年香港真的是太夸张了,天天搞(指游行示威等聚集活动),搞到没有人敢来旅游,酒楼都停了两个礼拜没开门,我当时真的很害怕酒楼都会倒闭,那我们就‘手停口停’(指没有收入)。如果真的会影响到我的生活,那我就会站出来。”(张先生,51 岁,厨师,来港 11 年)

其次,从主观认知来看,“家庭团聚型”香港新移民认为社交媒体不会从根本上改变或提高他们的政治参与意愿,受访者普遍认为,相比政治和公共事务,他们对经济、就业、社会保障的问题更为关注,经济上的劣势压抑了他们的政治兴趣。对于“家庭团聚型”香港新移民而言,社交媒体没有如预期那样为他们提高政治参与意愿和发展民主意识带来帮助,其中一个很重要的原因是,与政治进程的疏离使社交媒体促进政治民主发展的潜力受到限制。在“家庭团聚型”香港新移民看来,政治参与意愿的提升需要从根本之处着眼——提高他们的社会经济地位和收入水平,才有可能让他们产生更大的政治参与热情与兴趣。

“政治的事情很复杂,不是我们讨论几句就会改变的。那些年轻人喜欢在网上发声,看着像模像样的,但其实真的改变政治的还是那些有钱有权的人。有多少议员、官员会关心我们在网上怎么说?还不如不要乱说,根本也没有意义。”(吴先生,50 岁,出租车司机,来港 11 年)

据笔者观察发现,“家庭团聚型”香港新移民在社交媒体上分享的内容以生活化、个人化信息为主,较少分享公共、政治类的新闻和内容,尽管社交媒体客观上为他们提供了政治参与的机会和平台,但实际上他们的在线政治参与意愿并不高。

由此可见,从政治参与意愿来看,社交媒体对“家庭团聚型”香港新移民的政治赋权作用有限。尽管如此,社交媒体对他们来说也并非毫无用处。社交媒体为他们提供了政治和公共生活方面的信息,为他们搭建了分享这些信息、参与政治公共生活的机会和平台,尤其是对于年轻一代的"家庭团聚型"香港新移民来说,这种社交媒体政治赋权的意义相对更为突出。

(二)政治参与能力:局部的、不均衡的社交媒体政治参与现状

从政治参与素养和参与水平来看,受文化和经济水平的限制,目前绝大多数"家庭团聚型"香港新移民仍未能通过社交媒体提高政治参与能力。在利用社交媒体投票选举、讨论公共事务、阅读和分享政治新闻等方面,受访者普遍认为自己的参与积极性并不高。从整体上看,缺乏参与自信是这一群体在政治参与能力上的一个突出表现,其原因可归结于政治赋权意识的整体缺乏,表现在局部的、不均衡的社交媒体政治参与现状。

从政治参与类型来看,如果说在政治参与意愿的层面上,"家庭团聚型"香港新移民还表现出对阅读和分享政治新闻并存的较为强烈的兴趣,然而在他们看来,他们的政治参与能力仅在分享政治和公共新闻方面更为突出。不少受访者都认为,政治新闻与其他类型的新闻信息不同,在阅读和理解这些信息时需要有比较多的文化知识储备,而他们自认为"不具备"这种能力,政治参与信心不足导致他们在接触和使用社交媒体时,很少有意识地提高自己的政治参与能力,使得自身的政治参与能力难以得到提升。

> "看新闻不等于懂新闻。我们不是什么文化人,政治新闻也就是看看,我觉得自己用 Facebook 也好,用微信也好,其实(它们)就是一种方便自己生活的工具,不会觉得用多了就会提高能力。我觉得大多数人都是这样的,对于大学生来说可能会好一点。"(秦小姐,31 岁,保险销售,来港 7 年)

而对于选举投票、公共事物讨论这两类"家庭团聚型"香港新移民本身就不具备较强参与意愿的政治活动形式来说,受访者认为单纯地依靠使用社交媒体来提高这两类政治活动参与能力的可能性不大,他们自认为在这两方面的政治参与水平较低。

> "难道我们在网络上去讨论几句就可以提高自己的能力?这

样的话谁还要去读大学呢？我自认是没这个‘水平’,我兴趣也不大,最好别说话。”(张先生,51 岁,厨师,来港 11 年)

此外,社交媒体由于具有相对开放的话语特点和较低的进入门槛,被认为对提升他们分享政治新闻和参与部分公共事务讨论两方面的能力有帮助,但是不少受访者也提到,这种帮助的意义不大,仅仅是浅层的、微弱的帮助。一如政治学家詹姆斯·菲什金所说,“不应该鼓励人们就某一问题直接发表不成熟的个人意见,而首先应该在互动的环境下,让人们就这一问题接受新信息的挑战,进行思考,并参与讨论”①。也就是说,在缺乏对议题有比较深入的接触和了解的基础上,“家庭团聚型”香港新移民参与政治讨论所产生的积极意义实际上是有限的。

“我觉得社交媒体就不是用来搞政治的,在香港可能还会好一点,自由度大,但是感觉大家‘乱说’的情况也比较多。有的人经常去分享、经常去讨论,但不能说他们就是懂这个,就是政治参与的能力高。”(徐太太,47 岁,零售营业员,来港 9 年)

“偶尔我也会上 Facebook 看看社会新闻和政治新闻,但是不算深入了解,基本的、热点的问题(我)还是知道的。”(方太太,46 岁,美容师,来港 13 年)

社交媒体则为传统意义上的政治参与弱势群体——“家庭团聚型”香港新移民提供了政治参与基础,使得他们可以以较低的成本接触到政治公共信息,从而激发和促进他们进一步参与公共事务的讨论。然而,政治公共生活的有效参与需要参与者掌握一定的沟通技能,具备批判性思维能力,正如郑永年教授所指出的,“许多处在下层阶级的人无法参与公共交流和政治活动,也无法用他们的语言来发出他们的关切和需求”②。总的来说,社交媒体对“家庭团聚型”香港新移民在政治参与能力层面上的政治赋权意义不大,对于他们来说,社交媒体提供了分享政治信息和讨论公共事务的平台,但是

① 班尼特.新闻:幻象的政治[M].杨晓红,王家全,译.北京:中国人民大学出版社,2018:300.
② 郑永年.技术赋权:中国的互联网、国家与社会[M].邱道隆,译.北京:东方出版社,2013:102-103.

这种参与积极性的提高以及参与门槛的降低并不意味着参与者自身参与能力的提高。“家庭团聚型”香港新移民借助社交媒体实现的政治参与能力提升效果仍然相当有限。

(三)政治效能感:社交媒体主导下的信息利用提供了最大的政治效能感

政治效能感指个体所能感知到的自己对政治生活的影响力大小。“家庭团聚型”香港新移民在社交媒体上获取的政治效能感主要来源于对政治新闻的阅读和分享,而对于其他类型的政治活动,“家庭团聚型”香港新移民认为社交媒体带来的政治效能感获取效应则相对较小。

首先,如上文所述,“家庭团聚型”香港新移民在选举投票、公共事务讨论等方面的政治参与意愿和参与能力偏低,这也导致他们直接的政治参与行为不多,他们通过社交媒体获取的政治效能感整体偏低。长远来看,政治效能感偏低也会反过来限制他们的政治参与意愿,并最终对政治参与能力的提升形成阻力。

“(我)不会觉得自己在网络上的言行真的会对社会的政治问题有什么具体的影响。(在)我身边像我这样的家庭主妇对网上讨论这些话题的兴趣就不大,更不用说实际会带来什么影响了。生活中还有很多事情要烦的,不要总搞这些(政治)。”(张太太,39岁,家庭主妇,来港7年)

“现在特别多人,尤其是一些‘愤青’喜欢在Facebook上讲政治,但是真的有用吗?还有网上经常有人发起一些投票的帖子,但是你看不同的人发起的这些网络政治投票的结果又会差很多,所以有什么意义呢?网上的东西听得越多(就会越糊涂),在生活中已经看不懂政治、看不懂这个社会了。”(李小姐,15岁,学生,来港2年)

然而,社交媒体对“家庭团聚型”香港新移民的政治效能感赋权并非毫无作用。在访谈中也有个别受访者提到,得益于社交媒体,他们认为自己接触和阅读政治新闻的便利性大大提高了,而且可以很方便地将新闻分享出去,在某种程度上,他们认为自己的这些行为对香港本地的政治会产生一定的影响,尽管这种影响被认为是微乎其微的。

> “我觉得社交媒体对我最大的影响就是我了解信息方便了很多,因为光看电视只有半小时或者一小时,讲不了很多问题,但是社交媒体可以挑自己喜欢的去看。比如去年关于高铁的讨论,我其实是比较关心的,我是希望高铁可以来香港的,这样经济繁荣一点,然后我们的生活水平和收入都可以提高。如果是这么看的话,我觉得用这些媒体对我了解政治问题还是有些帮助的。”(方太太,46 岁,美容师,来港 13 年)

例如,“同根社”是由内地新来港妇女于 2000 年自发组建的一个专门针对“家庭团聚型”香港新移民(尤其是女性群体)生活、福利、融入等问题的香港民间组织(官方网站 http://tonggen.org.hk/),这一组织在香港具有较高的知名度,也在“家庭团聚型”香港新移民中有比较大的影响力。在社交媒体(如 Facebook)的助力下,“同根社”成为香港民间知名的非政府组织之一。

图 4-1　“同根社”Facebook 主页截图

浏览“同根社”的 Facebook 主页,我们会发现,无论是从发布频率、关注人数(仅有 1423 人,截至 2019 年 12 月 30 日)还是点赞、评论、转发量来看,“同根社”Facebook 尚未真正发挥社交媒体的优势,为自己所代表的香港新移民发声。首先,随机抽取一些“同根社”Facebook 发布的内容可以发现,在帖子下评论和留言的并不以香港新移民为主,而是一些带有“反香港新移民”情绪的香港本地青年。从他们的回复可以发现,香港本地人对于“同根社”的发声并不认同,而且可能会通过一些舆论暴力的方式攻击“同根社”及其成员。社交媒体尽管在理论上为香港新移民提供了公共参与和表达的机会,但是真正愿意倾听他们声音的人并不多,这在一定程度上降低了“家庭团聚型”香港新移民在社交媒体上所能获取的政治效能感。其次,“同根社”成立至今已有二十余年历史。过去十年,是社交媒体蓬勃发展的“黄金时期”,但是可以看到“同根社”在 Facebook 上发布内容的频率并不高,活跃度较低,他们的服务群体——“家庭团聚型”香港新移民对这一平台的黏性也不高。从转发和评论的情况来看,与深度访谈的结果一样,尽管从信息获取的便利性和丰富性来看,社交媒体为“家庭团聚型”香港新移民带来了一定的政治效能感的提升,但从政治参与意愿和行为来看,包括 Facebook 在内的社交媒体并未真正为“家庭团聚型”香港新移民实现政治赋权。

最后,在政治效能感赋权的层面上看,尽管社交媒体对“家庭团聚型”香港新移民来说有一定的积极作用,但是也有受访者提到,由于缺乏政治和相关学科的知识背景,尤其是法学方面的知识,当讨论政治问题时他们认为自己的观点也“不一定正确”,其结果是:即使社交媒体提供了一个开放的政治讨论空间和生态环境,“家庭团聚型”香港新移民能够利用社交媒体获得的政治效能感实际上也十分有限:

> “我也试过在 Facebook 上参与一些政治问题的投票,然后分享过一些新闻,虽然不是很频繁,但是我觉得如果那个问题是跟我切身利益特别相关的,我自己的这些行为会让我觉得能够‘改变’一些东西,至少你去参与了可能会比较好。”(方太太,46 岁,美容师,来港 13 年)
>
> “有时候(我)也很想在 Facebook 上面说一些自己的观点,但是怕自己会说错。”(李小姐,15 岁,学生,来港 2 年)

尽管有学者提出,“只要互联网保持其开放性,就能降低政治传播的成本，帮助公众用快速、低廉和有效的方式与其他人沟通”①，然而，实际上这种政治沟通和政治参与的效果与他们交往和沟通的对象有关，当政治沟通无法在存在政治意识分歧的群体间有效开展时，此时的政治传播并不能从根本上提高参与者的政治效能感。社交媒体所具有的平台开放性、互动性和相对平等性，为“家庭团聚型”香港新移民提供了增强政治效能感的机会，然而总的来说，这种影响整体上仍处于较低的水平。

（四）政治参与方式：私人化、圈子化的政治信息分享与政治讨论参与

从政治参与方式来看社交媒体与“家庭团聚型”香港新移民的政治赋权情况，一般而言，政治效能感强的人比政治效能感弱的人会更积极地参与政治。根据古铁雷斯等人的观点，对于赋权来说，行动和行为层面的改变是赋权的重要内容。通过反思行动（实践），个人可以采取行动策略并培养必要的资源、知识和技能，以影响内部和外部结构。② 从政治参与类型来看，“家庭团聚型”香港新移民在社交媒体上的政治参与行为以政治信息的阅读和分享为主，这些行为表现出较强的私人化和圈子化的特点，即他们很少在公开场合下或者大范围分享这些信息，只会在特定的“圈子”“群组”里进行信息分享，而且整体来看这种分享和表达的频率也不高。在具体行为的层面上，“家庭团聚型”香港新移民的政治参与仍处于较低的水平。

有学者认为，“新媒介大大拓宽了用户所能通过媒介实现的功能和活动范围，除了接触和阅读信息，他们还可以在媒介平台上参与讨论、贡献自己的思想”③。然而，访谈结果显示，“家庭团聚型”香港新移民，尤其是年长一代，他们极少在社交媒体上公开发布、评论或转发香港本地的公共新闻，即使是热门话题，他们也很少会发表自己的意见。在他们所发布的朋友圈中，内容大多是生活、养生、家庭、亲子等方面的主题，这并不是因为他们不关注

① 班尼特.新闻：幻象的政治[M].杨晓红，王家全，译.北京：中国人民大学出版社，2018：33.

② GUTI? RREZ L M, DELOIS K A, GLENMAYE L. Understanding empowerment practice: building on practitioner based knowledge[J]. Families in society: the journal of contemporary human services, 1995, 76(9): 534-542

③ 柯兰，芬顿，弗里德曼.互联网的误读[M].何道宽，译.北京：中国人民大学出版社，2014：88.

新闻,而是他们认为发表这些跟自己的生活没有太大关系。

"我不会发这些新闻,看了知道发生什么事就可以了,转不转没什么影响,而且朋友圈发这些好像也不好,我就发发平时自己的生活。"(刘太太,38岁,家庭主妇,来港6年)

"我不经常发朋友圈,偶尔发的话就发一下我和家人、朋友假期的生活,(内容)也(是)很简单的,不讲政治。"(张先生,51岁,厨师,来港11年)

也有学者认为,"当电子手段被用于扩大公民的参与和商讨的时候,新技术将有助于提高民众对地方政府的参与度"①。然而从访谈情况来看,对于近年来备受关注的陆港关系以及香港本地政治议题,"家庭团聚型"香港新移民几乎不会发表看法和意见。究其原因,一是因为他们觉得自己的香港新移民身份比较尴尬,不想因为发表与香港本地人不一致的意见而遭受网络暴力;二是大多数"家庭团聚型"香港新移民的社交媒体好友都很少讨论政治,因此他们自己也刻意回避这些问题;三是不少受访者都提到,他们好不容易来到香港,而且需要经过相当长一段时间才能被本地人接纳和认可,他们不想因为在社交媒体上谈论这些相对"敏感"的话题而破坏自己与香港本地朋友之间的社交关系。由此可见,对于"家庭团聚型"香港新移民来说,社交媒体政治参与方式的相对单一主要源于其主观参与意愿不积极。

"我没有在网上评论过(公共新闻),说错话可能被网友骂。"(张太太,39岁,家庭主妇,来港7年)

"评论了也不会改变我们的生活,为什么要多此一举呢?还可能会给自己惹麻烦。现在的网络暴力很可怕,我不想被人肉。"(宋小姐,20岁,自由职业者,来港4年)

"我WhatsApp和微信的朋友都不会公开评论的,觉得去评论这些事显得很奇怪。"(秦小姐,31岁,保险销售,来港7年)

"我的Facebook有不少香港的同学和好友,我不想因为说错话

① 卡斯特.认同的力量(第二版)[M].曹荣湘,译.北京:社会科学文献出版社,2006:407.

而被同学们觉得我是另类的人,我还是想和他们好好做朋友。"(李小姐,15岁,学生,来港2年)

首先,从政治层面的赋权情况来看,以社交媒体为代表的新媒体在一定程度上促进了"家庭团聚型"香港新移民在香港生活期间的公共参与水平。访谈结果显示,"家庭团聚型"香港新移民在阅读到与自己切身利益相关或是自己非常感兴趣的政治话题时,他们也会主动去分享这些信息,但是这种分享并不会完全公开,更多是分享到一些熟人的群组中,如家庭群、同事群、朋友群,因为这样可以减少由于自己的政治观点与他人不符(尤其是与社交媒体上其他香港本地网民的意见不符)而遭受网络暴力和舆论攻击的可能性。然而,正如桑斯坦所指明的,以网络为代表的传播技术和平台虽然让人们更容易听到志同道合的言论,也更愿意与这些志同道合的人分享自己的看法和观点,但与此同时它也会让自己陷入更孤立甚至更极端的情境;当个人听不到相反的意见时,对于社会和民主来说都是"有害无益"的。在某些情况下,"家庭团聚型"香港新移民会为了能够与香港本地主流意识形态保持一致而不得不说有违自己内心或真实感受的话,以保证在社交媒体上他们依然能够与香港本地人维持好的社会关系。

"和熟人就会聊政治,毕竟(我)在香港时间也很长了,但我不会到处发,只会发给平时就比较聊得来的朋友,有时候是私聊,有时候是发到聊天群。如果是跟香港本地人聊的话,有时候就会比较注意,有一些话是不能够说的,或者最好跟他们保持一致的立场,否则香港人会对你(持反对意见)很敏感。"(吴先生,50岁,出租车司机,来港11年)

"我会分享一些香港很热门的政治新闻给以前的朋友(指仍在内地生活的朋友),他们有的人非常感兴趣,和他们在微信上聊这些,我感觉压力会比较小。"(宋小姐,20岁,自由职业者,来港4年)

其次,有些受访者表示自己从来没有在Facebook等社交媒体上就政治议题进行投票,也没有在社交媒体上向政府部门和官员表达过利益诉求或提出意见和建议。一方面，他们认为自己虽然已经是“香港人”（获得居留甚至永久居留身份），但是香港特区政府肯定还是会优先考虑香港本地人的利益，他们在网上的发声不会有用；另一方面，他们不知道如何利用社交媒体去进行这种政治表达，他们认为社交媒体是用于日常生活和娱乐的，并没有多少政治性功能。

“我没有投票，也不会去给政府留言，我觉得他们不会看的，说了也没用。其实政府不知道我们的生活吗？只不过不想管，也管不了。政府会因为你去 Facebook 投票留言就给你换房子吗？”（刘太太，38 岁，家庭主妇，来港 6 年）

“如果我投票的想法或者我说的话跟香港人（指香港本地人）不一样，政府还会考虑我的利益吗？不可能的，香港人也不会同意的。他们就觉得我们利用这个（网络）来要更多，会说我们‘卖惨’‘蝗虫’，这些话我们也听不少了。”（宋小姐，20 岁，自由职业者，来港 4 年）

“你玩这个（社交媒体），它就是娱乐，就是休闲，你去讲政治有什么用呢？”（张先生，51 岁，厨师，来港 11 年）

最后，社交媒体虽然具有一定的言论自由，但是也存在信息混杂的问题，不同地域的人群会在社交媒体上表现出明显的意识形态特征，因此，从本质上看，社交媒体对他们来说也不是一个理想的、可以公开进行政治话题讨论和享有政治参与机会的平台。

“很明显的就是同一个话题，如果你发在 Facebook 上，和发在微信朋友圈，大家回复的观点会特别不一样，所以慢慢地，我也知道什么信息应该分享到哪里（指不同的社交媒体平台）。你就会觉得这样的讨论（其实）也没什么意思，很假，形式主义。”（宋小姐，20 岁，自由职业者，来港 4 年）

公民参与是新媒体赋权的重要内容，公民如何就公共性议题进行利益表达和参与是衡量新媒体赋权程度的重要标准。从这个角度来看，“家庭团聚型”香港新移民并未从社交媒体获得实质意义的参与赋权。从政治参与方式来看,“家庭团聚型”香港新移民通过使用社交媒体实现赋权的水平仍然较低,而且他们本身也没有借助社交媒体获取权力的主观意愿,社交媒体对“家庭团聚型”香港新移民的政治赋权意义不大。

二、“投资商业型”香港新移民:不匹配的客观赋权能力与主观增权意愿

访谈结果显示,与“家庭团聚型”香港新移民相比,“投资商业型”香港新移民利用社交媒体进行的政治赋权具有以下几点特征:在“政治参与意愿”主题下,尽管“投资商业型”香港新移民在阅读和分享政治、公共新闻方面的积极性相对较高,但是整体来说,他们对所有类型的社交媒体政治活动都没有表现出强烈的参与意愿。在“政治参与能力”主题下,接触和使用社交媒体被认为对提升他们在政治活动中的参与能力有较大的影响和帮助。在“政治效能感”主题下,“投资商业型”香港新移民普遍认为,社交媒体对于他们通过分享政治、公共新闻发挥影响力的帮助较大。在“政治参与方式”主题下,“投资商业型”香港新移民利用社交媒体参与各类政治活动的情况并没有显著差异,其中分享政治、公共新闻仅稍微多于其他三类活动。总体而言,无论从经济能力还是社会地位来说,“投资商业型”香港新移民都理应具有更强的政治赋权能力和更好的政治赋权效果,然而从访谈情况来看,这一群体的赋权意愿和积极性并不高,甚至比“家庭团聚型”香港新移民还要低。

(一)政治参与意愿:融入香港社会的发展需求高于政治参与的积极性

从访谈情况来看,“投资商业型”香港新移民对利用社交媒体进行政治参与的积极性和主观意愿并没有明显强于“家庭团聚型”香港新移民。从整体上看,社交媒体并未有效提高“投资商业型”香港新移民政治参与的积极性,他们认为借助社交媒体迅速融入香港社会并获得更好的发展机遇和空间,远远比参与各类政治活动重要。

在利用社交媒体开展的不同类型的政治活动中,“投资商业型”香港新移民和“家庭团聚型”香港新移民所表现出来的积极性差异不大,其中,他们对阅读和分享政治、公共新闻的积极性要略高于其他类型的政治活动。首先,不少“投资商业型”香港新移民在访谈中表示,他们对阅读和分享政治、公共新闻有较大的需求和兴趣,因为他们当中的很多人并非来自中国南方,对香港本土的社会环境了解较少,借助社交媒体获取公共信息,可以帮助他们较快地融入香港社会。

“像我们这样的生意人,政治环境还是很重要的。我看中香港也是因为觉得这里比较自由和开放,但是香港本地的政治氛围这些年也在不断变化,很多影响社会的新闻都是政治性的,Facebook和微信上的很多新闻我都会关注,因为涉及自身利益。”(梁先生,49岁,商人,来港4年)

“(我)刚来到香港的时候觉得很不习惯的地方是这里到处都有人游行示威,经常在铜锣湾逛街的时候都有人给我塞那种政治传单,后来我自己会在Facebook或者Instagram上留意一下这些新闻究竟是什么事情。”(Sam,21岁,学生,来港9年)

其次,部分受访者表示,他们对在社交媒体上参与一些公共事务的讨论较有兴趣,但是并不是所有类型和所有议题都能引起他们的关注和参与,关于“香港—内地”关系和本地商业政策的公共议题可能更容易激发他们的参与兴趣。究其原因,一是即使“投资商业型”香港新移民已经获得香港永久居民的身份,内地的商业市场对他们来说也仍然很重要,他们当中的不少人同时关注香港和内地的金融、投资和商业态势,因此涉及“香港—内地”关系的问题会引起他们的重视;二是不少“投资商业型”香港新移民都认为,他们在内地本身具有较高的社会经济地位,移居香港后,相对富裕的他们实际上更容易遭受社会上的一些片面攻击,如果随意参与社交媒体上的公共事务讨论,无疑会激化这种矛盾。

“香港的确是一个重视言论自由的地方,但是自由的前提是你表达的观点需要符合这里的‘意识形态’和‘合法性’,比如所谓的‘民主’是香港常常会看到的话语,而一旦他们知道你不是香港本地人,或者不是土生土长的香港人,你去参与公共讨论的时候,其实我们很容易会受到一些舆论暴力,他们(香港网民)甚至会觉得是我们内地人,在‘入侵’香港。”(袁小姐,25 岁,自由职业者,来港 8 年)

“我不会经常公开讨论香港的公共事务,但是有试过几次在网上发表意见,可能是认同香港本地人(的意见),也可能不认同。比如今年的‘逃犯条例’的修订问题,我觉得这个可能会影响香港和内地的关系,甚至我和国外的一些生意都会有所影响。对于这些(影响)切身利益的问题,我觉得我们还是应该去发声。”(刘先生,54 岁,商人,来港 8 年)

图 4-2　“投资商业型”香港新移民社交媒体截图

不少受访者表示,社交媒体能赋予他们一定的参与感,尤其是在分享政治、公共新闻和参与公共事务讨论时,在一定程度上能够激发他们的参与热情;此外,因为社交媒体具有较强的匿名性特征,如果他们有意识地在社交媒体上隐藏自己的移民身份,那么参与公共事务讨论的机会和空间也会相对较大。

“(别人)只看我的社交媒体是看不出我的身份(投资移民)的,在 Facebook 上可以相对自由地说出你想说的观点。但是如果你去游行示威,一是比较麻烦,二是别人知道你是内地人,会觉得这是内地‘干预’香港的表现,香港人最害怕这个。”(Jimmy,28 岁,

银行职员,来港 10 年)

总的来说,从访谈情况来看,"投资商业型"香港新移民在客观上具有利用社交媒体提高政治参与意愿的条件,但是从主观意愿和实际的参与积极性来看,他们对于提高自身的政治参与意愿并没有表现出太大的兴趣和需求。对于"投资商业型"香港新移民来说,政治议题是比较敏感的,而且他们认为谈论政治议题有碍于他们更好地被香港本地人接纳,或是阻碍他们开拓商业市场。在多种利益的博弈和考量下,"投资商业型"香港新移民忽视了"政治参与"的重要性,即使是在某些方面表现出较强的参与积极性,也是为了更好地融入香港社会,而不是为自身实现政治赋权。

(二)政治参与能力:较高的政治信息处理和公共事务讨论的主观能力

与政治参与意愿的情况相类似,在政治参与能力的主观感知方面,"投资商业型"香港新移民认为,借助不同类型的社交媒体,自己在政治和公共信息的处理,包括阅读和分享信息,以及参与公共事务讨论方面,能力都有所提升。总的来说,社交媒体对"投资商业型"香港新移民的政治赋权意义和作用较大。具体表现和原因如下:

其一,大部分一代"投资商业型"香港新移民有比较丰富的社会阅历,当中部分"投一代"具备较高的文化素养和学历水平,对于他们来说,利用社交媒体阅读政治新闻、参与公共事务讨论并不困难;而对于年轻的"投二代"香港新移民来说,社交媒体政治参与也不新鲜,他们不仅普遍具有较好的教育背景,而且早在来港前也有过在微博、微信等社交媒体上参政议政的经历。对于"投资商业型"香港新移民来说,利用不同类型的社交媒体参与政治活动在理论上并非难事。

"我在微博上也会关注政治和公共话题,不过微博上更关注内地的新闻,来了香港之后(我)用 Facebook 看和分享本地的政治新闻比较多,只不过有时候不太想去讨论而已,而不是觉得自己不会或者不懂。"(Sam,21 岁,学生,来港 9 年)

"我自己还是比较关注政治和社会问题的,这个涉及每个市民的利益,尤其是像我们这样的,从外地移民过来(的),如果不多关注一下的话,可能会影响自己的权利。”(梁先生,49 岁,商人,来港 4 年)

其二,尽管他们认为自己主观上具备了利用社交媒体参政议政的能力,但是也普遍认为,提高政治参与能力并不是他们通过使用社交媒体想要实现的首要目标。因为大多数受访者认为,政治参与能力并不是衡量他们作为“香港人”的重要标准。

“有能力不代表要去参加,可能因为我自己的学业也比较繁忙,我不太能理解为什么香港的年轻人,尤其是学生那么喜欢在网上甚至是线下去‘搞政治’,对我来说这个不是生活中最重要的,就算不参与这些(政治)活动,也不影响我是香港人这个身份,还不如去关心一些跟自己更相关的事情。”(Vivian,21 岁,学生,来港 7 年)

其三,在各类政治活动中,不少“投资商业型”香港新移民都认为,社交媒体对他们提高选举投票能力的影响极小。一是他们认为,社交媒体上的投票更多是一种了解民意和社会态度的手段,实际造成的政治影响力极其有限,即使他们参与了这些投票,也不代表他们政治参与能力的提升;二是他们认为,相比一些线下的选举投票活动,社交媒体上的投票行为具有“随意性”,也就是说,人们在参与这些虚拟政治投票时,可能会表现出不假思索甚至“随大流”的特点,因此参与这些社交媒体上的投票并不能切实提升他们在香港的政治参与能力。

“我不是特别懂这些网络投票,我觉得应该没什么用,就是一些噱头和宣传手段罢了,但是这些意见真的会被政府接纳吗?”(伍太太,46 岁,家庭主妇,来港 9 年)

“我在 Facebook 或者微信之类的参加过一些投票,但是那种和你实际去投票站参加投票的感觉是不同的,一是仪式感没那么强,二是我自己也知道,网络上的投票只是一种形式,所以也不会太谨慎。”(Jimmy,28 岁,银行职员,来港 10 年)

综上,得益于自身较高的社会经济地位、较小的客观生活压力以及良好的受教育环境,“投资商业型”香港新移民具备了借助社交媒体提高政治参与能力的条件。尽管从主观意愿来看,他们认为政治参与能力并不是他们融入香港社会生活最重要的一项衡量标准,但是他们也认可自己具备了一定的政治参与能力,认为自己可以和其他香港本地人一样去参与其中,客观地说,社交媒体在一定程度上为“投资商业型”香港新移民的政治参与创造了赋权的机会。

(三)政治效能感:多平台共同形塑的政治效能感感知

在政治效能感感知方面,“投资商业型”香港新移民普遍认为社交媒体会对他们分享政治和公共新闻产生较强的效能感影响。整体来看,相比政治参与意愿和政治参与能力,社交媒体对“投资商业型”香港新移民在政治效能感获取方面的赋权效应最大。

首先,“投资商业型”香港新移民普遍认为社交媒体可以提高他们在讨论公共事务和分享政治新闻这两方面的政治效能感,同时他们也认为自己具备在社交媒体上讨论公共事务和分享政治、公共信息的能力。社交媒体扁平化、去中心化的传播特点使得每个人在其中的地位相对平等,因此在公共事务性话题的讨论和信息分享时,“投资商业型”香港新移民认为自己和香港本地人没有本质的差别。从话语特征来看,“投资商业型”香港新移民认为他们在社交媒体上参与政治和公共事务讨论时所使用的话语相对自由和开放,这使得他们的参与感和代入感也很强,在一定程度上增强了他们的政治效能感。社交媒体为“投资商业型”香港新移民在香港的政治参与提供了表达和行动的空间,并为他们拓宽了传播权力的范围,这种相对去中心化的新的政治参与形式有助于增进“投资商业型”香港新移民在公民权利义务基础上获得的现代社会资本。

“当然社交媒体会给到我们更多的空间和可能,只要你会上网,就可以在上面发表你的观点和看法,这是非常平等的一个地方,不会因为你说不说粤语、是不是本地人、什么职业等有这个说

话权利的差别。”(梁先生,49 岁,商人,来港 4 年)

“同样是一件新闻,在报纸和电视(上)可能会比较严肃,但是(在)社交媒体上会觉得比较轻松,比如加上一些幽默的配图或者‘流行语’,更让人愿意参与和表达,而且相对来说,社交媒体对言论的管制没那么严格。”(Sam,21 岁,学生,来港 9 年)

“在香港生活久了你就会发现,其实香港人就把谈论政治当作一种再普通不过的日常生活,和我们说八卦、说明星是一样的。有时候我们去社交媒体上发一些这样的信息(政治),或者去评论、回复、转发(给)其他人,可能不是为了去发表什么观点,而是去维护一种日常的社交关系,就是在说‘八卦’。”(Jimmy,28 岁,银行职员,来港 10 年)

但是从结果期望的角度来看,也有部分受访者提到,无论是参与社交媒体上的公共事务讨论,还是在社交媒体上分享政治和公共信息,他们对社交媒体所能产生影响的期望值还是比较低。他们认为,自己的社交媒体政治参与行为实际能对香港政治体系和政府决策产生的影响是非常有限的。

“更多是‘自娱自乐’我觉得,当然有发声总比没有发声要好。如果你不去说,那就只有一个结果,就是‘逆来顺受’;但是说了,甚至很积极地去参与,也不一定就代表着你会有什么实际的影响。”(肖先生,50 岁,商人,来港 8 年)

“社交媒体最大的影响是对我们的一种‘意识’方面的影响,是影响人,而不是影响结果,当然这需要一个过程。香港特区政府和官员也很注重网络和社交媒体的民意,但是归根结底,这些民意能够到达最终决策一环的有多少,(对此)我还不是特别乐观,而且我们的身份在香港还比较尴尬,虽然是‘香港人’,但是也不是一般‘香港人’。”(Jimmy,28 岁,银行职员,来港 10 年)

其次,选举投票依然被认为是社交媒体所能产生的政治效能感最小的一类政治活动,具体来看表现为两个方面:一是受访者不认为通过社交媒体能够对香港政治选举和投票产生实际影响,多数受访者表示,相比公共事务讨论、政治新闻的阅读和分享,投票和选举是一种更为“神圣”的政治活动,单靠使用社交媒体,他们认为自己缺乏参与这种政治活动的能力和信心;二是从期望效果的角度来看,他们普遍认为,即使他们参与了社交媒体的投票活动,所能产生的实际政治影响力也并不大。

“我觉得可以在网络上偶尔去发发声,但是如果(说)真正对香港造成影响的选举投票活动,单靠我们刷 Facebook 是不会带来什么影响的。反过来看,如果真的因为社交媒体的投票就对政府产生很多影响,我们也要反思这个现象会有什么后果。”(Vivian,21岁,学生,来港 7 年)

“就算我们很积极地去参加,又有多少实际影响力呢? 议员去社交媒体平台上和网友聊天、沟通,最终目的还是推行他们已经预设好的一些政策,都是早就商量好、决定好的东西。”(朱太太,51岁,家庭主妇,来港 11 年)

总体上看,社交媒体对“投资商业型”香港新移民在政治效能感层面上的赋权具有一定意义,尤其表现在促进公共事务讨论,激发政治、公共新闻的阅读和分享这两方面。对于“投资商业型”香港新移民来说,社交媒体所构建的公共交流空间在一定程度上起到了协调政治和公共参与、弱化现实生活冲突的作用,为其与香港本地人提供了交流机会。然而,这种影响依然存在一定的局限性。

(四)政治参与方式:行动频率整体偏低的政治参与模式

落实到行动层面,“投资商业型”香港新移民对利用社交媒体进行政治参与的积极性不高,而且这种相对较低的参与水平与他们的能力无关,而是他们主观地忽视这一层面的赋权。整体来说,受政治参与意愿较低、政治效能感不强的影响,“投资商业型”香港新移民并没有将社交媒体视作一种重要的政治赋权工具。至少从行动频率和参与方式两个角度来看,社交媒体并未在较高的水平上实现对“投资商业型”香港新移民的政治赋权。

首先,在社交媒体上,“投资商业型”香港新移民参与各类政治活动的频率并不高。对于利用社交媒体,尤其是 Facebook 讨论政治和公共事务、分享政治和公共新闻等,虽然不少“投资商业型”香港新移民表示曾有过相关的经历,但大多数是年轻一代的“投资商业型”香港新移民,而且这些受访者也普遍表示,这些经历仅属于偶然行为,实际上他们并未将利用社交媒体参与政治活动当作个人重要的生活内容。

“我有在 Facebook 上面参加一些关于政治议题的讨论和群组,但是并不会特别关注,只是偶尔会参加一下。”(Jimmy,28 岁,银行职员,来港 10 年)

“我时不时会分享一些政治新闻,Facebook 和微信朋友圈我都转过。Facebook 的话,香港本地朋友看到的比较多;微信朋友圈的话,主要是给内地的朋友看。但(我)也不会特意去做,(只有)非常感兴趣或者非常经典的文章或者信息才可能会转发和分享。”(Sam,21 岁,学生,来港 9 年)

同时,尽管他们也会在社交媒体上评论和转发香港公共新闻,但是更多是在“小圈子”范围内进行的,即在一些群组内讨论,而不是公开地发到朋友圈或个人的 Facebook 主页,并且这些社交群组的成员大多也是和他们有着相似背景的香港新移民。有学者认为,“在日常生活中,许多时候来自社会角色的强大压力常常要求我们违心表达与我们私下信念不一致的看法”①,也就是说,处于公开而非私人环境下的个体常常为了“迎合”或“服从”其他主流群体的观点,而表达出一些与自己真实想法不一致的言论,做出一些与自身情况相矛盾的行为,这一点与“家庭团聚型”香港新移民的表现类似。据受访者的说法,政治在香港是一个敏感的话题,而且很多时候,这些话题都会涉及内地人,这对他们来说是十分敏感而尴尬的。因为在日常的话语和主流观念里,他们既不真正属于香港,同时又离开了内地,这时候他们如果在社交媒体上讨论这种公共话题,可能会引发一些网络辩论,这将有可能

① 霍夫兰,贾尼斯,凯利.传播与劝服:关于态度转变的心理学研究[M].张建中,等译.北京:中国人民大学出版社,2015:174.

进一步加深香港人对内地人的偏见,不利于香港新移民未来在香港的生活。他们希望香港人和香港新移民可以和和气气,少谈政治。

"我觉得在社交媒体(上)公开谈政治很尴尬,碰到内地和香港冲突的一些新闻,你说我们应该支持香港人还是内地人呢?比如,内地游客的确有一些素质不好的问题,但是看到香港人整天这么歧视他们,我觉得自己心里还是不舒服的,但是(又)不方便说出来。你要是在社交媒体上说香港人不对(就会激化矛盾),(毕竟)我们的身份也是很尴尬的。"(Sam,21岁,学生,来港9年)

"社交媒体政治还是不要参与太多(比较好),社会还是稳定和睦好。"(朱太太,51岁,家庭主妇,来港11年)

"我的社交媒体账户也有很多香港朋友,如果发(表)政治意见可能会被他们看到,尤其是一些生意上的合作伙伴,所以我也不会随意发表(政治意见)。"(梁先生,49岁,商人,来港4年)

此外,几乎没有受访者有过在社交媒体上进行政治投票或向政府官员提意见的经历,即使是年轻一代的"投资商业型"香港新移民,他们也没有这方面的实践,尽管他们当中的一部分人已经在香港居住了较长的时间,但是相比香港本地青年人,他们对政治生活的参与热情仍然不高,也认为社交媒体政治参与没有实际效用。

"(我)没有试过网络投票。我知道有些官员有Facebook账户,但是不会去留言。"(Sam,21岁,学生,来港9年)

"在网上提意见一定能被接纳吗?内地也(有)很多人在微博留言,我觉得没什么用的,在香港应该也没用。"(袁小姐,25岁,自由职业者,来港8年)

与"家庭团聚型"香港新移民不同,"投资商业型"香港新移民具有更高水平的公共生活参与能力,但是实际上,他们利用社交媒体进行的赋权实践具有一定的选择性,这与前文提到的"投资商业型"香港新移民"工具性"和"实用性"的价值取向相一致。作为最近十几年才在香港出现的一类香港新移民,他们在香港的生活仍然有很多不能适应和融合的方面，对此，大多数人会选择通过社交媒体尽可能地适应生活、融入社会，而不是发出与本地“主流声音”不一致的观点。

综上所述，社交媒体对“投资商业型”香港新移民的政治参与赋权更多是一种认知层面上的，而非产生行动层面的影响。“投资商业型”香港新移民意识到自己具有较强的政治参与能力，但无论是从政治参与意愿还是实际的政治参与行为来看，他们利用社交媒体实现的政治赋权实际上并没有显著优于“家庭团聚型”香港新移民。

三、“知识优才型”香港新移民：赋权意识引发政治身份焦虑

尽管不可避免地存在一些现实问题，但“知识优才型”香港新移民的社交媒体政治赋权表现是三类香港新移民中最好的。首先，在“政治参与意愿”主题下，“知识优才型”香港新移民对利用社交媒体参与各类政治活动都表现出强烈的意愿，其中，参与公共事务讨论，阅读政治、公共新闻的积极性更高。在“政治参与能力”主题下，“知识优才型”香港新移民认为社交媒体对提高他们参与各类政治活动的能力都有较为显著的影响。在“政治效能感”主题下，与“家庭团聚型”香港新移民类似，“知识优才型”香港新移民也认为社交媒体尽管能够提高他们的政治参与能力，但是实际取得的效果并不明显，仅表现在对他们阅读和分享政治、公共新闻产生较大影响。在“政治参与方式”主题下，大多数“知识优才型”香港新移民都会通过社交媒体阅读政治、公共新闻，参与公共事务讨论。综上，相较于前两类香港新移民，“知识优才型”香港新移民在利用社交媒体实现政治赋权方面的意愿和能力都较强，社交媒体为他们的公共和政治参与提供了更大的空间和更多元的路径选择。然而，结合访谈情况来看，这种相对较强的政治赋权意识和较高的政治赋权能力却引发了“知识优才型”香港新移民另类的身份焦虑和社会融入困境。

(一)政治参与意愿:社交媒体提高了政治参与意识和积极性

相比“家庭团聚型”和“投资商业型”香港新移民,“知识优才型”香港新移民利用社交媒体参与政治活动的积极性较高,无论是在社交媒体上参与、分享甚至发起一些以政治为主题的公共投票,还是参与政治和公共议题的讨论,或是公开评论和转发相关的政治新闻,“知识优才型”香港新移民都表现出较浓厚的兴趣,总的来说,这与他们较高的政治赋权意识密不可分。

首先,不少“知识优才型”香港新移民表示,社交媒体对他们在香港参与公共生活带来了极大的帮助和影响。一方面,他们可以很方便地在社交媒体上搜索、评论和转发政治新闻和公共信息,这大大增强了自己在香港社会融合过程中的“参与感”和“价值感”,进而提升了他们继续关注这一类信息的兴趣,他们感觉到自己与这座城市息息相关,无论从结构性社会融合还是文化性社会融合的角度来看,这都有所裨益。另一方面,从整体上看,互联网使行动主义的力量加强,相对匿名的空间和扁平化的传播结构使“知识优才型”香港新移民在社交媒体上可以以一种相对“平等”的姿态与香港本地人一同参与公共议题的讨论,在这个过程中,“他者”的身份会在一定程度上被弱化。例如,有受访者提到,2014 年非法“占中”运动爆发时,有一个叫“内地生撑香港”的 Facebook 粉丝专页,获得大量“知识优才型”香港新移民的关注和支持;2019 年 8 月,因修订《逃犯条例》引发的风波在香港不少高校里弥漫,而在香港大学,由内地学生组建的公众号“何以明德”就曾发表包括《港大发生了什么》《当港大只剩下可爱》等多篇具有影响力的文章,文章呼吁港大内地生参与同样是由内地生策划的、于公共联署平台(change.org)上的活动,鼓励内地在港学生就相关冲突事件发声,以对抗校园里和社会上出现的就政治问题引发的暴力现象。

> “在内地的时候(我)就挺关注香港的新闻的,来了这边之后有更多参与机会,(我)感觉这样才能真正融入这个城市的生活,比如在 Facebook 上面我就关注了很多这方面(指政治信息和新闻)的账号,想多了解香港本地的政治文化。”(白小姐,26 岁,会计师,来港 1 年)

> “我平时在学校经常看到有政治新闻相关的横幅，不是每个事件都了解，自己想关注的时候就会去网上搜一搜。香港大学生对政治问题很敏感，几乎什么事情他们都能从政治角度去考虑，尤其是我加了一些本地同学的 Facebook，他们天天都发这些（政治信息）。”（Gibbon，25 岁，学生，来港 2 年）
>
> “因为（我）在内地的时候虽然也可以用微博和微信这些去关注和讨论政治问题，但是相对来说，在香港我们有比较多的公开讨论这些问题的机会，所以（我）自己也会比较感兴趣，想去发表一些自己的看法。”（包小姐，27 岁，企业职员，来港 4 年）

其次，对于近年来香港和内地相对紧张的政治关系，以及时有发生的矛盾冲突问题，“知识优才型”香港新移民认为他们作为在香港生活的内地人，可以扮演一个重要的沟通角色——借助他们在公共平台上的发声，为香港本地人更多了解内地人提供机会，减少由部分偏激媒体刻意制造的“不和谐”声音造成的两地关系紧张。

> “我身边很多香港的同事是从来没有去过内地的，他们对中国内地的认知就是媒体上面的报道，很多都是片面的甚至是错误的。有时候我在 Facebook 上发的一些政治方面的新闻和观点，他们看了之后会跟我讨论，有一些比较理性的同事和朋友甚至还会因为听了我们的观点，尝试多从不同的渠道搜集关于内地的信息，这样可以改变他们对内地的看法。我觉得虽然这是极个别的情况，但也代表我的声音可能是有影响的，那么我以后会更积极地去做这个事情，在我看来，香港人对内地的认识太少了。”（Matthew，29 岁，银行职员，来港 6 年）
>
> “（我）一直有在 Facebook 和微信上发香港当地的政治社会新闻，虽然我是内地来的，但是这么多年来我对香港有自己的观察，有自己的看法。我也很熟悉内地，那是我从小长大的地方，但是很多香港人是不了解内地的，内地也有很多人不了解香港，我们不妨去多说一点。他们不知道，我就去解释。也许是没用的，但是要有

人这么去做。"(冯小姐,27 岁,非政府组织成员,来港 8 年)

同时,不少"知识优才型"香港新移民受访者都提到,由于他们拥有较长时间的内地生活和受教育经历,刚来香港的时候难免都会遇到文化和思想观念上的"水土不服"问题,作为"外来者"的一群,他们往往需要面对更大的价值观融合压力和更多的意识形态冲突。结合访谈可以发现,社交媒体是帮助这些"知识优才型"香港新移民获得价值观认同的重要媒介工具。

"我们要不断地和香港本地人、本地文化有交流,才能够了解更多这里的文化和思想观念。多看 Facebook 上不同的言论,对我个人来说很有帮助。因为我们自己是有鉴别能力的,不会看到所有东西都相信,但是我们要去看。"(冯小姐,27 岁,非政府组织成员,来港 8 年)

"我个人觉得看电视或者报纸的话,立场(指意识形态立场)会相对单一,反而多看看社交媒体的话,虽然有些东西比较偏激,但确实是很多元,什么声音都可以在网上听到,但也有可能因为发表一些和主流声音不一样的观点而被攻击。"(赵先生,30 岁,建筑师,来港 2 年)

最后,有受访者表示,社交媒体政治参与可能会引发他们关于身份问题的焦虑,而这种焦虑感会影响他们未来继续参与社交媒体政治行动的积极性,也是限制他们继续通过社交媒体进行公共表达的主要因素。弗洛伊德指出,"在任何给定的情境中,人们对焦虑的感知程度很大程度上取决于个人'面对外在世界时的知识和权力感'"①。具体来说,"知识优才型"香港新移民的焦虑感体现在两个方面:一是作为"外来者",他们知道或者认为自己对香港本地政治和公共问题的看法可能未必正确,即使他们自身是理性的,也可能因为缺乏对香港文化的足够认识而表达了一些难以被香港本地人接纳的观点,一旦他们在网络上遭遇香港本地网民的攻击,他们就会深化自身"外来者"的身份感知,这样不仅会加深他们在香港的融合难度,同时也会降

① 吉登斯.现代性与自我认同:晚期现代中的自我与社会[M].北京:中国人民大学出版社,2016:44.

低他们未来参与网络政治讨论的积极性;二是他们在参与讨论的过程中为了让自身逐渐融入当地社会而不得不接纳一些香港本地网民的观点,这又与他们内心中的原始情感形成了一定的冲突,他们会刻意减少在社交媒体(如微博和微信)上发言,以避免自身陷入左右为难的尴尬境地。因此,对于“知识优才型”香港新移民来说,他们如果想表达自己的政治观点或者参与政治公共运动,则不得不承受巨大的心理压力。

“有时候(我)看到香港人在网上发什么‘本土宣言’的时候(就)会有不太舒服的感觉,但是(我)自己也不是香港人,很难去发言,只不过我自己是不认同的。”(赵先生,30岁,建筑师,来港2年)

“有时候(我)会觉得很尴尬,如果在朋友圈说这些(香港政治),基本上收到的回复都是比较抨击香港本地青年的观点。尽管我自己也(并)不完全认同(这些香港本地青年的观点),但我会觉得内地的朋友看香港有时候也有自己的‘滤镜’,久而久之,我会在分享的时候考虑一下要不要屏蔽掉内地的朋友或者分组,又或者干脆就不发(朋友圈/微博)了。”(曹小姐,28岁,广告策划,来港6年)

总的来说,得益于较高的公共意识、媒介素养和文化水平,“知识优才型”香港新移民表现出较强的利用社交媒体进行政治参与的意愿,整体而言,他们的社交媒体政治参与积极性较高,从这个角度来看,社交媒体为他们实现了一定程度的政治赋权。但与此同时,政治赋权意识的增强也使他们在政治参与的过程中难免陷入一种“进退两难”的境地,对他们的社会融合会有一定的限制和阻碍。

(二)政治参与能力:较强的赋权意识促进政治参与能力的普遍提升

无论是政治参与意愿还是政治参与能力,“知识优才型”香港新移民普遍比前两类香港新移民具有更强的赋权意识,他们利用社交媒体促进政治参与能力提升的水平也更高。除了选举投票外,“知识优才型”香港新移民利用社交媒体提升其他方面的政治参与能力的表现均较为突出。

借助社交媒体,“知识优才型”香港新移民认为他们参与公共事务讨论,分享、转发政治新闻信息的能力都有较大的提升,无论是在香港还是内地,他们普遍认可社交媒体对于提升用户公共参与能力的作用。相比较而言,他们认为香港社交媒体的开放程度和自由度都更高,因此更能提升个人的公共参与素养。正如有媒介研究学者指出,“媒介技术定义民主观念,技术的发展带来的是使用媒介的变化”①。

“我在国外的时候也有很多同学和朋友喜欢在 Facebook 之类的社交媒体上交流公共信息和政治观点,以前我自己不是特别了解和关注政治,但是的确从内地来到香港生活之后,自己这方面的意识和能力都有变化。”(Sarah,33 岁,会计师,来港 7 年)

“我很喜欢在 Facebook 上和别人讨论政治问题,在朋友圈说的可能少一点,但是也会说,尤其是在一些都是熟人的小群,我也会经常发政治新闻。”(冯小姐,27 岁,非政府组织成员,来港 8 年)

“虽然我在香港生活的时间还比较短,但是确实觉得自己在政治参与方面的能力是有提高的,至少是愿意去关注这些信息,也会去学着发表一些观点,可能因为周边的同学包括 Facebook 上的很多朋友都会分享这些东西,(我)自己自然也会跟着去做。”(Jacky,24 岁,学生,来港 1 年)

但是也有受访者提到,参与的频率和积极性并不代表参与质量,很多时候他们在网络上看到一些公开发表的政治观点其实并不客观和中立,甚至充斥着各种片面、偏激甚至虚假的信息,如果他们没有甄别真假就去分享和转发这些信息,那么意味着他们实际上并没有提高政治参与的能力和水平,反而可能因为片面地追求参与社交媒体政治而降低了自己的公共理性。

“不是所有社交媒体上的信息都是真的,我试过在不知情的情况下转发了虚假的政治信息,后来发现是假的我就立刻删掉,之后我就比较谨慎了。”(曹小姐,28 岁,广告策划,来港 6 年)

---

① 谢进川.媒介政治社会学分析[M].北京:中国传媒大学出版社,2017:38.

此外，部分“知识优才型”香港新移民受访者认为，社交媒体在提高他们的政治参与能力方面发挥的作用存在一定的片面性和局限性，具体表现在两个方面：一是他们认为通过使用社交媒体提升的政治参与能力仅限于某些方面，比如，获取政治信息的难度下降使得他们搜索政治信息的效率提升、讨论公共议题的门槛降低使得每个人都有发表观点的机会等，但是在其他方面，比如，如何将自己的意见和观点纳入公共政策的进程中，社交媒体对他们参与能力的提升作用是有限的；二是他们提到，从有序参与的角度来看，社交媒体开放性的特点反而可能会促发一些无序的、非制度化的政治参与行动，而这样的行为一旦反复出现，则意味着他们的政治参与能力可能“不升反降”。

> “我没有了解过相关的统计，就是究竟我们在网上说的这些话，最后真的被落实到位的有多少。有时候我在想，其实相比起在社交媒体上发声，可能真的去线下游行示威会更有效。”（Sarah，33岁，会计师，来港7年）
>
> “我经常看到有的人在社交媒体上发布很偏激的观点，甚至是用脏话去表达自己的看法，我觉得这样的参与就没有意义，和吵架没有区别。”（梁小姐，29岁，程序员，来港6年）

综合来说，在较强的赋权意识影响下，“知识优才型”香港新移民利用社交媒体提高政治参与能力的整体情况比较理想，优于“家庭团聚型”和“投资商业型”香港新移民的赋权表现。但是访谈结果也显示，社交媒体尽管在便利性、开放性、自由性、广泛性等方面有助于提升他们的政治参与能力，但这种能力如何实现从量到质的提升转变，仍然有待进一步探索。更为重要的是，尽管“知识优才型”香港新移民较为热衷于社交媒体政治参与，但是并不是所有的行动都具有明确的政治目的，更多时候还是表达他们个人在道德、价值观、文化、生活方式、认同感等方面的情感诉求，长远来看，这样的在线政治参与对他们的社会融合难以带来实质性影响。

(三)政治效能感:基于政治活动形式差异的不均衡政治效能感

在积极的政治参与意愿和出色的政治参与能力的共同作用下,“知识优才型”香港新移民在社交媒体的使用过程中产生的政治效能感较强,但也仅限于一部分政治活动类型,对于“知识优才型”香港新移民而言,除了阅读和分享政治新闻之外,利用社交媒体开展的其他类型的政治活动所能产生的政治效能感并不明显。

首先,“知识优才型”香港新移民参与政治事务的积极性会影响他们通过社交媒体进行政治参与的意愿和行为,并且最终影响他们的政治效能感。从访谈情况来看,当他们出于公共性和政治性目的进行社交媒体参政议政时,他们所能获取的政治效能感往往也会更强。举例来说,一些“知识优才型”香港新移民受访者提到,他们在社交媒体上表达对香港的政治和公共议题的意见,并且转发、分享和评论相关信息,是出于希望改变香港本地的政治环境,为香港社会的公共环境带来更多元的声音,以减少社会不和谐的问题。在这种情况下,在社交媒体使用的过程中,“知识优才型”香港新移民更接近于“公众”的性质,他们“关注的不仅仅是自己的利益,而且还关注公共利益”①,对他们来说,“公众”性质的个体意识使得他们更关注权利、权益、公平等公共性而非个体性议题,从而也会更积极地参与到争取这些公共权益的在线行动中。受此影响,在社交媒体的使用过程中,他们所能产生的政治效能感会比较高。

> “我觉得每个人都有义务去关心这个社会,Facebook 在我看来是一个很好的平台,每个人都可以(在上面)表达自己的观点。我觉得我的声音就算只被一个人听到,那么也是有意义的。但是很多时候我也观察到 Facebook 上的一些信息,其实有些网民的观点也是非常自私的,只要妨碍到他们自己的利益(他们)就会反对,不太管一个事情对整个社会的意义。”(冯小姐,27 岁,非政府组织成

① 格罗斯伯格,等.媒介建构:流行文化中的大众媒介[M].祈林,译.南京:南京大学出版社,2014:408.

员，来港8年）

“因为在学校（我）经常会看到关于政治问题的讨论，我自己就会在网上去搜索一些相关的信息来看，然后试着去表达，我觉得这个是现在很多香港人都会去做的事情，我还挺喜欢香港的这种政治文化，每个人都会去关心这个社会。”（Jacky，24岁，学生，来港1年）

有学者指出，在社交媒体上，“行动者的各种行为和参与的目的各有不同，社会的、政治的或文化的，也可能是公共的或个人的”①。有“知识优才型”香港新移民受访者提及，当他们在社交媒体上的参政议政行为是出于个人化和私人化的目的时，例如，想要通过政治表达建构基于社交媒体的关系网络、形塑自己的文化身份等，那么他们对自身的政治表达所能给公共政策带来影响的期望值也会降低。

“我不会觉得自己要去为了改变香港才在网上发表一些政治方面的观点或者看法，我觉得有时候分享这些（指政治）信息可能是因为别的朋友都在转，所以我也去转一下，不会有什么特别的期望，跟我分享娱乐和体育新闻是差不多的。”（包小姐，27岁，中资企业职员，来港4年）

此外，不少受访者提到，社交媒体泛娱乐化的新闻现象和“网络狂欢式”的公共表达可能会降低他们在社交媒体上的政治效能感。夸张的图像文本、流行语式的公共话语表达、泛娱乐化政治新闻等在社交媒体上越来越常见，这使得社交媒体用户在参与这些公共性议题讨论时往往注重形式而偏离了内容，长此以往，社交媒体政治泛娱乐化的问题将会降低“知识优才型”香港新移民在网络上的政治表达意愿，减少政治参与行为，由此影响到自身政治效能感的获取。事实上，早有研究发现，人们很少把改善民主放在议程之首，“为娱乐而上网的目的遥遥领先，获取信息的目的则退居其次”②。

① 转引自：柯兰，芬顿，弗里德曼.互联网的误读[M].何道宽，译.北京：中国人民大学出版社，2014：144.

② 柯兰，芬顿，弗里德曼.互联网的误读[M].何道宽，译.北京：中国人民大学出版社，2014：144.

"社交媒体上(的)很多信息都是'噱头',为了吸引人关注就去夸张地表达一些东西,包括表情包、图片还有语言啊,等等,我并不觉得如果我们去关注或者转发分享这些信息能对社会现实有什么影响,尤其是香港,现在像是'全民政治'这样的环境,很多时候就是为了参与而参与罢了,变成一种潮流和年轻人之间的谈资。"(Matthew,29岁,银行职员,来港6年)

"我的同事经常会在WhatsApp上分享一些他们在网上看到的政治新闻,有很多我觉得都是用了夸张手法的,尤其是Facebook上面的新闻标题,为了点击率,我是肯定不会分享出去的。有时候(我)可能会截图发到一些内地朋友的微信群,也是为了让他们笑一笑。"(梁小姐,29岁,程序员,来港6年)

但也有受访者认为,泛娱乐化的社交媒体政治传播也可能会使政治内容"祛魅",降低网络政治表达的门槛,具有丰富趣味性的政治传播文本、充满戏剧性的政治叙事风格和过于多元化的政治内容表达形式,不仅吸引了大批年轻人参与政治讨论,增加了他们在网络平台甚至现实生活中谈论政治和公共议题的频率,在某种程度上也可以说是一种增强政治效能感的方式,是一种不可逆转的趋势和潮流。从这个角度来看,社交媒体政治参与的狂欢性和娱乐性也能够促进部分使用者包括年轻的"知识优才型"香港新移民更积极地参与公共议题的讨论。

"我自己是学新闻的。现在网络(上)的信息太多了,要吸引年轻人去关注这些政治信息其实是很难的。如果可以增加这些信息的趣味性和娱乐性,可能(就)会有更多人去看、去分享。然后我们这些分享的行为实际上就是一种政治和公共的影响力,包括有时候分享一些音乐和歌词,可能也是(一种)政治行动。"(冯小姐,27岁,非政府组织成员,来港8年)

最后,点赞、评论、转发政治和公共信息是目前"知识优才型"香港新移民在社交媒体上获取政治效能感的主要途径和行为方式。对于"知识优才型”香港新移民而言，不仅在不同的社交媒体上他们可能产生不同的政治效能感，通过社交媒体参与不同类型的政治活动，他们所获得的政治效能感也存在一定差异。

不少受访者都提到，他们在使用社交媒体，尤其是 Facebook 进行香港本地问题的参政议政时，他们能获得一种“自我狂欢”和“小圈子传播”式的满足感和效果，但他们认为自己的参与对整个公共社会的影响依然十分有限：一是他们认为即使自己拿到了永久居民身份证，“内地人”的身份特质仍然会降低他们在参与公共讨论的过程中所能产生的影响力，政治身份的获取不等同于文化身份的建构，而文化身份一旦没有建立起来，那么他们的在线参政议政行为就会显得格格不入。从“知识优才型”香港新移民的情况来看，社交媒体尽管促进了他们与香港本地人之间的交流，但是并没有因此改变香港本地人一些原本就不甚客观的观点和想法，反而可能会形成更大的意见冲突和矛盾，从长远来看甚至会降低“知识优才型”香港新移民的融合意愿，改变他们未来中长期的发展规划和留港计划。二是在他们看来，社交媒体搭建起来的公共和政治参与渠道，在本质上依然是一种流于形式的、象征性的政治参与工具，单纯地依靠人们在社交媒体上展开的公共讨论，很难真正对政治产生影响。他们认为，即使是有了社交媒体的介入，他们在网络上的参与和争权行为与具体利益诉求的实现结果之间依然存在较大落差，积极的表达和政治参与只是帮助实现他们诉求的一个前提，但不是充分条件，社会资源、社会地位、社会权力等占有和分布的情况在更大程度上决定了他们通过社交媒体进行的公共表达和实践所能产生的实际意义。

“虽然我已经拿到香港永久居民的身份，但是还不太会把自己当作和其他‘香港人’一样，我在网上说话的时候会比较小心，很怕会说错话。”（Natalie，29 岁，银行职员，来港 10 年）

“我不是特别经常在 Facebook（上）发政治方面的东西，一是我觉得很多时候自己未必真的了解香港的问题，不好乱发言；二是我觉得哪怕是香港的一些网民，他们说的也未必是正确的，很多时候不过是看到别人发，所以他们也去转，也去评论，这样的行为我觉

得对政治环境包括对香港是没有太大意义的。”（赵先生，30 岁，建筑师，来港 2 年）

“我的 Facebook 账户有关注和分享不少政治信息，但我觉得我分享的其实只有我的朋友们会看到，也不会对整个社会有什么帮助。”（曹小姐，28 岁，广告策划，来港 6 年）

总体而言，政治效能感是影响人们政治行动的重要因素。从对“知识优才型”香港新移民的访问情况来看，尽管这一移民群体在三类香港新移民中拥有了较高水平的政治效能感，但是这种政治效能感的建构依然并不均衡——即使是在同一社交媒体平台，人们通过参与不同类型的政治活动所能获得的政治效能感大小也是有所差异的。“知识优才型”香港新移民参与政治讨论的目的、社交媒体政治传播泛娱乐化的普遍现象以及参与群体本身的文化身份感知等，都影响着“知识优才型”香港新移民利用社交媒体获得的政治效能感。

（四）政治参与方式：文化身份限制了社交媒体参政行为的开展

在政治参与方式和参与行为层面上，社交媒体对“知识优才型”香港新移民有较大的赋权影响。在一定程度上，Facebook、Twitter、微博等社交媒体可以帮助人们分享信息，根据这些信息人们会采取行动，这一过程培育出大量积极的公众。从具体的政治参与行为来看，尽管相比前两类香港新移民，“知识优才型”香港新移民的赋权水平更高，但是也仅处于中上水平，政治参与形式比较不全面，仅限于网络议政，即通过社交媒体转发或评论一些公共性的新闻，或是就香港的政治议题表达自己的观点。也有个别受访者表示，他们会主动搜索一些政治新闻，并且在社交媒体上与其他好友分享和讨论。但是，总的来说，他们在实施民主监督、表达诉求、网络投票等方面的参与仍然相对较少。根据笔者的访谈和观察，导致这一现象的原因主要有三方面：

第一，恰如有学者所指出的，“多数人会避免与观点不同的人讨论”[①]。

① 班尼特.新闻：幻象的政治[M].杨晓红，王家全，译.北京：中国人民大学出版社，2018：301.

尽管“知识优才型”香港新移民普遍具备了较高的媒介素养和文化水平，但是他们当中的很多人在来港之前对香港本土文化的了解并不深，在与陌生的香港网民讨论公共事务时，他们甚至无法读懂香港网民在社交媒体上写的粤语，无疑这使讨论很受限。更为重要的是，他们认为很多香港本地人对政治问题过于敏感，只要涉及内地的问题，就很容易让他们产生天然的抗拒感。在这样的背景下，“知识优才型”香港新移民认为，社交媒体并未真正提供一个有意义的对话空间，这在一定程度上降低了他们参与政治活动的积极性和行动力。正如有学者指出，“在一个政治社会中的成员身份是人性的一种必需”[①]，“知识优才型”香港新移民的文化身份限制了他们在社交媒体上参与政治生活的行为模式，不完全的“香港人”身份很难避免他们在网络上的政治参与行为不受到攻击。

“我觉得现在香港的氛围很不好，香港人需要听到更多不同的声音，但是作为一个非土生土长的人，很难和香港人有平等交流的机会，我的做法就是尽可能不要乱说（话）、不要乱发（信息）。”（赵先生，30 岁，建筑师，来港 2 年）

“我们其实不算是香港人，好像去说这些（政治问题）不好，香港人和内地人都不完全对，我自己是这么觉得的，而且我感觉，不是单纯去积极地发声就可以解决（这些问题）的。”（Jacky，24 岁，学生，来港 1 年）

“如果（你）常常参与支持和传播内地文化的活动，就有很大机会被标签为内地生；而我们参与一些内地生不理解或者认为事不关己的社会运动时，他们（指其他内地学生）也很容易对我们产生误解。”（Gibbon，25 岁，学生，来港 2 年）

第二，在社交媒体上，他们在发表观点的时候会有比较明显的平台偏向性，因为他们需要考虑到是否会因为发表了与当地朋友不一致的政治观点而引发矛盾。例如，笔者通过观察和追踪式的社交媒体内容分析，发现一些

① 克兰：文化社会学：浮现中的理论视野[M].王小章，郑震，译.南京：南京大学出版社，2006：17.

"知识优才型"香港新移民在微信朋友圈和Facebook、Instagram、Twitter等平台上发布的内容有所不同。同时,尽管香港具有一个相对开放和自由的言论环境,但是政治的本质并不会因为媒体空间及其话语特点而改变。在这种情况下,"知识优才型"香港新移民认为自己在社交媒体上的这种政治参与充满了"象征性"的意味,这也与前文提到的"知识优才型"香港新移民的政治效能感感知特点相一致。

"我会在社交媒体(上)发表评论或者转发一些新闻热点的话题,尤其是一些跟自己比较相关的,但评论的意见不会太偏激,就事论事,不会指责别人。"(曹小姐,28岁,广告策划,来港6年)

"我在微信群和朋友聊这些香港政治问题多一点,(他们)很多都是跟我一样从内地过来的,我觉得我们的想法比较一致。在Facebook上和香港人聊的话,我怕会吵起来。"(梁小姐,29岁,程序员,来港6年)

"(我)没试过在社交媒体上投票或者去官员账户下面留言,我觉得应该不会有太大作用,更像是一种形式。"(Jacky,24岁,学生,来港1年)

第三,他们还提到,相比他们在内地社交媒体上的参与方式和形态,他们在香港社交媒体上的政治参与会受到一定限制,主要原因是香港和内地在政治文化、意识形态和制度设计等方面存在不少差异。尽管他们在香港已经生活了一段时间,但他们仍然不太了解、适应这里的网络政治文化。由此可见,尽管社交媒体在理论上具有促成公民参与结构碎片化和多元化的趋势,但与此同时,这种政治参与呈现相对去制度化的特点,在这种情形下,人们虽然可以通过在线政治讨论参与到公共决策和公共议程的推动过程中,但是结果并不一定是正面的。

"政治问题是很复杂的,尤其是社交媒体上都是匿名的,(讨论)很容易就成了吵架,变成互相攻击。我就是在香港工作而已,并不想整天讲政治。"(Matthew,29岁,银行职员,来港6年)

"在微博(上)我反而会更放松一点,感觉自己还是比较了解生活了二十多年的(内地)社会环境,但是香港对我来说还是一个陌生的地方,感觉(自己)作为一个'外来人'在这里参加一些网络投票好像有点多余,也可能是(我)还没有培养和适应自己来了香港生活这样的意识,尽管相对而言,Facebook 其实比微博要开放。"(白小姐,26 岁,会计师,来港 1 年)

"参与"是赋权研究中的一个重要问题,政治参与方式的丰富程度也是衡量政治赋权水平的一个重要标准。对于"知识优才型"香港新移民来说,社交媒体对他们在香港生活期间的政治参与产生了较大的赋权影响,而且比其他两类香港新移民受到的影响更显著。更重要的是,这样的赋权不仅可以促进他们尽快适应香港生活,而且也为他们更好地与香港本地人交流创造了独特的公共空间,加快了他们的社会融合速度。然而,正如卡斯特所说,"所有政治都是个人化的……如果人们在他们的社会网络中发现相同的态度,他们在政治上将更加积极,而当发现社会网络中存在对立的观念,他们将减少参与"①。就访谈情况来看,限于文化背景、意识形态等差异,"知识优才型"香港新移民的社交媒体政治赋权行动,仍然存在一定的现实阻碍。

四、三类香港新移民社交媒体政治赋权的差异表现与原因阐释

从政治层面的赋权来看,香港新移民整体的政治参与意愿、政治参与能力、政治效能感和政治参与方式都受到他们的社交媒体接触和使用行为的影响。具体来看,在各类政治参与行为中,社交媒体对香港新移民在政治赋权方面的影响主要体现在两个方面:一是社交媒体为香港新移民创造了一个讨论公共事务的"拟公共空间",让香港新移民可以在一些涉及公共利益和公共政策的议题上发表自己的看法和观点,提高"参与感"和"在场感",同时也可以努力争取自身的合法利益;二是社交媒体可以帮助香港新移民方便、快捷地阅读和分享政治新闻信息,降低了获取信息的成本。从信息接

① 卡斯特.传播力(新版)[M].汤景泰,星辰,译.北京:社会科学文献出版社,2018:121.

触、信息阅读和信息分享的角度来看,这种基于社交媒体的新型政治参与方式正在不断改变和重塑着香港新移民的政治参与行为。具体来看,三类香港新移民的社交媒体政治赋权表现有比较明显的差异,我们可以从不同的结构性原因来阐释这种差异现象:

首先,相比个人赋权和关系赋权,不同类型的香港新移民利用社交媒体开展的政治赋权行为所体现出来的群体间差异更加明显。事实上,"家庭团聚型"香港新移民是政治"失权"和"缺权"最严重的一群人,他们在现实生活中的这种权力结构特征在社交媒体赋权的语境里依然存在。无论从哪个角度来看,"家庭团聚型"香港新移民的政治赋权表现都较另外两类香港新移民更为逊色。具体来说,"家庭团聚型"香港新移民的社交媒体政治赋权表现有两大特征:第一,从政治参与意愿来看,这一类香港新移民的在线政治参与积极性较低,他们主观上对在社交媒体上的政治参与和政治讨论没有兴趣,这一点在年长一代的移民中表现更加突出,即使是年轻一代的"家庭团聚型"香港新移民,尽管他们有丰富的社交媒体使用经历,但是涉及政治方面的讨论,他们也都表现出并不强烈的参与意愿。第二,从政治参与的方式和种类来看,大多数"家庭团聚型"香港新移民的社交媒体政治参与仅限于阅读、分享一些政治公共资讯,他们甚少会主动参与讨论,也不会在社交媒体上高调发布自己对政治问题的看法和意见。结合近年来香港的实际情况以及深度访谈的材料,笔者归纳出形成这种状况的三大原因:其一,与其他两类香港新移民相比,"家庭团聚型"香港新移民不仅社会经济地位较低,而且整体的文化教育水平和新媒体素养都较低,尤其是对于年长一代的香港新移民来说,他们普遍缺乏公共生活的参与素养和意识,不仅很少关注线上的政治参与议题,即使是一些线下的政治活动,也很难激发他们的参与积极性。其二,一些受访者表示,他们知道自己作为香港新移民,在香港多少受到歧视,尤其是在一些涉及公共福利、教育、房屋、医疗政策等问题的讨论中,不少香港人会将他们视为攻击的对象,认为政府给予他们的福利扶持政策是一种"不平等"的表现。为了避免在社交媒体上与香港网民发生争执,继而被网络攻击或承受舆论暴力,他们会尽可能地选择不去就政治问题发声,减少矛盾和冲突。即使是年轻一代的"家庭团聚型"香港新移民,他们也不想在社交媒体上过多地讨论政治问题，因为他们认为这样的讨论不仅不利于改善他们境遇，甚至可能会加剧当前香港社会对香港新移民的恶意和歧视心理，不利于他们在本地的社会融入。其三，正如前文所述，“家庭团聚型”香港新移民的现实生活压力较大，经济收入水平整体较低，他们没有空闲的时间参与公共活动，无论是文化性的还是政治性的公共生活，他们的参与意愿和积极性都不大，因为他们大多数时间需要工作、学习或照顾家庭，社交媒体对他们来说更多是一种休闲娱乐、方便沟通的工具，并没有承载太多政治赋权的意义。

“投资商业型”香港新移民与“家庭团聚型”香港新移民的表现既有相似之处，也有一定的差异。相似之处在于，“投资商业型”香港新移民的社交媒体政治参与意愿和政治参与形式的表现都并不突出，参与行为同样以阅读和分享政治公共资讯为主，偶尔会有一些政治公共议题的在线讨论，但是参与频率和积极性都较低。差异方面表现在，与“家庭团聚型”香港新移民内部的整体社交媒体政治赋权表现较弱相比，“投资商业型”香港新移民内部可以根据不同的年龄层次划分出不同的社交媒体政治赋权表现。年长一代的“投资商业型”香港新移民整体的在线政治参与意愿和“家庭团聚型”香港新移民较为类似，没有强烈的在线政治参与意愿；相比之下，年轻一代的“投资商业型”香港新移民则具备了相对较强的社交媒体政治赋权意识，尽管从整体上看，这种赋权意愿和积极性也仅处于中等的水平，但是相比他们的父辈，年轻一代的“投资商业型”香港新移民已经展现出一种在线政治参与的意识和习惯。此外，和“家庭团聚型”香港新移民的情况不同，“投资商业型”香港新移民实际上具备了社交媒体政治赋权的客观能力，只是他们的主观赋权意愿并不高，具体来说，造成“投资商业型”香港新移民这种社交媒体政治赋权特征的原因也可以归纳为三大点：首先，与“家庭团聚型”香港新移民受香港公共福利政策影响较大不同，“投资商业型”香港新移民一旦被批准到香港，他们在香港的生活实际上并不十分依赖香港本地的公共福利，无论是教育、住房还是医疗保障，他们凭借自身较高的物质生活水平，都能够使自己以及家人的生活获得充分保障，也正因为如此，他们参与社交媒体政治讨论，从而为自身所属群体发声的意愿和积极性都并不十分强烈。其次，不少“投资商业型”香港新移民表示，判断他们是否拥有“香港人”的身份是其是否获得了永久居民的居留权，而非在线政治参与的积极性大小，因此对于他们来说，顺利地来到香港，落地生根，并在住满 7 年后获得香港户籍，才是移民生活的首要目标。在这 7 年时间里，他们不希望因为与香港网友发生激烈的冲突而影响香港特区政府对香港新移民实施的管理政策，进而最终影响自身的移民计划和流动生活。最后，和年轻一代的“家庭团聚型”香港新移民相比（后者的在线政治参与意愿较弱），年轻一代的“投资商业型”香港新移民在社交媒体上的政治参与频率和积极性都较高，同样作为年轻一代的香港新移民，这两类青年移民的社交圈子极大地影响了他们的社交媒体政治赋权意愿和表现。具体来看，尽管年轻一代的“家庭团聚型”和“投资商业型”香港新移民都在香港接受教育，有比较多的本地社会关系，但是现实的情况是，两类青年移民所在的社会圈层有着较大的差别。“投二代”香港新移民的父母辈为了让子女接受更好的教育，以适应香港国际化的都市生活，他们往往会为自己的子女选择香港的一些国际学校，而二代“家庭团聚型”香港新移民由于家庭经济收入和居住区域的限制，更多地会入读本地公立社区学校。由此造成的社交圈层差异是，“投二代”香港新移民得以接触更多国际化的思想和文化，在赋权意识上更具有先锋性，同时由于他们的家庭经济条件较好，一般来说在校生活期间香港本地同学对他们的友好程度也较高，使得他们的在线公共表达更加有自信，他们也更敢于在社交媒体上针对一些公共议题发声和讨论。

最后，就“知识优才型”香港新移民的情况来看，他们的社交媒体政治赋权与前两类香港新移民相比有较大的差异。第一，“知识优才型”香港新移民的社交媒体赋权积极性较强，他们经常会在各类社交媒体上（包括微信、微博、WhatsApp、Facebook、Instagram 等）讨论政治公共议题，由此造成的一个现实状况是，近年来香港社会政治环境紧张，尤其是涉及内地、“香港—内地”关系、香港新移民政策等问题时，很容易就会引发网上的热议和争论，在这样的现实语境下，“知识优才型”香港新移民的赋权意识和赋权行为可能使自身陷入新一轮的社会融合困境，即他们在社交媒体上讨论相关政治议题时引发关于政治身份的焦虑，触发关于文化身份的“迷思”。有受访者表示，未来是否选择以香港作为定居城市也是影响他们社交媒体政治参与行为的一个重要因素。对于那些打算在毕业或工作一段时间后回归到内地的“知识优才型”香港新移民来说，他们更倾向于不在社交媒体上过多地讨论香港政治问题，一方面是因为他们认为香港只是他们提高学历和优化工作经历的地方，他们不想过多地介入香港社会的争议中，认为这些事情与自己关系不大；另一方面，为了更好地维护内地的社会关系，他们不希望针对香港问题与内地的朋友产生意见分歧甚至矛盾，即使要发声或者讨论，他们也仅会在内地朋友较少使用的社交媒体上进行，如 Facebook、Instagram 和 Twitter。这种基于不同平台用户的在线公共讨论行为是“知识优才型”香港新移民社交媒体政治赋权的另一特征。结合研究素材，笔者归纳总结了“知识优才型”香港新移民社交媒体政治赋权特征的几方面形成原因：第一，大部分“知识优才型”香港新移民有内地和香港两地的教育背景，他们在来到香港之前已经基本形成了自己的世界观、价值观和人生观，思想观念相对稳定；来到香港之后，因为接触到一些冲击内地与香港关系、歧视香港新移民的思想观念和社会话语，很容易就会产生一种反感和负面的心理。在这种心理的驱使下，他们可能会更积极去参与一些在线政治的讨论活动，主动为内地以及内地人发声，因而在网上也更容易遭到香港网民的抨击和舆论暴力，从而进一步影响他们在香港生活期间的心理体验和感受。第二，几乎所有受访者都表示，他们与内地的同学和朋友依然保持着比较密切的联系，也会经常在社交媒体上分享和交流关于香港问题和香港社会的看法。尽管他们中的大多数人都认同内地的价值观和文化，但是身处香港的生活现实，使得他们对一些香港本地社会出现的争议性话题也比较包容甚至“摇摆”，一旦他们发现自己的观点与内地的朋友相冲突，他们往往会感到焦虑甚至害怕，不得不承受更多的心理压力。第三，大多数“知识优才型”香港新移民在 18—25 岁来到香港，这一时期也是社会关系建构和拓展的高峰期，他们在香港建构出了比较丰富的社会关系和人脉网络，不少人更是在香港寻找到自己的另一半，因此他们与香港本地人之间社会联系更紧密，而且这种社会关系的黏性无形中也限制了他们的在线政治表达和参与。举例来说，当他们想在社交媒体（如 Facebook 和 Twitter）上发布一些抨击香港社会的看法时，他们也会担心被香港本地的亲友看到而造成不必要的尴尬，受此影响，他们可能会选择不发声或是“假装站队”，而这种表现和行为也会无形中加剧他们的政治身份焦虑感。

五、本章小结

史蒂文森指出：“媒介就是政治，政治就是媒介。”[①]在本章中，笔者分析和讨论的就是社交媒体作为一种工具如何对香港新移民群体的政治赋权产生影响。无论从政治行动还是政治言说的层面来看，我们都可以发现，以香港新移民为代表，他们在社交媒体的使用过程中，并非以一种平等的身份参与到政治生活中，即使是在虚拟的空间里，政治生活也依然是“有门槛”的。

有关注新媒体与赋权的学者提出，新媒体赋权的作用主要体现在信息、表达、行动三个方面：“第一，它赋予我们获知信息的权利；第二，在获取异质性信息的同时，有了表达的可能，形成公共讨论与辩论；第三，表达本身就是一种行动，这里的行动强调表达的行动与现实行动的结合，强调权力与能力的统一，强调行动中的改变。”[②]信息、表达和行动这三个层面也是本研究中，笔者重点关注和评价不同类型的香港新移民利用社交媒体产生政治赋权意义的重要标准。从信息的层面来看，就当前社交媒体发展和应用情况而言，政治通讯与信息本质上已经被这种虚拟媒介空间所捕获，社交媒体已经作为一种工具渗透在我们的日常生活中，在媒体空间之外，就只有政治的边缘化了。也就是说，无论是哪一种类型的香港新移民，想要在香港实现更高层面的政治赋权，并借此加快社会融合的进程，都离不开对社交媒体的使用和重视。但是具体来看，对信息掌握程度的不同，是影响不同类型的香港新移民实际所能产生的政治赋权的限制因素之一。有学者指出，“在美国，谁操纵政治信息的能力最强，谁的政治权力就最大”[③]。反过来说，拥有更大政治权力的人，其操纵政治信息的能力也更强。从这个层面上看，“知识优才型”

---

① 史蒂文森.认识媒介文化[M].王文斌，译.北京：商务印书馆，2013：194.

② 师曾志，金锦萍.新媒介赋权：国家与社会的协同演进[M].北京：社会科学文献出版社，2013：13.

③ 班尼特.新闻：幻象的政治[M].杨晓红，王家全，译.北京：中国人民大学出版社，2018：25.

香港新移民由于整体年龄较小,且文化知识水平和媒介素养都较高,他们利用社交媒体获取政治信息的表现要优于"家庭团聚型"和"投资商业型"香港新移民。

从表达的层面来看,新科技的出现,毫无疑问为不同群体之间的讨论和交流创造了平台,陌生人也可能在新传播技术的推动下实现经验的交流和分享。毋庸置疑,社交媒体对释放网络力量、分散社会权力、形成新的社会结构都有一定的影响。可以说,社交媒体对促进香港新移民群体在香港的政治和公共参与有一定的积极作用,社交媒体在"参与式民主"方面带来的效能不应被忽视。在互联网的传播范式下,传播主体在某种程度上变成了权力主体——人们对信息的掌控能力、对观点的表达能力,或多或少地体现了这些权力主体所具备的权力的大小。具体来说,社交媒体赋予了香港新移民公共辩论、公共教育和公民参与的机会和途径,对香港社会有一定的影响。但与此同时,我们也不难发现,尽管从客观条件和社会环境来说,社交媒体的这种赋权功能是存在的,但是实际上,不同类型的香港新移民群体对利用这种功能的意愿和积极性有着明显的差别,同时他们真正能够利用社交媒体实现政治赋权的能力和行为模式也各不相同。访谈结果显示,在三类香港新移民中,"家庭团聚型"和"投资商业型"香港新移民借助社交媒体进行政治表达的意愿和积极性较低,但是影响二者积极性的原因又有所不同,前者是受到客观经济、文化、媒介素养、社会水平等的限制,导致他们普遍缺乏通过社交媒体进行发声的主观意愿和想法;后者则是具备了利用社交媒体进行政治表达的主观能力和条件,但是认为政治参与不是生活的重要内容,所以缺乏参与的积极性。而对于"知识优才型"香港新移民来说,尽管他们在参与意愿和参与能力上都具备了社交媒体政治表达的条件,但是由于在社交媒体政治参与的过程中,他们逐渐感受到香港人对自己观点"天然的抗拒",他们发现基于社交媒体的公共讨论依然难以持续,长此以往,"知识优才型"香港新移民会产生对自身"身份"的焦虑,这种焦虑感反过来又阻碍和影响了他们进一步利用社交媒体进行政治表达的积极性。

从行动的层面来看,政治参与是动态和静态过程的集合体。从动态的角度来看,政治表达、政治参与、政治协商能够帮助我们完善社会制度和生活方式;从静态的角度来看,政治参与又体现为一种相对稳定的制度安排和社会模式。民主,即使是在网络空间里,也始终是有门槛的。对于不同类型的香港新移民而言,即使社交媒体具有一定的政治赋权作用,也绝不意味着它对所有人的意义都相同——并非所有人都能通过充分接触和使用社交媒体而实现政治赋权。即使文化知识水平较高的"知识优才型"香港新移民,在利用社交媒体进行政治赋权时也依然感受到约束和限制。不少受访者提到,他们在移居香港前,在社交媒体上已经非常清楚地感受到香港人对内地人的歧视态度。无论社交媒体改变社会的方式如何,其最后形成的社会新秩序依然是建立在旧秩序基础上的。

此外,研究发现,"缺权""失权"问题最严重的"家庭团聚型"香港新移民是利用社交媒体实现政治赋权水平最低的一群人。近年来,从社会舆论和媒体报道来看,关于"家庭团聚型"香港新移民的公共政策问题一直是香港社会热议的问题之一。然而结合深度访谈,笔者尚未发现"家庭团聚型"香港新移民对这些政策问题有积极的讨论;反之,一些原本对"家庭团聚型"香港新移民就抱有一定歧视和偏见的媒体和网民大肆利用社交媒体对涉及"家庭团聚型"香港新移民的失实言论以及针对他们的不合理公共政策加以润色,久而久之,"家庭团聚型"香港新移民只能成为新媒体技术环境下权力越来越边缘化的一群人。

正如卡斯特所说,"哪里有控制,哪里就有反控制的斗争"①。从这个角度来看,政治赋权势必成为被称作"弱势群体"的香港新移民在香港生活期间的重要生活内容。不可否认的是,社交媒体给人们的日常生活带来深刻的影响,传播与权力的关系以及由此形成的人们日常生活的发展转向,已经成为传播学、社会学、政治学等多门学科共同关注的时代命题。有学者认为,"互联网赋予受排斥的群体以权力" ②。但是,政治变化并不代表着立竿见影的社会结构变迁。尽管从网络形态和结构特点来看,互联网挑战了

① 卡斯特.认同的力量(第二版)[M].曹荣湘,译.北京:社会科学文献出版社,2006:151.
② 柯兰,芬顿,弗里德曼.互联网的误读[M].何道宽,译.北京:中国人民大学出版社,2014:13.

传统社会语境下"金字塔式"的话语权力架构,为每个身处其中的个体带来政治赋权的机会和权力,但是,从本质上看,互联网并非如媒介研究乐观者所想象的,可以促进社会的绝对公平,消除所有的政治与社会矛盾,相反,互联网作为现实社会的折射,不断反映着真实世界里的不平衡、隔阂与冲突。

第五章
香港新移民的社会融合策略探讨:从社交媒体的角度

一、香港新移民的社交媒体使用、赋权与社会融合:新变量的引入

从目前社会融合的学术成果来看,大多数学者围绕结构性因素(如教育、职业、住房等)和文化性因素(如身份认同、通婚情况等)对移民群体的社会融合表现影响进行研究,部分引入媒介使用作为关键变量因素的研究也多聚焦于媒介与移民形象方面的探讨。近年来,随着新媒体尤其是社交媒体的快速发展和广泛普及,关于社交媒体与移民群体社会融合问题的研究也吸引了众多国内外学者的关注,但是从文献梳理情况来看,这些研究多聚焦于社交媒体与移民人际关系的相关问题,仅从结构性社会融合的角度讨论了社交媒体对移民群体的影响,对于社交媒体如何影响移民群体生活的其他方面,在学术话语上则少有论及。

本书沿着"量化数据"+"质化分析"的阐释思路,结合深度访谈、调查问卷、社交媒体内容分析、社会网络分析等研究方法,将"赋权"作为一个重要的概念和问题引入社交媒体与社会融合的研究中。研究发现,对于香港新移民而言,社交媒体作为一种具有赋权潜力的工具,在某种程度上为权力扁平化的实现带来了可能。从赋权的角度来看,社交媒体赋予香港新移民社

会融合方面的“权力”至少包含四方面的积极含义：

一是提高和影响个人生命历程的能力。在香港生活期间，大部分香港新移民都需要经历“不适应—适应—融合”这样一个阶段，在每一个阶段，让他们感受到自我尊重、自我接纳、自主权力等，是社交媒体赋权对他们在个人层面上所能产生的意义。

二是实现自我价值表达的能力。从个人赋权的层面来看，香港新移民利用社交媒体进行赋权意味着他们能够按照自己的意愿和想法建构个人形象，获取自我认同，从而避免了在传统跨文化社会语境下，移民群体容易受社会主流的意见影响而陷入失语状态。

三是建立社会关系和社会交往的能力。对于处于“弱势”地位的香港新移民来说，在香港生活期间获得更多的社会关系，扩大社会关系网络，并从中获取更多的社会资本，帮助自身获取更多的社会支持，既是“赋权”对他们的重要意义和积极内涵，也是促进他们在香港实现更高水平社会融合的必要前提。

四是获得对社会和公共事务的影响甚至决策能力。从政治赋权的层面出发，对于香港新移民来说，在参与政治的过程中做出自己的贡献，促进政治革新，是社交媒体赋权为他们带来的重要“权力”内涵，也是实现社会融合的重要内容。

作为一种赋权的方式和手段，社交媒体帮助三类香港新移民在个人、关系和政治赋权的层面上提高了一定的赋权能力，从而实现了更好的社会融合（包括结构性的和文化性的）。这种影响的路径和方式如图 5-1、图 5-2、图 5-3 所示。首先，在个人赋权层面，借助社交媒体，香港新移民可以实现：（1）在社交媒体上积极发声，回应社会赋予他们的刻板印象，主动形塑一种不同于传统意义的香港新移民形象，改变香港传统话语表达中对他们持有的负面偏见，促进香港新移民和本地社会之间的良性互动，增强香港新移民对香港的心理归属。（2）文化融合包括文化接触、文化交流、文化整合。香港新移民来到香港生活之后，通过接触社交媒体信息，他们可以更轻松和便捷地了解到香港本地文化，为文化融合创造了机会；在文化交流方面，社交媒体为香港新移民和香港本地居民尤其是香港年轻人之间的文化交流提供了平台和空间;而在文化整合方面,社交媒体帮助香港新移民与香港本地文化之间实现了相互吸收、融合和涵化。(3)社交媒体为香港新移民参与公共生活提供了信息源,以 Facebook 为代表的社交媒体是他们接收社会热点事件信息的主要渠道。借助这些渠道,他们对社会问题有了更多的了解和认识,从而可以更积极地参与社交媒体上的公共问题讨论。在参与过程中,香港新移民可以改变以往香港主流话语中香港新移民"政治冷漠""政治冷感"的负面形象,提高自己的政治参与水平,加快实现社会融合。

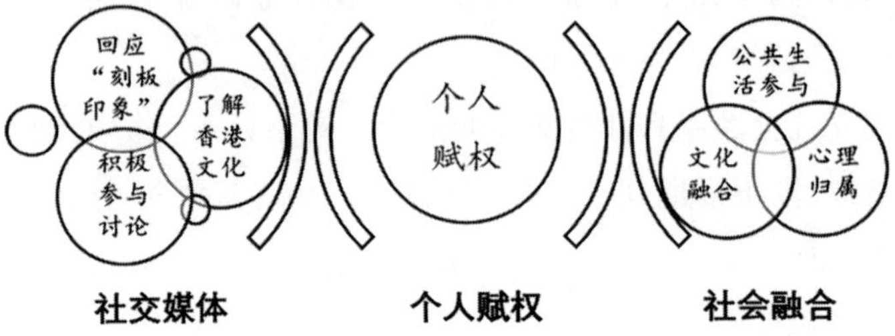

图 5-1 社交媒体使用与香港新移民的个人赋权和社会融合

其次,在关系赋权层面,社交媒体同样通过三方面的影响改变香港新移民的社会融合:(1)社交媒体帮助香港新移民(尤其是"投资商业型"和"知识优才型"香港新移民)在一定程度上开拓了香港本地的社会关系,提升了他们的社会融合水平。(2)社交媒体促进了香港新移民与不同类型社会关系的交往,这种交往放弃了传统的"香港人"还是"内地人"的二元对立文化身份,在虚拟的在线空间搭建了一个"香港"和"内地"的融会点,帮助香港新移民实现了文化身份认同。(3)除了帮助香港新移民开拓新的社会关系外,社交媒体还会帮助香港新移民维持原有的社会关系,这种关系有助于他们获得情感性社会支持,使他们可以更好地适应香港的现实生活,缓解社会融合的困境。也就是说,社交媒体既能帮助香港新移民建构新的社会关系,同时也能帮助他们维持原有的社会关系,尤其是这种原有的社会关系,可以帮助香港新移民抵御外界压力,缓解外界对自己所属群体的不友好和负面情绪。

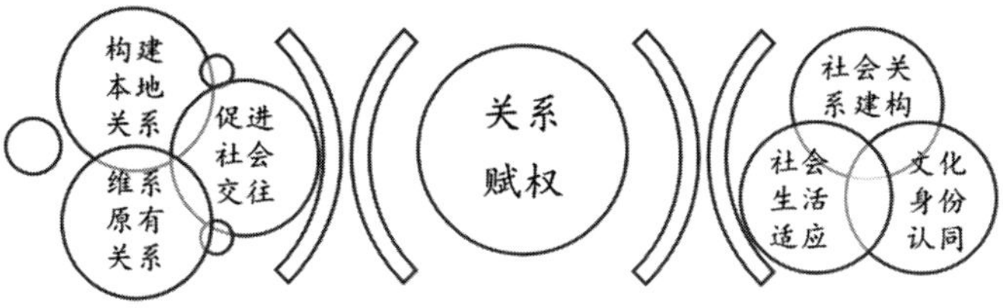

图 5-2　社交媒体使用与香港新移民的关系赋权和社会融合

最后,在政治赋权层面,社交媒体在三个方面影响了香港新移民的社会融合:(1)借助社交媒体,香港新移民可以更好地获取公共生活资讯,对香港的社会认同也会因此受到影响。(2)社交媒体为香港新移民参与政治讨论提供了一个相对匿名和开放的平台。(3)通过在社交媒体上分享、发布、评论政治信息,香港新移民获得了与香港本地网民交流的机会。

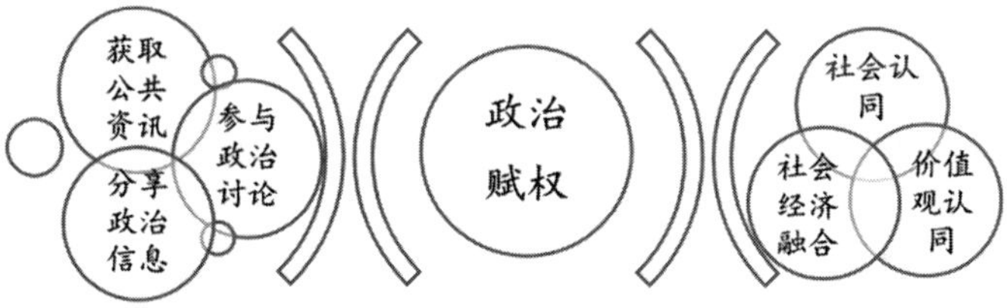

图 5-3　社交媒体使用与香港新移民的政治赋权和社会融合

本书以香港新移民群体为研究对象,将“赋权”作为一个重要的变量引入社交媒体、移民与社会融合的研究中,通过丰富的研究材料佐证了社交媒体与移民社会融合之间的相关性。本书虽然未能以建构模型的方式准确定义和描述出香港新移民在社交媒体使用、赋权能力和社会融合表现方面的路径,但还是为社交媒体与移民社会融合研究提供了一定的思路和方向,在一定程度上填补了目前社会融合研究的知识空白,完善并扩充了已有的关于社交媒体与移民社会融合研究的知识体系和学术议题。

二、解释差异:影响香港新移民社交媒体赋权和社会融合表现的深层因素

本书虽然以"社交媒体"作为关键词之一,但是反对媒介中心主义和媒介决定论,而是将社交媒体视作一种存在于人(香港新移民)生命历程中的影响因素。尽管研究发现,社交媒体确实在一定程度上扮演了一种赋权的工具角色,帮助香港新移民在香港更好地实现了社会融合,然而,从实际情况来看,赋权既是工具又是目标,既是手段又是结果,既是过程又是意义。正如马丁·路德金所支持的权力观——权力本身就是一种实现目标的能力——一个人天然所拥有权力的大小,不可避免地成为影响和制约他们最终所能获取权力多少的因素。在本书中,影响香港新移民利用社交媒体进行赋权的一个重要因素就是这些社交媒体使用者本身所拥有权力的大小。研究发现,在社交媒体的主动赋权行为中,针对不同类型的香港新移民群体,社交媒体所能产生和带来的社会融合意义有所不同。

总的来说,香港新移民在社会中的结构位置和群体特点影响了他们利用社交媒体进行赋权并增进社会融合能力的行为和效果,也是造成不同类型的香港新移民通过社交媒体实现赋权以及社会融合时产生差异表现的深层原因。也就是说,三类香港新移民在使用社交媒体的过程中形成了不同的赋权表现及效果,其根本原因不在于移民政策类型不同,而应归结于三类香港新移民在社会经济地位、受教育水平、来港时间、社交圈子等方面存在的结构性差异。总的来说,可以解释这种差异表现的因素包括但不限于:

第一,对技术的掌握和应用能力,或称为社交媒体的媒介素养,是影响香港新移民能否借助社交媒体实现赋权和社会融合的重要基础甚至是根本前提。尽管赋权的出发点是为社会不平等的问题和现象提供一种解决的思路和可能性,但是从实际情况来看,社交媒体作为一种工具在为部分香港新移民赋权的同时,也可能在某种程度上造成"减权"的问题——尤其是随着新媒体技术的不断成熟和普及,不能熟练掌握相关技术的个体与那些熟练使用新媒体进行赋权的个体相比,两者之间可能出现更大的权力区隔,社交

媒体赋权的现实效果和差距也会愈加明显。这也从侧面印证了卡斯特关于新技术应用和采纳的观点，即除了获取一定的设备外，对技术的采纳和使用是造成由技术带来的技术分化的更主要因素。

第二，教育和文化水平是影响香港新移民利用社交媒体为自身赋权和实现社会融合的另一个制约因素。正如社会学家布迪厄所说，教育是阶层再生产的重要方式，因为教育可以培养出人们不同的“惯习”，“这套惯习将使人应对文化、社会和自我具有不同的形式，从而带给个人不同的文化技能、社会关系、行为适应甚至各种文化资本”①。不同受教育程度和文化水平的香港新移民利用社交媒体进行赋权和实现社会融合的表现确有差异。一方面，在三类香港新移民中，具有较高文化知识水平和新媒介素养的“知识优才型”香港新移民更擅长利用社交媒体实现赋权，这也有助于他们更好地实现社会融合；而另一方面，由于“知识优才型”香港新移民的赋权意识和赋权能力都较高，他们在使用社交媒体的过程中所感知到的社会排斥和敏感冲突情绪也较大，这有可能进一步激化他们现实生活中所面临的社会融合矛盾。

第三，在三类香港新移民（尤其是“家庭团聚型”和“投资商业型”这两类年龄跨度较大的香港新移民）中，以年龄为划分标准的社交媒体赋权能力的代际差异情况突出。对于年轻一代的香港新移民而言，一方面，因为他们更早地接触社交媒体，同时对社交媒体的依赖程度也较高，他们更习惯并擅长利用社交媒体进行发声，社交媒体对他们生活的渗透性和影响力都更大，无论是塑造个人形象，还是拓展社交圈层、参与公共生活，社交媒体所能产生的积极效应都很显著；另一方面，相比年长一代的香港新移民，年轻一代的香港新移民受传统媒体的关注度较低，被“污名化”现象也相对轻微，这使得他们更敢于也更愿意在社交媒体上与香港本地人尤其是年轻人进行交流和互动，并在此过程中促进彼此的关系建构和价值观理解，从而实现社会融合。

---

① 吴莹.文化、群体与认同：社会心理学的视角[M].北京：社会科学文献出版社，2016：157.

第四,社交媒体在特定社会语境下的影响力也限制了其对香港新移民所能产生的赋权和社会融合效应。尽管以社交媒体为代表的网络新媒体对现有的媒体结构和传播制度提出了挑战,但现实状况是:一方面,在香港新移民中仍未实现社交媒体的全面民主化,并非所有香港新移民都具备利用新媒体进行赋权的能力;另一方面,电视、报纸等传统媒体对香港新移民仍具有强大的政治和文化影响力,香港新移民想要单纯依靠社交媒体解决他们的社会融合问题,并非易事。

第五,香港新移民群体自身的赋权意愿和社会融合积极性也影响了社交媒体可能产生的积极效果。研究发现,虽然社交媒体的确为被称作“边缘群体”“弱势群体”的香港新移民提供了一些机会,让他们在虚拟的公共空间里寻求新的角色定位,以另一种方式参与到公共生活中,成为新媒体内容的生产者,但实际上,从主观意愿来看,绝大多数的香港新移民,尤其是“家庭团聚型”和“投资商业型”香港新移民,他们已经在某种程度上潜移默化地接受了香港社会和传统媒体赋予他们的移民身份和社会角色,改变自己,融入本地社会,往往是他们优先选择的生活策略。

第六,语言和文化背景是制约香港新移民借助社交媒体实现赋权以及社会融合的重要因素。在本书中,深度访谈的对象既有来自粤语地区的,也有来自非粤语地区的。一个显著的表现是,那些来自粤语地区(包括广东和广西,尤其是以广东为主)的香港新移民移居香港后适应能力更强,因为不需要语言的磨合。而在香港,语言又是一种区分“你我”的重要评判标准,来自非粤语地区的香港新移民更不容易为香港本地人所接受,受这种文化传统和社会惯习的影响,非粤语地区的香港新移民移居香港后所面临的融合困境也更大;而一旦他们在社交媒体上的话语表达暴露出自己的原有身份,则更容易遭到攻击和歧视,他们的自我表达和公共参与意愿也会变得更加消极。

英尼斯认为,“不同媒介对控制力有着不同的潜力……如果一种媒介很容易被普通人接触到,它就会被民主化”①。然而,在整个社会中,资源分配并不是均等的,根据社会阶层的差异进行划分,每一类社会阶层的成员都有自己明确的身份属性。来自不同社会阶层的成员在获取和利用资源方面的能力有着显著的差异,包括媒介资源和媒介素养能力。正如有学者指出,“决定技术成功的不是它的硬件,而是它的软件”②。

从这个角度来看,社交媒体作为一种传播工具和技术形式,其真正能对社会造成的影响和效果取决于人们应用这项工具的能力和行为——对于香港新移民来说,利用社交媒体进行赋权和社会融合的意义有多大,并不取决于社交媒体本身,而是它的使用者(香港新移民)。综合来看,香港新移民利用社交媒体进行赋权并实现社会融合需要经历以下几个阶段:从认识到无能为力,到自我和社会意识的觉醒;从对话到采取行动,最后形成和提炼关于“媒介与个人生活”的理解和经验。这一过程不是线性发展的,而是循环反复、自我强化的。

结合近年来香港的社会现实以及香港独特的发展历史,以全球化的视角来看待香港新移民融合问题,我们不难发现,无论是“融合”还是“排外”,其根源并非来自香港本地民众的情绪或态度,而是政治权力结构差异和社会经济资源分配不均衡所致。传播学者格雷厄姆·默多克和彼得·戈尔丁早就提出警告,传播技术的发展既有可能打造出一个更扁平、更开放的社会环境,同时也有可能形成一个由两个阶层组成的传播社会,把那些能够完全享受电子化通路的人与那些因为缺少手段、教育或技术支持而无法充分参与电子对话的人割裂开来,这个问题也被称为“数字鸿沟”(Digital Divide)。尽管从香港新移民当前的社交媒体接触和使用的整体情况来看,“数字鸿沟”从接入和使用的层面上看已经基本被填平,但是对于不同类型的香港新移民来说,基于社交媒体使用差异而形成的赋权差异已经初步呈现出一个“赋权鸿沟”(Empowerment Divide),并由此形成了一个“融合鸿沟”

---

① 梅洛维茨.消失的地域:电子媒介对社会行为的影响[M].肖志军.北京:清华大学出版社,2002:13.

② 克劳利,海尔.传播的历史:技术、文化和社会[M].董璐,何道宽,王树国,译.北京:北京大学出版社,2011:155.

(Integration Divide)。这也就是说,如果香港新移民不能借助社交媒体为自身取得主动赋权的机会,提升自己在个人、关系、政治赋权等方面的表现,则社交媒体所能为他们提供的在社会融合方面的机遇也会受到限制;尤其是对于那些本来已经相对处于更弱势地位的香港新移民("家庭团聚型"香港新移民在社会融合方面的表现是三类香港新移民中最差的)来说,社交媒体的作用和意义更应该被重视,而现实的情况却是,"家庭团聚型"香港新移民在利用社交媒体实现个人、关系尤其是政治赋权方面的表现都并不理想。一旦社交媒体不能帮助他们实现增权,则不仅可能影响到他们自身在香港的社会融合表现,还会拉大他们与其他两类香港新移民之间社会融合能力的差距,这使得他们更难找到具有参考和归属意义的内群体,加深了流动生活状态下的漂泊感和不确定感,也进一步被边缘化。对于香港新移民来说,社交媒体既代表着积极的赋权希望,同时也意味着生活的挑战和赋权的障碍。

三、香港新移民的社会融合策略探讨:从社交媒体与赋权的视角

过去二十年,香港新移民成为香港人口的重要组成部分,由香港新移民带来的各种议题也越来越成为香港社会的公共性议题,其中不少是观念甚至政策层面上的争议性话题。数据显示,自从香港回归后,从内地移居到香港的总人数粗略计算约有100万,占香港近730万总人口的13.6%。1 近年,针对越来越严重的房屋、医疗、教育、"水货客"、公共福利等问题,香港舆论大多把问题根源和矛头指向这批香港新移民。不少香港人认为,香港政府应通过取消或修订"单程证"制度、减少接收内地学生、限制非本地人购房等政策,缩减内地人来港的途径,从而减少香港新移民的数量;更有一些极端的组织,为了表达对香港新移民的不满和抵制,不断制造暴力行为,激化矛盾。然而,作为香港人口结构中不可或缺的一部分,香港新移民却在学术层面上很少被关注。在这一背景下,本书以香港新移民作为研究对象,围绕"社交媒体与移民生活"展开讨论。

基于古铁雷斯等人提出的三层赋权理论模型,本研究综合选取了问卷

调查、深度访谈、社会网络分析和内容分析等研究方法，围绕社交媒体在多大程度上作为一种赋权工具帮助香港新移民群体在香港实现社会融合这一核心问题展开探讨，其中，对赋权的讨论分为个人层面、关系层面和政治层面，对社会融合表现的分析涉及结构性社会融合和文化性社会融合两方面。为了让研究更具有说服力以及理论建构能力，笔者在研究材料的处理上遵循的是“量化数据”+“质化分析”的阐述思路。

总的来说，通过接触和使用社交媒体，香港新移民都在一定程度上增强了自身的赋权能力，包括个人、关系和政治层面的赋权，都受到社交媒体的影响而有所提升，与此同时，香港新移民也在社交媒体的作用和帮助下提高了在香港生活期间的结构性和文化性社会融合水平。但是，具体来看，将社交媒体作为一种赋权工具，并非对所有类型的香港新移民都有所帮助，在香港新移民群体内部，利用社交媒体进行赋权并由此提升社会融合水平的表现存在显著的群体间差异，其中“家庭团聚型”香港新移民的表现普遍较不理想，而拥有较高文化知识水平的“知识优才型”香港新移民和处于较高社会经济地位的“投资商业型”香港新移民在这种社交媒体赋权的过程中同样面临困难重重。

本书以“社交媒体”“赋权”“社会融合”作为关键词，对三类香港新移民群体的社交媒体使用、赋权能力和社会融合表现进行综合探究。基于前面几章的研究发现和香港新移民群体在香港的生活现状，从社交媒体与赋权的角度出发，笔者认为，以社交媒体作为赋权工具，香港新移民可以借助于群体本身、媒体、政府、非政府组织等来实现社会融合。

（一）集体记忆的扭转和重塑：打破“刻板印象”

香港部分政治团体和媒体一直对香港新移民抱有某种负面态度。要想打破香港社会和香港本地居民心目中固有的关于香港新移民的“刻板印象”，从社交媒体的视角切入，笔者认为需要包括各种组织和群体的共同努力。

首先，媒体报道要凸显社会责任，坚持社会利益、商业利益和政治利益并存的媒体框架。新闻媒体在对各个社会群体进行报道时,应该有责任和义务去关注、描绘社会的“弱势群体”,不仅要把他们带进大众的公共视野,同时也应该呼吁社会各界对这些群体表达关心、关怀和支持。尤其是在互联网时代,一些媒体为了博取眼球和所谓的“流量”,设置了一些煽动性、片面性的新闻标题和内容在媒体上传播,使网民对内地在港移民的负面印象进一步加深和固化。无疑这对于香港社会发展和社会融合是不利的。因此,笔者认为,媒体应在新闻框架的选择上保持中立和客观,帮助香港新移民群体实现赋权,发挥媒体的积极作用。

其次,社会组织与社会机构应该借助社交媒体,为香港新移民顺利融入香港社会提供空间和契机。其一,在香港的一些非政府组织在开展帮助香港新移民群体实现赋权和社会融合的工作时,应该充分利用和发挥各个社交媒体平台的优势,进行有效的内容生产和内容传播,提高新媒体传播的有效性。其二,香港特区政府应该有针对性地开展对香港新移民的正面传播,抵制失实言论,纠正错误偏见,促进香港新移民和本地社会之间取得真正的社会融合。

最后,作为数字旅居者的香港新移民,应该充分借助社交媒体完成个人的形象塑造,主动发声。第一,香港新移民群体应积极利用社交媒体进行形象传播,主动发声,塑造正面、立体、丰富的香港新移民群体形象。第二,在使用社交媒体的过程中,香港新移民群体可以提升自己建构社会关系、获取各类社会支持的能力,增强和促进自身与香港社会不同群体的交流和互动。第三,以社交媒体作为公共参与工具,为香港社会的公共发展做出更大的贡献。

(二)交往空间的流动和突破:新的“在场”感

“偏见”和“歧视”往往在日常交往中产生和再生。根据麦克卢汉的说法,“媒介是人的延伸”。随着互联网的普及,麦克卢汉的媒介观念在当下体现为人们制造出一种虚拟的在场感,所谓的“我们”和“他们”之间的距离不断拉近,角色不断更换,甚至在一些自媒体平台上可能出现了权力的翻转,基于社交媒体的虚拟流动和在线“旅行”成为现实。对于香港新移民来说，借助社交媒体构建的虚拟交往空间，以及在此基础上形成的新的在场感和在场方式，至少可以从三个层面为自己实现赋权。

其一，从个人层面来看，在自媒体时代，每个人都在虚拟的空间里找到了自己的“位置”，创造出一个具有象征意义的身份符号。在现实场景下，香港新移民作为香港的一个“弱势群体”，扮演着“他者”身份，但是在网络世界里，他们有了与现实完全不一样的身份形象和符号，这种身份形象和符号增强了他们对自身的认同感和效能感，实现了在个人层面上的赋权。

其二，从关系层面来看，通过深度访谈和社会网络分析的研究笔者了解到，社交媒体不仅帮助香港新移民开拓了新的“本地—香港”社会关系，为他们争取到了一定的社会资源和社会支持，在此过程中，也促进香港新移民实现了更高程度的文化融合、价值观融合、文化身份认同等。

其三，从政治层面来看，结合前文提到的社会调查数据可以发现，除了政治合法性的身份无法因社交媒体赋权而改变外，香港新移民群体在应用社交媒体实现政治赋权和社会融合的过程中，至少可以从增强文化身份认同和提高媒介素养两方面切入，利用新的“在场”方式，积极提高自身的公共参与能力，做出对香港社会公共利益的贡献，从而建构更高水平和更高层次的政治赋权形态，促进自身的社会融合。

（三）价值观念的交织和互渗：双轨并行的认同方式

针对移民态度的社会学理论大体可以划分为情境因素理论和个人因素理论两大类，而在个人因素理论中，社会经济地位与自身利益、身份认同与价值观以及本地人与移民群体成员的接触这三个理论分支的影响最为突出。在这三个分支中，虽然社会经济地位论是最早被提出来的，但越来越多的研究显示，非物质的因素以及本地人同移民的接触在个体对移民态度方面有更重要的影响。结合前文的研究可以发现，在香港新移民的社会融合过程中，关于“认同”的问题始终无可避免。

笔者认为，从价值观念的认同方式来看，要提高香港新移民的社会融合水平，至少可以从文化价值认同和政治价值认同两方面切入，其中，文化价值认同是一种原生性的价值观念，而政治价值认同则是一种建构性的价值观念。结合社交媒体的作用，笔者总结出文化价值认同和政治价值认同双轨并行的认同方式路径，以提高香港新移民在香港的社会融合水平。

在文化价值认同方面，社交媒体可以为香港本地居民和香港新移民的文化价值观念交流创造一定的便利条件：首先，香港新移民可以借助社交媒体获得文化价值观念接触的机会，如通过 Facebook 关注、阅读本地的媒体内容，在信息接收上开拓不同的文化接触渠道，尝试了解和认识香港本地的主流文化和思想价值观念，为文化交流创造条件。其次，在一些社交媒体平台上，香港新移民群体可以尝试进行自身文化价值观念的表达和输出，尤其是对于“知识优才型”香港新移民来说，他们具有较高的文化知识水平，媒介应用能力和媒介素养都比较高，如果他们能够主动地在网络上发布和分享自己的文化价值观念，将有助于改变本地居民对香港新移民群体所持有的负面刻板印象。另外，基于文化价值的接触和表达，香港新移民群体还可以利用各类社交媒体，实现与香港本地居民之间的文化交流和文化融合，这对于促进香港新移民群体的文化身份认同、价值观认同、心理归属和文化融合等都能产生积极的影响。在政治价值认同方面，利用社交媒体，香港新移民至少可以从两方面缓解政治价值观念矛盾，促进社会融合。其一，社交媒体为香港新移民群体参与香港的政治生活提供了新的方式和机遇。在网络参政的时代，社交媒体已经成为香港居民尤其是年轻人的重要政治参与空间。通过积极地在社交媒体上参政议政，香港新移民不仅可以进一步了解香港居民的政治观念，更深入地分析和认识到近年来陆港矛盾在香港集中爆发的结构性原因，还可以提高自己在香港生活期间的政治参与能力和政治效能感，最终实现较高层次的社会融合。其二，政治价值认同是一种建构性的价值观念，相较于原生性的文化价值认同而言，政治价值认同更容易被改变和形塑，但是从近年来香港社会现实和不断涌现的案例来看，政治价值观念的冲突是香港新移民群体在香港面临的更常见问题。由此可见，要想解决这一问题，除了香港新移民自身的赋权努力之外，以各类非政府组织为代表的社会机构也应该积极利用社交媒体，为不同类型的香港新移民和香港居民创建沟通渠道和传输纽带，寻找政治价值观念的公约数。

（四）推动公共参与行为和交流方式的创新："新"移民形象的建构

在社交媒体的介入和作用下，香港居民和香港新移民应该共同努力，推动公共参与行为和交流方式的革新，扭转传统观念里香港新移民的语义内涵和刻板形象。香港居民应该帮助香港新移民建构出一种"新"的移民形象，减少因主观和负面偏见形成的移民"问题"。

第一，从广义上讲，公共参与不仅包含公民的政治参与活动，还包括所有有关公共利益、公共事务等工作的公众讨论和管理，指公民通过自己的参与行为，推动公共决策实施的相关过程。近年来，在香港出现了众多涉及公共事务的讨论和行动，无论是持有何种态度，香港新移民在新媒体的帮助下，都被赋予了表达的权利和可能。尽管如此，当前香港新移民利用社交媒体参与公共活动和公共议题发声的能力和积极性均相对较低，尤其是"家庭团聚型"和"投资商业型"香港新移民在网络上的发声行为几乎不可见，这也导致这两个群体在香港本地居民心目中的形象呈现出一种"被动建构"的特点；反观不少"知识优才型"香港新移民，由于他们普遍具备较高的媒介素养和文化知识水平，常常会在诸如 Facebook、Twitter、微信等社交媒体上参与公共议题的讨论，使得香港本地居民对他们的看法和态度也相对中立和友好。从这个角度来看，香港新移民利用社交媒体进行公共参与，提高自身的公共参与积极性，是塑造"新"的香港新移民形象的第一步。

第二，正如前文所述，根据移民理论的相关研究，移入地居民对外来移民者的态度往往持一种"群体"间比较的观念，也就是说，他们对移民的态度常常不是以个体而是以群体为单位进行比较和判断，因此很容易出现"以群体概括个体"的现象。这里除了第一点提到的不同类型的香港新移民个体应该积极地利用社交媒体进行公共参与和交流以外，作为群体的香港新移民也可以以"群体"为单位打造网络参与的公共空间，在 Facebook、Twitter、微博等平台上建立一些为所属群体服务的网络组织,鼓励群体成员积极地参与公共话题和公共事务讨论,以传递更强大的群体观点和声音,提高香港新移民在香港社会的群体形象。

第三,香港新移民可以有选择地在社交媒体上针对某些重点议题(如政治、民生)展开讨论,改变以往香港本地居民心目中的香港新移民公共生活参与度不高、不热心公共利益的“冷漠”形象。

结 语

香港之所以能够成为国际金融中心，部分原因可以归结于这是一座创新、包容的城市。由“漂泊感”到“归属感”——归根结底，本研究的目的是希望了解作为一种赋权的工具，社交媒体在多大程度上能够帮助香港新移民群体实现更好的社会融合，更好地应对各种各样的生活难题——无论是结构性的，还是文化性的。

研究发现，对于所有香港新移民来说，生活的机遇总是限定着他们所选择的生活方式，同时，他们所选择的生活方式又会进一步强化他们所能获得的生活机遇的分配机制。香港新移民利用社交媒体实现赋权程度的高低，受他们原本在社会结构中所获取的资源能力和资源大小的影响，进而影响了他们各自的社会融合水平；而香港新移民内部所体现出来的年龄、来港时间、社交圈层、文化水平、媒介素养、公共意识等结构性差异，也影响甚至决定了社交媒体通过赋权为他们的社会融合提供帮助的程度。对于香港新移民来说，利用社交媒体实现赋权能力的差异意味着他们在香港面临着截然不同的选择空间和生活机遇。

“围住了的血汗/围住了的跌宕/围住了当初的厚望/围住了的骇浪/围住了的症状……越来越渴/越来越觉没能力去闯出沙漠……”香港歌手李克勤的一曲《天水·围城》，正是对“家庭团聚型”香港新移民的一种真实写照。对于“家庭团聚型”香港新移民来说，他们大多脱离了原有的社会角色、支援系统和社会网络，随家人（多数情况下是配偶或父母）移居到香港，无论是经济、社交、文化还是公共参与,他们面临的阻碍往往是最大的,因此,思考如何借助各类途径包括社交媒体为自身赋权,对他们来说尤为重要。

“投资商业型”香港新移民在社会经济地位上优于大部分普通香港市民,然而“失权”“缺权”的问题对他们来说也依然存在,尤其是从政策话语层面来看,已经被中止的“投资移民”计划意味着在香港社会语境里,“投资商业型”香港新移民已经是“过去的故事”,甚至成为“不受欢迎的外来者”,如何发挥自身在社会经济地位和物质生活资源方面的优势,借助社交媒体提高赋权能力、改善社会融合状况,将为“投资商业型”香港新移民的生活故事写下浓墨重彩的一笔。

“知识优才型”香港新移民常常自诩为“天之骄子”,因为他们一般学业优异,多来自内地重点高校,或拥有海外留学、工作经历,习惯于以“精英”自居,但他们来到香港后却很难避免四处碰壁,无论是语言习惯还是文化观念、社会制度还是社会经济结构,作为传统“精英”群体的“知识优才型”香港新移民同样需要经历一个生活和心理的调适期。研究发现,作为一种赋权工具,社交媒体可以在一定程度上帮助“知识优才型”香港新移民解决这种融合困难,但从实际效果来看,这种影响并非绝对积极。

对“家园”及自我意义的寻找、对自我身份的认同、对个人权益的争取,将继续成为香港新移民在媒介历程里的重要故事。

附录 A　关于三类香港新移民的深度访谈提纲

亲爱的女士/先生：

您好！

我是来自广东省中山大学的博士研究生，本次访谈的目的是了解 1997 年后，作为从内地移居香港的居民，您在香港的生活情况。访谈内容大致包括社交媒体的接触与使用、赋权、社会融合等。调查结果仅用于学术研究，您的资料和个人信息也将会被绝对保密，调查需占用您约 60 分钟的时间，感谢您的支持与配合。

1.您好，请大致介绍一下您从内地来到香港生活的历程。

2.在香港生活以来，令您印象最深刻的或者最突出的感受是什么呢？您认为您在多大程度上已经融入了香港本地的生活？

3.请谈谈移居香港后，对您生活影响较大的都有哪些方面的因素，比如人脉关系、语言（是否会说粤语）、工作和职业、经济等。香港生活的哪些方面让您觉得比较舒服和顺心，哪些方面又让您觉得比较难以融合呢？

4.请谈谈您所使用的媒介对您在香港生活的影响。您在香港最常使用的媒介是什么呢？为什么会选择这一种或多种媒介呢？

5.您平常使用刚刚提到的那些高频媒介时,有哪些习惯和特点？

6.您认为选择和使用一种或多种媒介,最主要的目的是满足自己哪些方面的需求？或者说,媒介对您来说,什么功能是最重要的？

7.您刚刚提到的那些高频使用的媒介,在满足上述需求方面表现如何呢？

8.您认为社交媒体给您的生活带来了哪些影响？

9.您自认为是一个内地人还是香港人？平常在使用社交媒体的时候,您会如何阐明自己的身份？在香港,您认为哪些社交媒体可以帮助您建构和传播您所认为的这种个人身份？请具体谈谈社交媒体是如何帮助您建构身份的。

10.您认为使用上述提到的这些社交媒体,如何影响您对您身份的感知和认同？

11.您认为使用社交媒体,对您解决生活难题、实现人生目标有所帮助吗？能否结合具体例子描述一下。

12.在日常生活中,您如何利用社交媒体开展社交活动？请举例。

13.您平常使用上述提到的这些社交媒体时,联系得比较多的是同样来自内地的朋友还是香港本地的朋友？对您来说,他们分别意味着什么？

14.当选择不同类型的社交媒体建构和开拓社会关系时,您遵循什么原则？优先考虑哪些影响因素？能否结合具体的例子谈谈。

15.在香港生活期间,以下三种情况,您认为自己通过社交媒体获取哪一类型的帮助和支持更多？(1)需要金钱支助或周转;(2)需要获取工作、学习或其他生活方面的信息;(3)需要排遣负面情绪或倾吐心声。

16.您愿意在社交媒体上参与选举投票、公共事务讨论、阅读与分享政治和公共新闻吗？请具体举例说明。

17.您认为通过社交媒体参与选举投票、公共事务讨论、阅读与分享政治和公共新闻这几种活动,自身的参与能力分别如何？您认为哪些社交媒体对您自身的参与能力有较大的影响,能否举出一些个人的经历？

18.在上述提到的这些活动中,您认为能够通过社交媒体发挥自身影响力的是哪一种或是哪几种活动？哪些社交媒体平台的影响力比较大？

19.您认为不同类型的社交媒体分别如何帮助您融入或参与香港的公共生活？请举出一些具体的例子。

20.关于今天的访谈和讨论,您还有什么想补充的或是提出意见的？

附录 B 三类香港新移民社交媒体接触和使用、赋权与社会融合情况调查

亲爱的女士/先生:

您好!

我是来自广东省中山大学的博士研究生,本次访谈的目的是了解 1997 年后,作为从内地移居香港的居民,您在香港的生活情况。访谈内容大致包括社交媒体的接触与使用、赋权、社会融合等。调查结果仅用于学术研究,您的资料和个人信息也将会被绝对保密,调查需占用您 10—15 分钟的时间,感谢您的支持与配合。

第一部分 个人基本信息

1.【性别】请问您的性别是:

(1)女 (2)男

2.【文化水平】请问您的最高学历为:

(1) 初中或以下 (2)高中 (3)文凭/证书课程 (4)预科

(5)副学位课程(大专) (6)学位课程或以上(本科或以上)

3.【经济收入】请问您的家庭月均收入水平(单位:港元):

(1)2 万以下　(2)2 万—3.9 万　(3)4 万—5.9 万　(4)6 万—7.9 万　(5)8 万或 8 万以上

4.【居港时间】您的来港时间:

(1)1 年以下　(2)1—3 年　(3)3—5 年　(4)5—7 年　(5)7 年以上

5.【香港新移民类型】您通过下列哪种方式移居香港:

(1)家庭团聚(单/双程证)　(2)投资/商业项目　(3)本地求学或毕业后来港工作

第二部分　媒介接触与使用情况

6.您接触各类社交媒体的时间有多长?(1 为时间非常短,5 为时间非常长)

	1	2	3	4	5
接触社交媒体的时间					

7.请描述:在香港生活期间,以下这些目的和诉求对您接触各类社交媒体的影响程度分别如何(1 为最不重要,5 为最重要)?

	1	2	3	4	5
(1)获取信息					
(2)情感体验					
(3)增强信心,稳固社会地位					
(4)加强与家人、朋友的接触					
(5)娱乐、放松、休闲					

8.在香港生活期间,您使用各类社交媒体的频率如何(1 为频率最低,5 为频率最高)?

	1	2	3	4	5
使用社交媒体的频率高低					

9.请描述:在香港生活期间,您对各类社交媒体的依赖程度如何(1 为依赖程度最低,5 为依赖程度最高)?

	1	2	3	4	5
对社交媒体的依赖程度高低					

10.请描述:在香港生活期间,您利用各类社交媒体获满足生活所需的程度如何(1 为程度最低,5 为程度最高)?

	1	2	3	4	5
(1)获取信息					
(2)学习掌握生活技能					
(3)培养社会关系					
(4)融入本地生活					
(5)提高知识水平					

第三部分 香港新移民在香港的社会融合现状

11.从经济收入和消费支出情况来看,您认为您的经济水平在多大程度上与香港本地经济发展水平相一致(1 为完全不一致,5 为非常一致)?

	1	2	3	4	5
您的经济水平和香港经济发展水平的一致程度					

12.您认为自己在多大程度上适应了香港本地的生活(1 为非常不适应,5 为非常适应)?

	1	2	3	4	5
您在香港生活的适应情况					

13.在香港,您结识新朋友的难易程度如何(1 为非常容易,5 为非常困难)?

	1	2	3	4	5
您在香港结识新朋友的情况					

14.您通常通过以下哪一种或几种方式认识新朋友(1 为最不符合,5 为最符合)?

	1	2	3	4	5
(1)社交媒体、网络交友					
(2)工作、读书					
(3)同乡会					
(4)朋友介绍					
(5)社区生活及中心活动					
(6)其他方式					

15.在香港,您通常通过以下哪一种或几种方式与朋友交往(1 为最不符合,5 为最符合)?

	1	2	3	4	5
(1)社交媒体等网络交往					
(2)线下、面对面交往					

16.在香港,您认为可以被称为您“好朋友”的人有几个?

(1)1 个或没有　(2)2—4 个　(3)5—7 个　(4)8—10 个

(5)10 个以上

17.在您的“朋友圈”中,香港本地朋友和内地朋友的重要性分别如何(1 为最不重要,5 为最重要)?

	1	2	3	4	5
(1)香港本地朋友					
(2)同来自内地的朋友					

18.在香港,您参与下列活动的频率如何(1 为最不经常参与,5 为最经常参与)?

	1	2	3	4	5
(1)选举投票、公共辩论、游行示威等政治活动					
(2)使用公共图书馆、参观展览、观看文化演出、使用公共体育设施等公共文化活动					

19.请结合实际情况,判断你对下列陈述的认同程度(1 为最不认同,5 为最认同)。

	1	2	3	4	5
(1)“我对在香港的生活充满信心”					
(2)“我对在香港的生活感到幸福”					
(3)“我对在香港的生活感到满足”					
(4)“我为我是一个香港人而自豪”					
(5)“香港人这个身份对我很重要”					

20.您在多大程度上认同自己以下的两种身份(1 为最不认同,5 为最认同)?

	1	2	3	4	5
(1)“香港人”					
(2)“内地人”					

21.请判断以下描述在多大程度上与您的真实情况保持一致(1 为最不一致,5 为最一致)。

	1	2	3	4	5
我所认可的价值观和香港主流价值观一致					

22.以下关于“香港”的描述在多大程度上符合您的认知和判断(1 为最不一致,5 为最一致)?

	1	2	3	4	5
(1)活力的					
(2)友好的					
(3)发达的					
(4)安全的					
(5)包容的					
(6)美丽的					
(7)和谐的					
(8)繁华的					
(9)进步的					
(10)有文化的					

23.以下关于“香港人”的描述在多大程度上符合您的认知(1 为最不一致,5 为最一致)?

	1	2	3	4	5
(1)有礼貌的					
(2)素质高的					
(3) 有文化的					
(4)乐于助人的					
(5)自强不息的					
(6)开放包容的					
(7) 友善的					
(8) 创新的					
(9)团结的					
(10)乐观的					

24.您在香港与本地人一起居住的时间如何(1 为时间最少,5 为时间最长)?

	1	2	3	4	5
在港生活期间与香港本地人的生活紧密程度					

第四部分　个人、关系、政治赋权情况

25.请描述您在社交媒体上所使用的不同语言情况(1 为最不经常使用,5 为最经常使用)。

	1	2	3	4	5
(1)普通话					
(2)粤语					
(3)英文					
(4)其他语言					

26.请描述您在日常生活中所使用的不同语言情况(1为最不经常使用,5为最经常使用)。

	1	2	3	4	5
(1)普通话					
(2)粤语					
(3)英文					
(4)其他语言					

27.您对以下两种说法的认同情况(1为完全不认同,5为完全认同):

	1	2	3	4	5
(1)“我是香港人”					
(2)“我是内地人”					

28.在香港,您所认可的价值观在多大程度上被香港社会和香港人所接受?(1为完全不接受,5为完全接受)?

	1	2	3	4	5
我所认可的价值观被香港人和香港社会的接受程度					

29.结合实际情况,请对下列表述的认可程度进行评价(1 为完全不认可,5 为完全认可)。

	1	2	3	4	5
(1)“我能处理我在香港生活所面对的所有问题”					
(2)“只要尽力做,就可以解决在香港生活中的问题”					
(3)“对我来说,在香港实现自己的目标和理想是很轻而易举的”					
(4)“在香港面临生活困难时,我会寻求尽可能多的办法”					
(5)“即使被别人反对,我依然能够想办法取得我想要的”					

30.请描述:在香港的社交生活里,您和来自不同地方的朋友的交往情况(1 为最不符合,5 为最符合)。

	1	2	3	4	5
(1)“我和来自内地的朋友交往频率非常高”					
(2)“在香港生活,和我一样来自内地的朋友对我来说非常重要”					
(3)“我和香港本地的朋友交往频率非常高”					
(4)“在香港生活,香港本地的朋友对我来说非常重要”					

31. 请描述：在香港生活期间，香港朋友（香港本地人）为您提供的以下各类帮助的重要性分别如何（1 为最不重要，5 为最重要）？

	1	2	3	4	5
(1) 提供协助/引导/认可/解决问题的帮助					
(2) 提供求职/生活/教育等方面的信息和资讯					
(3) 让您产生受尊重/被支持/被理解等情感体验					

32. 请描述：在香港生活期间，（居住在内地的）内地朋友为您提供的以下各类帮助的重要性分别如何（1 为最不重要，5 为最重要）？

	1	2	3	4	5
(1) 提供协助/引导/认可/解决问题的帮助					
(2) 提供求职/生活/教育等方面的信息和资讯					
(3) 让您产生受尊重/被支持/被理解等情感体验					

33. 请描述：在香港生活期间，在香港的内地朋友为您提供的以下各类帮助的重要性分别如何（1 为最不重要，5 为最重要）？

	1	2	3	4	5
(1) 提供协助/引导/认可/解决问题的帮助					

(2)提供求职/生活/教育等方面的信息和资讯					
(3)让您产生受尊重/被支持/被理解等情感体验					

34.在香港生活期间,您对参与下列政治活动的意愿程度如何？(1 为意愿非常低,5 为意愿非常高)：

	1	2	3	4	5
(1)选举投票					
(2)公共事务讨论					
(3)游行示威					
(4)阅读政治、公共新闻					
(5)分享政治、公共新闻					

35.请描述：在香港生活期间,您参与不同类型政治活动的主要目的(1 为最不符合,5 为最符合)：

35-1　选举投票

	1	2	3	4	5
(1)了解社会现状					
(2)表达观点意见					
(3)争取个人权益					
(4)建立社会人脉					
(5)解决公共问题					

35-2　公共事务讨论

	1	2	3	4	5
(1)了解社会现状					
(2)表达观点意见					
(3)争取个人权益					
(4)建立社会人脉					
(5)解决公共问题					

35-3　游行示威

	1	2	3	4	5
(1)了解社会现状					
(2)表达观点意见					
(3)争取个人权益					
(4)建立社会人脉					
(5)解决公共问题					

35-4　阅读政治、公共新闻

	1	2	3	4	5
(1)了解社会现状					
(2)表达观点意见					
(3)争取个人权益					
(4)建立社会人脉					
(5)解决公共问题					

35-5　分享政治、公共新闻

	1	2	3	4	5
(1)了解社会现状					
(2)表达观点意见					
(3)争取个人权益					
(4)建立社会人脉					
(5)解决公共问题					

36.请对在香港生活期间，您参与下列政治活动的能力进行评价（1 为能力最低，5 为能力最高）：

	1	2	3	4	5
(1)选举投票					
(2)公共事务讨论					
(3)游行示威					
(4)阅读政治、公共新闻					
(5)分享政治、公共新闻					

37.请对在香港生活期间，您参与下列政治活动的机会进行评价（1 为机会最少，5 为机会最多）：

	1	2	3	4	5
(1)选举投票					
(2)公共事务讨论					
(3)游行示威					
(4)阅读政治、公共新闻					
(5)分享政治、公共新闻					

38.请评价:您的政治参与能够在多大程度上对香港政治产生影响(1 为影响最小,5 为影响最大)?

	1	2	3	4	5
我的政治参与对香港政治产生的影响力					

39.请评价:在香港生活期间,您在下列各类政治活动中的参与频率如何(1 为频率最低,5 为频率最高)?

	1	2	3	4	5
(1)选举投票					
(2)公共事务讨论					
(3)游行示威					
(4)阅读政治、公共新闻					
(5)分享政治、公共新闻					

40.请评价:您通过下列各类媒体在香港参与政治生活的频率如何(1 为频率最低,5 为频率最高)?

	1	2	3	4	5
(1)报纸和杂志					
(2)广播和电视					
(3)社交媒体					
(4)各类网站					
(5)其他类型 App					

参考文献

中文文献

曹荣湘.解读数字鸿沟——技术殖民与社会分化[M].上海:生活·读书·新知三联书店,2003.

陈楚洁.公民媒体的构建与使用:传播赋权与公民行动——以台湾 PeoPo 公民新闻平台为例[J].公共管理学报,2010(4):111-121.

陈静静,曹云雯,张云霄.赋权,还是去权?——一个藏族村庄中的传播、权力与社会身份[J].新闻与传播研究,2014(8):70-92.

陈树强.增权:社会工作理论与实践的新视野[J].社会学研究,2003(5):77-81.

陈亚丽.社交媒体与海外华人的身份构建:基于对瑞士华人女性移民的微信使用的研究[J].新闻春秋,2017(1):54-60.

丁未.流动的家园:"攸县的哥村"社区传播与身份共同体研究[M].北京:社会科学文献出版社,2014.

丁未.新媒体赋权:理论建构与个案分析——以中国稀有血型群体网络自组织为例[J].开放时代,2011(1):126-147.

丁未.新媒体与赋权:一种实践性的社会研究[J].国际新闻界,2009(10):76-81.

丁未,田阡.流动的家园:新媒介技术与农民工社会关系个案研究[M].新闻与传播研究,2009(1):61-70.

方玲玲.全球化背景下移民传媒的文化建构作用与生存空间——基于传播人种学的角度[J].新闻与传播研究,2006(2):15-20.

嘎日达,黄匡时.西方社会融合概念探析及其启发[J].理论视野,2008(1):47-49.

葛剑雄.中国移民史(第一卷)[M].福州:福建人民出版社,1997.

管成云.网吧里的农民工——新媒体时代新生代农民工城市融入中的新贫困问题研究[J].新闻记者,2017(5):4-16.

郭建斌,吴飞.中外传播学名著导读[M].杭州:浙江大学出版社,2005.

何雪松.社会支持的动态变化:关于香港新移民妇女的研究[J].南方人口,2007(1):37-44.

何雪松,楼玮群,赵环.服务使用与社会融合:香港新移民的一项探索性研究[J].人口与发展,2009(5):71-78.

胡叶楠.赋权与去权之间:以新媒体与新生代农民工求职就业经历为例【D】.上海:复旦大学,2014.

姬广绪.网络与社会——互联网人类学研究前沿[M].北京:社会科学文献出版社,2018.纪莉,叶晓华.媒介与社会发展研究[M].武汉:武汉大学出版社,2011.

姜飞,孙彦然."跨文化协商":广州非洲裔移民身份建构研究[J].新疆师范大学学报(哲学社会科学版),2017(1):115-130.

李立峰.再看世代差异和香港青年人的后物质主义[M]//张少强,梁启智,陈嘉铭.香港·社会·角力.香港:汇智出版有限公司,2017.

李良荣.新闻学导论[M].北京:高等教育出版社,1999.

李西建,金惠敏.美学麦克卢汉:媒介研究新维度论集[M].北京:商务印书馆,2017.

林晓华,邱艳萍.赋权理论与彝族文化的网络传播——以彝族文化网站为例[J].西南民族大学学报(人文社科版),2018(1):161-166.

刘康杰,夏春平.新媒体淘汰报纸?——五大洲31国59家海外华文报纸调查[J].新闻大学,2015(1):22-31.

刘燕.媒介与移民文化身份认同的建构——以澳门香港新移民为个案[M].北京:中国传媒大学出版社,2016.

刘祖云.香港社会的弱势群体及其社会支持[M].北京:北京大学出版社,2009.

洛枫.流动风景:香港文化的时代记认[M].杭州:浙江大学出版社,2011.

罗如春.后殖民身份认同话语研究[M].北京:中国社会科学出版社,2016.

罗小锋.家庭策略视角下的香港—内地跨境家庭维系——基于香港新移民的实证研究[J].南方人口,2008(4):23-31.

吕大乐.香港新移民十味[M].香港:三联书店,2013.

彭伟步.少数族群媒体视域下海外华文新媒体的发展态势[J].新闻爱好者,2017

(2):64-67.

覃明兴.移民的身份建构研究[J].浙江社会科学,2005(1):88-94.

任远,乔楠.城市流动人口社会融合的过程、测量及影响因素[J].人口研究,2010(2):11-20.

任远,邬民乐.城市流动人口的社会融合:文献述评[J].人口研究,2006(3):87-94.

SMART A,殷鹏.香港对新移民的管理和安置[J].广西民族大学学报(哲学社会科学版),2008,30(2):27-34.

师曾志,胡泳等.新媒介赋权及意义互联网的兴起[M].北京:社会科学文献出版社,2014.

师曾志,金锦萍.新媒介赋权:国家与社会的协同演进[M].北京:社会科学文献出版社,2013.

师曾志,杨睿.新媒介赋权下的情感话语实践与互联网治理——以“马航失联事件”引发的恐惧奇观为例[J].探索与争鸣,2015(1):41-44

田欢.当代移民社会的文化流动——以深圳为主线的考察[J].学术研究,2017(11):74-78.

王春光.移民空间的建构:巴黎温州人跟踪研究[M].北京:社会科学文献出版社,2017.

汪琳岚.职业匹配与社会适应:内地知识型移民在香港的社会融入.青年研究,2016(2):86-93.

王毅杰,高燕.流动儿童与城市社会融合[M].北京:社会科学文献出版社,2010

武晓伟,张橦.新媒体对社会边缘群体的组织化与赋权研究——以“女友组”为例.中国青年研究,2014(3):21-25.

吴莹.文化、群体与认同:社会心理学的视角[M].北京:社会科学文献出版社,2016:157.

谢进川.媒介政治社会学分析[M].北京:中国传媒大学出版社,2017.

徐佳.香港报纸中内地群体形象研究——以《文汇报》1995年—2012年内地新闻报道为例[D].武汉:华中科技大学,2013.

徐盈艳,黄晓星.网络与阶层的双重区隔——内地优才在港融入网络的差异[J].南方人口,2016(5):14-23.

严飞.我要的香港[M].杭州:浙江大学出版社,2012.

严峰.“技术赋权”范式下新媒体用户图像话语权的建构[J].当代传播,2017(3):

74 -76.

杨国斌.连线力:中国网民在行动[M].邓燕华,译.桂林:广西师范大学出版社,2013.

叶浩生.心理学理论精辟[M].福州:福建教育出版社,2000.

叶仲茵,赵永佳.青年“新香港人”的经济融合[J].港澳研究,2016(1):73-83,96-97.

张碧.社会文化符号学[M].成都:四川大学出版社,2014.

张闳.符号车间:流行文化关键词[M].上海:上海文艺出版社,2016.

张焕萍.让移民形象“复位”:对媒体塑造移民形象的思考[J].现代传播(中国传媒大学学报),2015(6):169-170.

张文宏,雷开春.城市新移民社会认同的结构模型[J].社会学研究,2009(4):61-88.

翟学伟.中国人行动的逻辑[M].北京:生活·读书·新知三联书店,2017.

赵静蓉.文化记忆与身份认同[M].北京:生活·读书·新知三联书店,2015.

赵欣.“九七”后香港电影中内地人形象的转变【D】.长春:东北师范大学,2012.

赵颖,张明.网络公共话语空间中的文化公民身份与认同重构[J].求实,2014(10):37-41.郑欣,王悦.新媒体赋权:新生代农民工就业信息获取研究[J].当代传播,2014(2):57-58.

郑永年.技术赋权:中国的互联网、国家与社会[M].邱道隆,译.北京:东方出版社,2013.

庄曦.流动儿童与媒介:移民融合中的传播与社会化问题[M].北京:社会科学文献出版社,2016.

中文译文文献

AMPORN J.乡愁的中间人:泰国清迈掸族移民的公共领域[M]//生活的交融:亚洲移民身份认同.胡婧,等译.上海:华东师范大学出版社,2018.

格罗塞.身份认同的困境[M].王鲲译,北京:社会科学文献出版社,2010.

萨义德.东方学[M].王宇根,译.上海:生活·读书·新知三联书店,1999.

麦克卢汉,秦格龙.麦克卢汉精粹[M].何道宽,译.南京:南京大学出版社,2000.

佛洛姆.健全的社会[M].孙恺祥,译.上海:上海译文出版社,2011.

吉登斯.现代性的后果[M],田禾,译.黄平,校.南京:译林出版社,2016.

吉登斯.现代性与自我认同:晚期现代中的自我与社会[M].北京:中国人民大学出版社,2016.

霍夫兰,贾尼斯,凯利.传播与劝服:关于态度转变的心理学研究[M].张建中,等译.

北京:中国人民大学出版社,2015.

克兰.文化社会学:浮现中的理论视野[M].王小章,郑震,译.南京:南京大学出版社,2006.

克劳利,海尔.传播的历史:技术、文化和社会[M].董璐,何道宽,王树国,译.北京:北京大学出版社,2011.

迈尔斯.社会心理学[M].侯玉波,乐国安,张志勇,等译.北京:人民邮电出版社,2016.

莫利,罗宾斯.认同的空间——全球媒介、电子世界景观与文化边界[M].司艳,译.南京:南京大学出版社,2001.

迪克.网络社会——新媒体的社会层面[M].蔡静,译.北京:清华大学出版社,2014.

桑斯坦.网络共和国[M].黄维明,译.上海:上海人民出版社,2003.

卡麦兹.建构扎根理论:质性研究实践指南[M].边国英,译.重庆:重庆大学出版社,2009.

曼海姆.重建时代的人与社会:现代社会结构研究[M].张旅平,译.南京:译林出版社,2011.

班尼特.新闻:幻象的政治[M].杨晓红,王家全,译.北京:中国人民大学出版社,2018.

格罗斯伯格,等.媒介建构:流行文化中的大众媒介[M].祈林,译.南京:南京大学出版社,2014.

帕克.移民报刊及其控制[M].陈静静,展江,译.北京:中国人民大学出版社,2011.

格兰诺维特.镶嵌:社会网与经济行动[M].罗家德,等译.北京:社会科学文献出版社,2015.

波斯特.信息方式[M].范静哗,译.北京:商务印书馆,2014.

麦克卢汉.理解媒介——论人的延伸[M].何道宽,译.南京:译林出版社,2011.

豪格,阿布拉姆斯.社会认同过程[M].高明华,译.北京:中国人民大学出版社,2011.

卡斯特.传播力(新版)[M].汤景泰,星辰,译.北京:社会科学文献出版社,2018.

卡斯特.认同的力量(第二版)[M].曹荣湘,译.北京:社会科学文献出版社,2006.

卡斯特.网络社会:跨文化的视角[M].周凯,译.北京:社会科学文献出版社,2009.

卡斯特.网络社会的崛起[M].夏铸九,等译.北京:社会科学文献出版社,2001.

卡斯特尔,等.移动通信与社会变迁:全球视角下的传播变革[M].傅玉辉,何睿,薛辉,译.北京:清华大学出版社,2014.

尼葛洛庞帝.数字化生存[M].胡泳,范海燕,译.海口:海南出版社,1997.

库尔德利.媒介、社会与世界:社会理论与数字媒介实践[M].何道宽,译.上海:复旦大学出版社,2016.

史蒂文森.认识媒介文化[M].王文斌,译.北京:商务印书馆,2013.

戈夫曼.日常生活中的自我呈现[M].冯钢,译.北京:北京大学出版社,2008.

鲍曼.流动的生活[M].许朝友,译.南京:江苏人民出版社,2012:

亨廷顿.我们是谁:美国国家特性面临的挑战[M].程克雄,译.北京:新华出版社,2005.

夏瓦.文化与社会的媒介化[M].刘君,李鑫,漆俊邑,译.上海:复旦大学出版社,2018.

哈特利.数字时代的文化[M].李士林,黄晓波,译.杭州:浙江大学出版社,2014.

梅洛维茨.消失的地域:电子媒介对社会行为的影响[M].肖志军,译.北京:清华大学出版社,2002.

柯兰,芬顿,弗里德曼.互联网的误读[M].何道宽,译.北京:中国人民大学出版社,2014.

凯瑞.作为文化的传播[M].丁未,译.北京:华夏出版社,2005.

英文文献

BANDURA A.Human agency in social cognitive theory[J].American psychologist,1989,44(9):1175-1194.

BHARAT M,MERKEL C,BISHOP A P.The Internet for empowerment of minority and marginalized users[J].New media & society,2004,6(6):781-802.

BOEHM A,STAPLES L H.The functions of the social worker in empowering:the voices of consumers and professionals[J].Social work,2002,47(4):449-460.

BULMER M.The Chicago school of sociology:institutionalization,diversity,and the rise of sociological research[M].Chicago:The University of Chicago Press,1984.

CARDOSO A,BOUDREAU M C,CARVALHO J.Think individually,act collectively:studying the dynamics of a technologically enabled civic movement[R]. International Conference on Information Systems.Milan,2013.

CASTELLS M.Communication,power and counterpower in the network society[J].International journal of communication,2007,1(1):238-266.

CHOI G,CHUNG H.Applying the technology acceptance model to social networking sites (sns):impact of subjective norm and social capital on the acceptance of sns[J].International journal of human-computer interaction,2013,29 (10):619-628.

CHRISTENS B D.Toward relational empowerment[J].American journal of community psychology,2012,50(1/2):114-128.

COLLINS F L.Connecting "Home" with "here":personal homepages in everyday transnational lives[J].Journal of ethnic and migration studies,2009,35 (6):839-859.

DEKKER R,ENGBERSEN G.How social media transform migrant networks and facilitate migration【R】.University of Oxford International Migration Institute Working Papers,2012.

DIMINESCU D.The connected migrant:an epistemological manifesto[J].Social science information,2008,47(4):565-579.

DREBY J. Honor and virtue:Mexican parenting in the transnational context[J].Gender and society,2006,20 (1):32-59.

EDWARDS J.Language,society and identity[M].Oxford:Blackwell,1985.

ELIAS N,LEMISH D.Spinning the web of identity:the roles of the internet in the lives of immigrant adolescents[J].New media & society,2009,11(4):533-551.

ELLISON N B, STEINFIELD C, LAMPE C. Connection strategies: social capital implications of facebook-enabled communication practices[J].New media and society,2011,13 (6):873-892.

ENTZINGER H,BIEZEVELD R.Benchmarking in immigrant integration[M].Rotterdam: Erasmus University Rotterdam,2003.

GABY S,CAREN N.Occupy online:how cute old men and malcolm x re-cruited 400,000 US users to OWS on Facebook.? [J].Journal of social,cultural and political protest,2012,11 (3-4):1-8.

GAO X S.Mainland Chinese undergraduates' academic socialisation in Hong Kong[J]. Journal of further and higher education,2016(1):1-15.

GEORGIOU M. Introduction: gender, migration and the media [J]. Ethnic and racial studies,2012,35(5):791-799.

GUTI? RREZ L M,DELOIS K A,GLENMAYE L.Understanding empowerment practice: building on practitioner-based knowledge[J].The journal of contemporary social services, 1995,76(9):534-542.

GUTIERREZ L M,PARSONS R J E,COX E O E.Empowerment in social work practice:a sourcebook[M].CA:Brooks/cole publishing company,1998:4.

GU M M."I am not qualified to be a Honkongese because of my accented cantonese":Mainland Chinese immigrant students in Hong Kong[J].Journal of multilingual and multicultural development,2011,32(6):515–529.

HARGITTAI E,WALEJKO G.The participation divide:content creation and sharing in the digital age[J].Information communication and society,2008(2):239–256.

HUE M T.Cross–cultural experiences of immigrant students from mainland China in Hong Kong secondary schools[J].Ethnography and education,2008,3(3):229–242.

HUR M H.Empowerment[M].New York:Springer,2013.

KAGAN C,SIDDIQUEE A.The Internet,empowerment and identity[J].Journal of community & applied social psychology,2006(16):189–206.

KANG T.Homeland re–territorialized:revisiting the role of geographical places in the formation of diasporic identity in the digital age[J].Information,communication & society,2009,12 (3):326–343.

LAI L M.Cultural identity and language attitudes– into the second decade of postcolonial Hong Kong[J].Journal of multilingual and multicultural development,2011,32(3):249–264.

LAW K,LEE K.Citizenship,economy and social exclusion of mainland Chinese immigrants in Hong Kong[J].Journal of contemporary Asia,2006,36(2):217–242.

LEE K M.The experience of recent mainland Chinese immigrant women in Hong Kong:an examination of paid and unpaid work [J]. Asian journal of women ' s studies, 2002, 8 (4):27–57.

LEONG C, PAN S L, BAHRI S, FAUZI A. Social media empowerment in social movements:power activation and power accrual in digital activism[J].European journal of information systems,2018,28(3):173–204.

LEOPOLDINA F.Media between power and empowerment:can we resolve this dilemma? [J].The information society,2014,30(3):169–183.

LI M. Pluralistic ignorance in Sino – Hong Kong conflicts: the perception of mainland Chinese people living in Hong Kong[J].Chinese journal of communication,2015,9(2):1–20.

MADIANOU M.Ambient co–presence:transnational family practices in polymedia environments[J].Global networks,2016,16 (2):183–201.

MADIANOU M.Smartphones as polymedia[J].Journal of computer–mediated communication,2014,19 (3):667–680.

MADIANOU M, MILLER D. Migration and new media: transnational families and polymedia[M].New York:Routledge,2012.

MADIANOU M,MILLER D.Polymedia:towards a new theory of digital media in interpersonal communication[J].International journal of cultural studies,2013,16 (2):169-187.

MELKOTE S R,STEEVES H L.Communication for development in the third world[J]. Theory and practice for empowerment.London:Sage,2001:36-37.

NEHLS K,SMITH B D.The role of facebook in fostering transfer student integration[J]. Journal of student affairs research and practice,2014,51(4):392-406.

PARK R E,BURGESS E W.Introduction to the science of sociology[M].Chicago:The University of Chicago Press,1969:735.

PENG Y N.Student migrationand polymedia:mainland Chinese students' communication media use in Hong Kong[J].Journal of ethnic and migration studies,2016,42(14):1-18.

PUTNAM R D.Bowling alone:the collapse and revival of American community[M].New York:Simon and Schuster,2000.

RAHMAN M M,BEGUM A.The strategy of empowering poor for wetland resources conservation in Bangladesh[J].Journal of human ecology,2010,31(2):87-92.

RIGHI A.assessing migration through social media:a review[J].Mathematical population studies,2019,26(2):80-91.

ROGERS E M,SINGHAL A.Empowerment and communication:lessons learned from organizing for social change[J].Annals of the international communication association,2003,27 (1):67-85.

SINGLETON G,ROLARUBZEN M F,MUIR K,Et al.Youth empowerment and information and communication technologies:a case study of a remote Australian aboriginal community[J]. Geojournal,2009,74(5):403-413.

SOLOMON B B. Black empowerment: social work in oppressed communities [M]. New York:Columbia University Press,1976.

STRANDBERG T, HALL L, JOHANSSON P, PRNAMETS P. False beliefs and confabulation can lead to lasting changes in political attitudes[J].Journal of experimental psychology general,2018,147(9):1382-1399.

URETA S. There is one in every home[J].International journal of cultural studies,2008, 11(4):477-497.

VIGDOR J L.Measuring immigrant assimilation in the United States【R】.Civic Report No.

53.Manhattan Institute,2008.WELLS K.The strength of weak ties:the social networks of young separated asylum seekers and refugees in London[J].Children's geographies,2011,9(3/4):319-329.

WONG H W,MA N,LAM W M.Migrants and democratization:the political economy of Chinese immigrants in Hong Kong[J].Contemporary Chinese political economy and strategic relations:an international journal,2016,2(2):909-940.

YEOH B, LIN W. Chinese migration to Singapore: discourses and discontents in a globalizing nation-state[J].Asian and pacific migration journal,2013(22):31-54.

YU B,ZHANG K."It's more foreign than a foreign country":adaptation and experience of mainland Chinese students in Hong Kong[J].Tertiary education and management,2016,22(4):1-16.

YUCE S T,AGARWAL N,WIGAND R T,et al. Bridging women rights networks:analyzing interconnected online collective actions[J].Journal of global information management,2014,22(4):1-20.ZIJLSTRA J,VAN L I.Smart (phone) travelling:understanding the use and impact of mobile technology on irregular migration journeys[J].International journal of migration and border studies,2017,3(2/3):174-191.

ZIMMERMAN M A. Psychological empowerment: issues and illustrations [J]. American journal of community psychology,1995,23(5):581-599.

图书在版编目(CIP)数据

社交媒体与香港新移民社会融合：基于三类香港内地移民的实证研究 / 唐嘉仪著. -- 北京：中国传媒大学出版社，2024.1

ISBN 978-7-5657-2997-3

Ⅰ. ①社… Ⅱ. ①唐… Ⅲ. ①移民问题—研究—香港 Ⅳ. ①D632.4

中国国家版本馆 CIP 数据核字(2023)第 206595 号

社交媒体与香港新移民社会融合：基于三类香港内地移民的实证研究

SHEJIAO MEITI YU XIANGGANG XINYIMIN SHEHUI RONGHE：JIYU SANLEI XIANGGANG NEIDI YIMIN DE SHIZHENG YANJIU

著　　者 唐嘉仪
责任编辑 欧丽娜
封面设计 风得信·阿东
责任印制 阳金洲

出版发行 中国传媒大学出版社
社　　址 北京市朝阳区定福庄东街 1 号　　**邮　　编** 100024
电　　话 86-10-65450528　65450532　　**传　　真** 65779405
网　　址 http://cucp.cuc.edu.cn
经　　销 全国新华书店

印　　刷 唐山玺诚印务有限公司
开　　本 710mm×1000mm　1/16
印　　张 16
字　　数 262 千字
版　　次 2024 年 1 月第 1 版
印　　次 2024 年 1 月第 1 次印刷

书　　号 ISBN 978-7-5657-2997-3/D·2997　　**定　　价** 78.00 元

本社法律顾问：北京嘉润律师事务所　郭建平